广东警务实践探索丛书

总主编　李春生

民本警务的理论与实践

——珠海现代警务新思维与公安改革新探索

张　强　李六伶　主编

（公安机关内部发行）

群众出版社

·北　京·

图书在版编目（CIP）数据

民本警务的理论与实践：珠海现代警务新思维与公安改革新探索/张强，李六伶主编. --北京：群众出版社，2017.4

（广东警务实践探索丛书. 地市卷）

ISBN 978-7-5014-5663-5

Ⅰ.①民…　Ⅱ.①张…　②李…　Ⅲ.①公安机关-体制改革-研究-珠海　Ⅳ.①D631

中国版本图书馆 CIP 数据核字（2017）第 054195 号

民本警务的理论与实践

——珠海现代警务新思维与公安改革新探索

张　强　李六伶　主编

出版发行：群众出版社

地　　址：北京市丰台区方庄芳星园三区 15 号楼

邮政编码：100078

印　　刷：天津盛辉印刷有限公司

版　　次：2017 年 5 月第 1 版

印　　次：2018 年 9 月第 2 次

印　　张：16. 75

开　　本：787 毫米×1092 毫米　1/16

字　　数：236 千字

书　　号：ISBN 978-7-5014-5663-5

定　　价：56. 00 元（**公安机关内部发行**）

网　　址：www. qzcbs. com

电子邮箱：qzcbs@ 163. com

营销中心电话：010-83903254

读者服务部电话（门市）：010-83903257

警官读者俱乐部电话（网购、邮购）：010-83903253

综合分社电话：010-83901870

广东警务实践探索丛书
编　委　会

在探索中实践　在实践中探索

——为《广东警务实践探索丛书》而作

孟建柱

当今世界正处于一个充满机遇和挑战的时代，我们正在进行具有许多新的历史特点的伟大斗争。这既是伟大的实践，也是空前的探索。勇于、善于实践和探索的精神理应成为这个时代最具特色的品质。

广东是我国改革开放的“高地”，也是社会治安问题的“洼地”，不仅在我国经济体制改革中发挥着敢为人先的“先行者”作用，也在社会治理领域发挥着无可替代的“试验田”作用。改革开放的大环境和严峻复杂的治安形势，倒逼、催生广东省公安机关“敢闯、敢试、敢为天下先”的独特品质。特别是党的十八大以来，在广东省委、省政府和公安部领导下，广东省公安机关坚持一手抓当前、一手谋长远，积极探索实践，勇于改革创新，战胜了一个又一个挑战，破解了一道又一道难题，创造了一系列符合时代发展要求、具有鲜明广东特色的经验、做法，为中国特色社会主义公安事业发展进步贡献了智慧和力量。

伟大的时代产生全新的实践，孕育深邃的思想。2015 年以来，广东省公安厅组织全省公安机关，会同省内外高校社科机构，就事关广东省公安工作发展进步的一些重大理论和实践问题进行了深入调查研究，凝聚集体智慧编纂了《广东警务实践探索丛书》。这套丛书从打击犯罪、治安防控、行政管理服务、网络安全等角度切入，全面梳理了广东省公安工作的历史进程、发展路径、创新亮点，全景式展现了近年来广东省公安机关活跃跃的创造。这是广东省公安工作成果的集大成之作，也为全国公安工作创新发展作了有益尝试。我认为，这套丛书主要有三个特点：一是理论性比较强。对广东省公安工作热点、难点问题进行了深度思考，提炼出不少可圈可点的理论成果，深化了对公安工作规律性的认识。二是前瞻性比较强。着力把握时代发展脉搏，紧贴公安实践前沿问题，合理借鉴国内外公共安全领域最新研究成果，对今后一个时期公安工作发展作了积极探索。三是操作性比较强。既有新理念、新思路，又有新办法、新措施，其中不少是经过实践检验的实招，对全国公安工作具有借鉴意义。

当今世界，一切都在快速变化，唯一确定的就是不确定性，唯一不变的就是变化。面对新形势、新任务，改革创新的前沿永无止境，改革创新的未来激动人心。希望广东省公安机关继续坚持以变应变、以新应新，顺应时代潮流、扎根南粤沃土，强化改革创新思维、挖掘改革创新潜能、提高改革创新能力，进一步当好全面深化公安改革的“排头兵”、公安事业创新发展的“先行者”。希望全国广大有志同仁永远充满对工作进步的渴望，自觉养成善于适应新变化进行思考的习惯，以开放、持续的学习方式完善自己，努力做到在研究状态下工作、在总结反思中提高、在探索实践中成长，敏锐把握经济社会发展新趋势、新特点，善于发挥制度优势和技术优势，应对好社会治理领域新情况、新问题，不断提高平安中国、法治中国建设水平，促进国家治理体系和治理能力现代化。

应丛书编委会之邀，特作此序，与同志们共勉！

2017年5月16日

前　言

珠海，位于广东省珠江口的西南部，东与香港隔海相望，南与澳门水陆相连，西邻广东省江门市新会区、台山市，北与中山市接壤，是我国最早实行对外开放政策的四个经济特区之一，也是近代中西方文化交流与融合发展的重要窗口。珠海经济特区自设立36年来，经济社会与生态文明协调发展，成为全国最宜居的花园式海滨旅游城市、珠江口西岸核心城市和广东省最安全城市。

平安稳定是经济社会发展的重要前提和基础。在护航特区发展、守卫珠海平安的征程中，珠海公安推出了一系列重大改革创新举措，取得了良好的政治效果、法律效果和社会效果。当前，我国经济正在深刻调整，面对经济增长换档期、结构调整阵痛期、刺激政策消化期“三期叠加”的经济发展新常态，珠海公安工作也呈现出执法环境改变、管理主体多元、服务领域延伸、社会需求激增等诸多新的变量，给维护平安稳定、推进社会治理和深化公安改革带来了前所未有的新考验。面对新常态、新形势、新考验，珠海公安必须站在时代的潮头，担负起公安改革尖兵的历史重任，投身于公安改革的时代洪流。第一，珠海公安应当更加突出毗邻港澳的特殊地缘区位优势，以“地方队”发挥“国家队”作用的担当精神，全力履行保障“一国两制”顺利实施的历史使命。第二，珠海公安应当在开放多元的社会环境下，坚持理论研究与实践探索相结合，以全球视野和战略思维，积极探寻有效破解警务困境和治安管理及社会治理热点难点问题的新举措，探索建构与经济社会发展相适应的现代警务战略与警务运作模式，为促进珠海经济社会的跨越式发展保驾护航。第三，珠海公安应当顺应人民群众对公安工作的新期待、新要求，坚持专门工作与群众路线相结合，创新公安群众工作的方式方法，将公安改革成果真正惠及特区广大市民百姓，让人民群众拥有更多的获得感。

党的十八大以来，在公安部、广东省公安厅和珠海市委、市政府的正确领导下，珠海公安继承发扬敢闯能创的优良传统，立足于国内外形势和珠海经济社会发展的阶段性特征，紧紧围绕经济社会发展大局，顺应历史潮流，再扬改革风帆，全市公安民警大力实施民本警务战略，牢固树立“铸忠诚警魂、造为民警队”的新时期珠海公安核心价值理念，坚持“社会安全感、群众满意度、执法公信力、管理科学化”的主题主线，逐步走出了一条警务理念适度超前、警务机制科学合理、警务运行顺畅高效的警务改革新路子，全市公安工作和队伍建设在改革创新中取得了长足进步。珠海市公安局连续三年荣获全省公安综合考核一等奖；在珠海市机关事业单位年终考评中，连续四年保持先进并进入前三名。2014 年 12 月 17 日，中共中央政治局委员、中央政法委书记孟建柱，国务委员、公安部部长郭声琨亲临珠海视察，要求珠海市公安局“深化改革、继续努力、先行先试、推动各项公安工作科学发展，力争走在全国地市级公安机关前列”。2015 年 4 月 14 日至 15 日，公安部在珠海市召开全国公安机关改革办主任座谈会，珠海市公安局作为全国唯一的地市级公安机关代表，在会上做了经验交流。2015 年 5 月 28 日，珠海市被公安部确定为四个公安改革综合试点城市之一。2015 年 12 月 31 日，郭声琨部长在珠海市委、市政府报送的《关于珠海公安改革创先工作的报告》上作出批示，充分肯定了珠海公安改革创先工作，并对珠海公安大胆探索、勇于创新的做法给予了高度认可，认为许多改革举措“具有示范性、可学可借鉴”。

当前，全国各级公安机关正根据中央《关于全面深化公安改革若干重大问题的框架意见》及相关改革方案的总体部署和要求，全面推进深化公安改革各项工作，着力从根本上破解影响和制约公安机关科学发展的体制性、机制性与保障性问题，完善与推进国家治理体系和治理能力现代化，建设与中国特色社会主义法治体系相适应的现代警务和执法权力运行机制。为进一步丰富和完善民本警务战略，夯实新形势下深化公安改革创先的理论支撑，我们组织撰写和编辑出版了《民本警务的理论与实践——珠海现代警务新思维与公安改革新探索》一书。该书分为上、中、下三编，分别从民本警务的理论建构、战略布局和实践探索等方面，系统阐述了珠海公安在“民本”宗旨指引下的一系列新观察、新思维与新论断，在时代浪潮驱使下的新谋思、新布局与新战略，在深化改革背景下的新探索、新路径与新取向，是对珠海公安开展民本警务理论研究的全景记录和民本警务实践经验的全面梳理与系统性总结。

张 强

2017 年 3 月

目　录

上编　民本警务的理论建构

第一章　内涵——民本警务概论 3

第一节　民本警务的思想内涵 4

第二节　民本警务的主要特征 8

第三节　民本警务的革新意义 11

第四节　民本警务的基本要求 14

第二章　要义——警察权本质属性的回归 17

第一节　警察权的基本含义、内在属性及其演进规律 17

第二节　当前警察权运行中存在的主要问题 22

第三节　民本警务与警察权的关系 26

第四节　民本警务建构下警察权的合理运行 28

中编　民本警务的战略布局

第三章　审势——时代浪潮的驱使 55

第一节　时代发展的背景 55

第二节　科学发展的环境 57

第三节　改革创新的趋势 59

第四章　谋划——全面系统的布局 61
第一节　民本警务的党建统领 61
第二节　民本警务的核心理念 63
第三节　民本警务的主题主线 65
第四节　民本警务的重要抓手 68
第五节　民本警务的队伍保障 71

下编　民本警务的实践探索

第五章　路径——科学实践的遵循 79
第一节　民本警务的工作方法 79
第二节　民本警务的路径选择 86
第六章　力行——创新求变的成效 93
第一节　深化平安创建　社会安全感全面增强 93
第二节　创新社会治理　群众满意度全面提升 120
第三节　建设法治公安　执法公信力全面彰显 151
第四节　打造为民警队　科学发展能力全面提高 178
参考文献 211
附录一　相关媒体报道 213
珠海：深化改革促发展　民本警务保平安 213
珠海特色警务改革增加百姓获得感 218
珠海：每项“微改革”“微创新”都有民本情怀 221
珠海成为全省唯一公安综改全国试点 224
珠海全面深化公安改革的四维探索 231
附录二　珠海公安实施民本警务战略大事记 239
跋 248
未来与展望（代后记） 252

上　编

实践
SHIJIAN TANSUO
探索

民本警务的理论建构

“民本”宗旨指引下的新观察、新思维与新论断，以理性的思考激发警务改革新动能

第一章

内涵——民本警务概论

党的十八大报告明确指出，必须更加自觉地把以人为本作为深入贯彻落实科学发展观的核心立场，始终把实现好、维护好、发展好最广大人民群众的根本利益作为党和国家一切工作的出发点和落脚点。《中共中央关于全面深化改革若干重大问题的决定》进一步指出，要坚持以人为本，尊重人民主体地位，发挥基层首创精神，紧紧依靠人民推动改革，促进人的全面发展。民本警务是近年来珠海公安深入贯彻落实科学发展观，努力践行“人民公安为人民”根本宗旨，并始终坚持以马克思主义群众观、人民主体论和善治理论等为指导，积极探索的一种警务发展战略和警务改革模式，是新时期珠海公安促进社会管理创新、构建和谐警民关系、推进国家治理体系和治理能力现代化的重要举措，代表了现代警务改革的发展方向。习近平同志指出：“坚持和发展中国特色社会主义，需要不断在实践和理论上进行探索、用发展着的理论指导发展着的实践。”开展民本警务研究，创新民本警务实践，不仅有利于深入探讨民本警务的基本理论，科学解析警务改革的内在动因、基本规律和核心要义，促进相关理论研究成果的系统化、科学化，而且能够在操作层面不断凸显和发挥警务理论的实践指导作用，更好地探索、创新和建构与发展中国特色社会主义、全面建成小康社会要求相适应的现代民本警务运行新机制、新模式和新路径，具有重要的理论与实践价值。

第一节　民本警务的思想内涵

民本警务代表了一种发展着的、全新的警务理论思想，要全面探讨和深刻认识民本警务的思想内涵，可从古今中外、国家和社会等多个维度进行系统诠释，尤其要以“民本”的概念为逻辑起点，追溯民本思想的历史渊源，并结合警察职能、警权运行和警务发展等进行全面考察。

一、民本

民本思想根植于源远流长的中国传统文化，充满了马克思主义哲学的光辉。深刻认识、理解和借鉴民本思想的丰富内涵及其哲学意蕴，对于推动我国警务工作科学发展具有重要意义。从民本的概念来理解，古代“民”与“人”常连用，意为平民百姓。而民本是相对于君本（国本）、官本而言的，其原意是指中国古代的明君、贤臣为维护和巩固其统治地位而提出的一种统治观，其基本思想主要表现为重民、贵民、安民、恤民、爱民等，所谓“民为邦本，本固邦宁”，都体现为统治阶级对民众的一种统治观。其根本目的是冀望通过迎合“民意”，以维护、巩固和强化特定的统治秩序和社会秩序，进而谋求特定的阶级利益，以实现特定的政治目标。就历史渊源而言，早在两千多年前的春秋战国时期，齐国政治家管仲就提出了以人为本的原则。到了近代，较早界定民本思想的学者是梁启超，他将古代的“重民”思想直接称为民本思想，并认为民本思想乃我国政治思想的一大特色。我国学者陈力祥撰文认为：“民本即是在政治生活中，以‘民’作为官员行政的灵魂和核心，以关注民之利益为宗旨，以提升民之地位为出发点，以为民谋利的爱民、利民、恤民、便民的原则来进行基础性的社会实践活动，官员为官、行政均要以民为其出发点与宗旨。”在西方，民本概念与我国传统的概念有所不同，西方国家民本中的“民”指的是公民，强调的是每一个具有平等身份的公民。因此，在西方语境中的民本思想，强调的是公民意志的集中表达，公民参与的顺畅无阻，与“民主”概念比较接近。马克思主义群众观认为，人民群众是实践和认识的主体，是历史的创造者，是社会变革的决定力量。马克思主张的“人本”或“民本”，首先是以工人、穷人为本，最终达到无产阶级、全人类乃至每个人的解放。

显然，在当前全面深化改革、推进国家治理体系和治理能力现代化的大环境下，倡导“以民为本”主要包括了以下四层含义：一是尊重民意，即无论是代议决策，还是民主决策，任何权力都来源于人民，依靠权力作出的决策应该充分尊重和吸纳多数人的意愿。二是共同治理，即正确处理好政府与社会的关系，端正人民群众的主体地位，使群众参与到社会治理当中，而非一种旁观者角色，群众的广泛参与是表达社会利益诉求的主要渠道，凸显了社会善治模式的人民性。三是为民行权，即树立正确的国家权力观，改革公权力运行模式，实现为民掌权和科学行权。正如武汉大学法学院秦前红教授所言，我们国家正在“打破过去那种片面的‘国家权力统治观’或‘国家权力无限观’，树立有限与有效结合的、公正与公平结合的、诚实与为民结合的宪政国家权力观”。四是保障权益，即以维护和保障最广大人民群众的根本利益为出发点，彰显政府施政的民本导向与价值追求。

二、民本警务

民本警务是构建在马克思主义群众观、人民主体论、善治理论和民本思想基础之上的警务战略、警务模式和警务活动。从理论渊源来看，民本警务继承了中国古代“重民贵民、爱民仁民、安民保民”的民本思想传统，遵循了马克思主义关于“人民是社会和历史主人”的历史唯物主义哲学观点，践行了中国当代马克思主义者关于群众路线、群众工作方法论、“三个代表”重要思想、科学发展观等思想体系的科学精神，借此丰富、发展和夯实了警务工作的理论基础。作为警务战略，民本警务是公安机关顺应时代发展命题转换的一种具有全局性的战略选择，是指导警务工作科学发展的思想方略。作为警务模式和警务活动，民本警务是以民意为基本导向，将“社会安全感、群众满意度、执法公信力、管理科学化”作为其主题主线的一种警务运行模式，服务和保障人民群众的合法权益是警务工作的重要目标，代表着新形势下警务改革的发展方向。

从警务改革发展的角度看，民本警务是珠海公安在长期警务探索与实践过程中提出来的一种新型的警务改革与发展战略构想。故此，对民本警务思想内涵的界定应该从世界、历史、国家和社会等多个不同维度进行全面、系统、深入的探讨。在全球化的背景下，我国警务改革发展进程深受世界警务发展总体变革趋势的影响，在充分学习借鉴国外警务发展理论与经验的基础上，基于中国特定的政治与经济制度、基本国情因素和经济社会发展阶段，我国的警务改革发展模式呈现出新的变化。如今，警务模式在经历了职业化、专业化、现代化和社会化的发展阶段后，现正进入民本化的新时期。以民本警务为代表的现代警务发展模式的产生与兴起，既是中西方警务理念、警务文化相互交流与融合的结果，也是根据形势的发展、问题的倒逼和改革的需要所进行的一种创新性探索和突破，是现代警务理论引导下中国警务改革发展的必然产物。

从问题导向的角度看，民本警务就是要坚决破解长期影响和制约警务工作科学发展的困境与障碍，解决好传统警务所客观存在的与时代发展不相适应的问题。例如，传统一元主体的管理模式与现代日益多元化的社会大环境不相适应，必须努力向人民主体、警民协同的多元主体共同治理模式转变；传统管治型警务与现代注重服务管理的和谐社会语境不相适应，必须努力向更加便民、利民和亲民的服务型警务转变；传统警力跟着警情走的被动式警务模式与日益繁杂多变的社会治安发展形势不相适应，必须努力向警力跟着民意和情报走的主动式警务模式转变；传统的静态社会管理模式与动态社会发展环境不相适应，必须努力向讲求警务资源科学有效配置的动态化、科学化的警务运行模式转变；传统的以法律效果为主的警务理念与现代警务绩效评价体系建设不相适应，必须努力向政治效果、法律效果和社会效果相统一的警务理念转变；传统的以人海战术为主的粗放型警务模式与信息化时代的发展不相适应，必须努力向以警务科技为支撑的信息化警务模式转变；传统的现实社会管理的警务模式与现代虚拟社会发展的趋势不相适应，必须努力向网上网下管理相结合的警务模式转变，等等。基于上述警务问题与现实困境，以及对珠海警务改革发展不同阶段的深入分析和系统思考，珠海公安提出了实施民本警务的战略构想，以此努力探索出一条与世界警务改革发展相向而行，与治理型、服务型政府建设及公安职能转型和人民群众需求高度契合的，体现时代特征、珠海特色、公安特点的“三特”民本警务改革创新之路。

从理论研究的角度看，民本警务就是要坚持理论性与系统性思维，以多维视角对新时期以“民本”为基点的警察角色、警务风格、警权属性和警务运行进行全面、系统的深入剖析。珠海公安紧跟当前国家全面深化改革的时代步伐，以警务改革为切入点，将民本警务定位为警务改革的总体方向或必然选择，深入开展一系列前瞻性的理论研究，推动警察权力运行模式的改革创新，进一步加强和改进警务工作，这也是民本警务所体现的重要时代特征。民本警务在我国警务学术理论界尚属于新生事物，诸多基础理论问题需要研究探索，特别是如何准确定义民本警务的思想内涵；如何从警察权的属性、警察权的定位、警察权的运行等角度科学阐述民本警务；如何从一般的警务理念升华为警察的民本观、警察的价值取向与终极目标；如何将其从一般的警务理论上升为一种新型的警务战略；如何以民本思想重构警察的职业精神、职业良知与职业伦理，重塑警察角色与警务风格；如何通过系统全面的研究最终确定民本警务的科学发展路径；如何从政治发展、历史发展、专业发展的角度来阐述民本警务的科学性、人民性和实践性，从而论证民本警务是警务历史演进与时代发展命题的统一、是人民主体历史观与价值观的统一、是社会安全与人民满意的统一、是警务工作的出发点与落脚点的统一；如何通过警务建构和警务创新，最大限度地提升警务效能，实现政治效果、社会效果与法律效果的统一，等等。对上述警务改革发展脉络的梳理、传统警务问题的探究及一系列警务基础理论的研究将有助于进一步充实和丰富民本警务的理论体系。

总体而言，民本警务立意较高、内涵丰富，它涵盖了诸如“民意警务”“民心警务”“民生警务”等警务模式的内涵与外延，理论性和思想性较强，能够体现现代警务工作的性质与目标、体现现代警务改革的主题与主线、体现现代警务的源流与发展趋势。民本警务主要包括以下三层内涵：一是警察职能履行。民本警务需要以履行现代警察的基本职能为前提。警学专家詹姆士·威尔逊曾把警察职能概括为提供服务、执行法律和维持秩序。从当前形势来看，警察的这三项基本职能依然存在，只是在不同的历史时期其侧重点及外延有所差异，例如，在动乱时期，警察维护社会秩序的职能充分显现；而在和平发展和社会建设时期，警察执法与服务的职能变得十分重要和普遍，社会对警察严格规范文明执法与提供优质高效公共管理服务的呼声更为强烈。二是警务工作要求。民本化的警务工作具体有哪些要求，或者民本警务工作最终要达到什么目标，这就是民本警务概念的第二层内涵。根据国际上警察权的演变过程，法治化、社会化和现代化是大势所趋，也与现代警察哲学、警务理念和警务要求相一致。三是警务评价标准。警务评价的方式从以自我评价为主向社会综合评价转变，警务评价的标准从简单机械地依靠客观案件指标向充分考虑社会安全感和群众满意度的综合性衡量指标转变，这充分体现了警察组织及其警务活动的价值取向是全心全意为人民服务。简言之，民本警务是指以人民为根本，以实现人民群众利益最大化为价值取向，以端正人民主体地位、体现人民主体意志、维护人民主体利益为核心要义，坚持“社会安全感、群众满意度、执法公信力、管理科学化”的主题主线，着力于顺应民意、维护民权、保障民安、服务民生的一种新型警务改革发展模式。它是公安机关在履行维护社会秩序、执行法律法规和提供公共服务的职能中，坚持以人民群众的安全感和满意度为核心评价标准，实现警务工作民本化、法治化、社会化和现代化的重要体现。

第二节　民本警务的主要特征

民本警务是对警务体制机制及警务运行规律的深层把握，体现出科学性、人民性与实践性的现代警务特征。其中，科学性是重要基础和规律遵循，反映了民本警务的理论建构与伦理升华，是警务历史演进与时代发展命题的统一；人民性是根本属性和价值取向，反映了民本警务的价值理想与职能回归，是人民主体历史观与价值观的统一；实践性是现实反映和价值体现，反映了民本警务的善治精神与风格重塑，是现代警务理论与为民实践活动的统一。

一、科学性

科学性是民本警务的重要特征之一，也是实施民本警务的基本遵循。这里主要是指基于建构民本警务、促进警务管理科学化与警务治理现代化的客观需要，所必须秉持的科学精神与科学态度，以及需要遵循的科学理论、科学原理、科学原则和科学规律等。没有科学的指导，就没有科学的实践。民本警务是对警务工作特别是警察为民服务实践活动基本规律特点的理论总结、固化和升华，也是近年来我国有关现代警务理论研究与实践探索成果的集中体现。民本警务的科学性，既体现在系统、科学的警务路径规划，又体现于科学有效的警力资源配置与警务资源投放，破解有限警力与无限责任的矛盾，以达到警务效能最优化的目的。总体而言，民本警务是在马克思主义群众观、人民主体论和善治理论的指导下，坚持全面协调可持续的科学发展观，对警察民本观与警务方法论的理论化、系统化和科学化建构，揭示了警务领域为民服务实践活动的本质和一般规律。当前，以人为本已成为现代警务发展的根本要求，推行民本警务符合我国警务改革发展的主流趋向和警务工作科学发展的基本规律，体现了警务历史演进规律与时代发展命题的统一，为高起点的平安与法治建设奠定了坚实的思想理论基础。

二、人民性

在我国人民民主专政的国家制度下，国家事务由人民当家做主，警察权来源于人民的授权和委托。尤其是在国家经济、政治、文化、社会、生态“五位一体”的发展进程中，人民的主体地位显著提升，“人民性”与“公共性”的警察权属性又回归其主导地位、回归其“本位”。就民本化表征而言，我国公安机关及其人民警察坚持“以人为本”的科学发展观，充分履行巩固党的执政地位、维护社会长治久安和保障人民群众安居乐业的三大职责使命，集维护国家政治安全与社会安全、维护治安稳定与保障人民合法权益、执行法律与服务群众等多重职能于一身。推行民本警务就是积极回应人民群众对公共安全、司法公正、权益保障、管理服务的强烈期待，尊重人民主体地位，充分体现了警务工作以人民主体利益为核心价值取向的鲜明立场；体现了警察主体及警察行为的人民性，即“人民警察为人民”的本质属性。“权为民所用、情为民所系、利为民所谋”，“人民对美好生活的向往就是我们的奋斗目标”。推行民本警务就是为人民行使权力，也即宣示了警察权或警察职能人民属性与公共属性的回归，体现了人民主体历史观与价值观的统一、警察权与公民权的统一、警察政治统治属性与人民属性、公共属性的统一，也有效地强化和夯实了警察权的正当性与合法性基础，为警察权的运行明确了价值取向、界定了职能属性，为公安机关坚持和依靠人民群众、动员和组织社会力量开展平安建设提供了强大的力量源泉。人民性不仅是民本警务的重要特征，也是我国警察组织、警察宗旨及警察权力的本质属性和价值取向。

三、实践性

哲学的观点认为，实践是人类改造世界的活动，或可视作人类活动作用于现实世界的反映，体现了实践——认识——实践的循环过程。民本警务并非空洞无物的概念，而是实实在在地为民实践。它贵在落地践行、产生效益。以科学的现代警务理论指导科学的警务实践，以科学的警务实践增强人民福祉、实现人民满意，是民本警务的核心价值所在。从警务实践的多维视角来看，第一，民本警务的实践具有明确的导向性，即用民本警务理论指导警务实践，以民本警务的理念引导警务制度的制定、警务模式的构建、警务行动的开展，达至理论建构到实践探索，再从理论发展到指导实践的良性循环，保持民本警务的生机与活力。第二，民本警务的实践不专门指向某个警种或某个部门，它涉及警务工作的方方面面，涵盖了警务实践的不同层级、不同领域、不同环节，需要充分发挥各部门、各警种的主观能动性，全方位调动社会各方的积极因素，全力投入到民本警务的实践工作中。第三，民本警务的实践探索不是传统方式的简单再造或拷贝翻新，它是一个需要有创造性思维和创新性举措的警务实践。无论是警务体制机制、警务运作模式的改革创新，还是警务工作方式方法的亲民化、便民化体现以及警务办公环境的人文化设计，都要充分发挥基层首创精神，激发基层创造活力，打破各种条条框框和传统落后思维模式的束缚与限制。只要是符合人民意愿、代表人民权益、遵循法治精神的创新举措，均可在民本警务的具体实践中大胆尝试。

第三节　民本警务的革新意义

民本警务战略的提出并付诸实践，紧密结合了我国政、警、司体制改革，借鉴和吸收了世界警务发展的最新理念，顺应了世界警务正在走向民本化、法治化、社会化和现代化的时代潮流，具有重要的革新意义。

一、警察哲学的变革

马克思主义认为："任何真正的哲学都是自己时代精神的精华。"警察哲学是对警察科学和警察实践之规律性的哲学反思。早期的警察哲学是从控制维度探讨警察职能与警察权的，强调的是对社会治安和社会秩序的管控。随着现代社会的进步，从管控走向治理，警察哲学也相应发生了变革，警察职能与警察权逐步拓展到各类公共服务领域，而警察管控思想也转变为共同治理。民本警务扎根于警察实践活动，并置于马克思主义哲学理论的指导之下。它以辩证性与批判性的警察哲学思维，理性反思各种警务现象，研究和把握警务运行规律，充分汲取传统思想理念与警务实践之精华，具有以警察哲学思维探讨解决现实警务发展问题，从警察现象思考警察本质、警务建构与警务趋势的哲学意义，反映了警察价值观从行政控制向为民服务理念的转变，标志着警察哲学的变革。

二、警务理论的发展

从民本警务所涉及的科学理论和科学原理来看，马克思主义群众观、人民主体论、善治理论等基本原理与观点是其重要的理论依据和逻辑进路，而传统意义的哲学、法学、政治学、社会学、经济学、犯罪学等不同学科知识，以及国内外警务研究的相关前沿理论则共同为其夯实了理论基础，进一步丰富和完善了民本警务的理论体系。同时，民本警务也是社会治理理论在现实警务活动中的运用和发展。民本警务作为警察公共权力的运行模式，符合现代国家公共权力运行的基本要求，即政府实行“善治”和与人民“共管”“共治”社会。社会治理是一个综合性、长期性的系统工程。随着人民群众主体意识的崛起、网络新媒体尤其是网络互动技术的出现、社会转型下基层矛盾的日益凸显，单一的管制思路无法适应，传统警务的单向、强制、被动式的管理模式已不合时宜。为了更好地改革警务工作，推进治理体系和治理能力现代化，实施民本警务是大势所趋，也有利于警务工作实现从传统的以政治性为主导的权力运行模式向以人民性与公共性为主导的权力运行模式转变，通过民本警务的实施与推行，以善治精神重塑警务风格与警察形象，迈向警方与人民共同治理社会的新时代。可见，民本警务的理论与实践又反过来丰富和发展了社会治理理论，为提升警察治理能力与水平，建设领域更广、公众更满意、实效性更强的平安中国与法治中国提供了理论支撑，促进了警务理论的创新发展。

三、警察文化的升华

民本警务从警察组织的层面，对警察行为提出了具有普遍约束力的制度化设计要求，即将警务工作中贯彻以民为本、执法为民理念作为公安机关及其人民警察必须遵循的道德准则与行为规范，成为警察道德品质、道德修养的评判标准，成为警察的道德血液、共同的信念追求和文化要素，体现了警察的专业精神与抱负，从而升华了警察职业伦理和职业道德，重构了警察文化。警察文化对于优化公安队伍管理，增强公安队伍的凝聚力、战斗力和创造力，具有特殊而重要的功能。时代的发展，国民整体素质的提高，警务理念的变革，均需要构建与之相适应的警察文化。民本警务战略突出体现了以民为本的警察文化要素，是对警察核心价值观、警察职能、警察形象与警务风格的重塑，对警察伦理与职业道德的提升与强化。民本警务文化反映了警察领域威权文化的式微及民本文化、科学发展观的兴起。它既表现为向社会倡导“以民为本”思想，即以人民群众利益为本，全心全意为人民服务；也指向公安队伍建设中的“人本化”管理模式。

四、警察制度的创新

警察主体建设、机构建设及其警务运行均需要制度性保障，而警察制度的建设与发展是一个不断改革创新的过程。警察制度的整体设计在某种程度上体现了警察这一国家机器的特殊功能定位与历史发展阶段，需要兼顾社会政治、经济、文化、法制等基本要素，与特定历史条件下国家上层建筑、经济基础与社会认同等高度契合。民本警务是对警务理念、警察职能、目标任务、主题主线、体制机制、运行模式、制度规范、方法路径等进行的系统设计与制度安排，为满足人民群众多元化、多维度的期待与要求构建了组织化、系统化的警察行为模式和警务活动规范，是对警务制度体系与警务运行机制的创新，为全方位推进和实施民本警务战略提供了科学规范的制度保障。

五、警务路径的拓展

不同的警务理念和警务战略，决定着警务工作的开展方式和路径选择。在民本警务战略指导下，警务工作必须与民本理念相吻合。在方式方法上，必须坚持以民为本和科学、规范、依法行权，确保警察权始终在法律框架内运行，切实保障和维护好人民群众的合法权益；在工作主体选择上，必须打破单一的政府主体，逐步吸纳市场主体、社会力量和人民群众参与警务工作，形成多元主体共同参与社会治理的新格局；在工作技术上，必须借鉴和吸收当前世界警务现代化的先进技术，在互联网管理、新兴金融领域管理以及跨区域综合治理等多个领域进行探索，逐步改革创新警务管理手段；在路径选择上，必须遵循以民意为导向的决策行动路径、“零容忍”的平安创建路径、“零懈怠”的民生服务路径、人性化的警务执法与人民权益保障路径、人道主义的警务关怀与救济路径、社会化的公共治理与警民共建路径、民本化的警务公共政策制定路径等，科学实施民本警务战略，切实克服实践过程中的盲目性，增强有效性。

第四节　民本警务的基本要求

为了正确引导和促进民本警务的实践探索，有效克服各种主客观和内外在因素的影响与干扰，累积正能量，产生正效应，应从价值取向的角度对民本警务的实践主体提出规范性与约束性的要求，即通过一系列的制度创新、机制创新和权力运行模式的变革，实现警察个体的行为自觉、社会主体的觉醒与警民互动以及警务建构的系统化与制度化，并最终实现人民利益的最大化。

一、警察个体的行为自觉

在民本警务的实践活动中，重点是要使警察实现从理论认知、情感认同到行为自觉的转变。首先是理论认知。民本警务是现代警务改革与创新的崭新成果和发展方向，作为新生事物，尚处于理论研究和实践探索的初级阶段。正因如此，在其不断丰富完善的过程中，要加强对民本警务的探索、学习、宣传与引导，深化警察对民本警务的理论认知，切实将民本警务理论的学习教育贯穿日常工作之中，从而形成对民本警务的正确认知。其次是情感认同。民本警务反映在警察个体的情感上，就是要让其植根于每一位警察的灵魂深处，真正做到内化于心、固化为魂，切实从思想上接受、情感上认同。最后是行为自觉。过去的警务工作中，虽然不乏为民服务的实践活动，但主要不是受警察自觉的内在驱动，因而不是真正意义上的民本警务。这是由于，民本警务不是单纯的为民服务行为，它需要通过警察的组织化行为进行理念引导、行为引导和路径引导，实现警察为民服务实践活动的行为自觉，即必须使之成为警察共同的信念追求和警察文化要素，体现警察的专业精神与抱负，将“民本”理念融入执法、办案、服务、管理等公安工作的每一个环节，通过实实在在地为民实践赢取民心、获得口碑，努力提升社会安全感和群众满意度。可见，警察的行为自觉是推行民本警务的重要动因与前提所在。

二、社会主体的觉醒与警民互动

社会主体的觉醒与警民互动是推行民本警务的关键环节。首先是社会主体的觉醒。从社会治理的角度来看，社会治理突出治理主体的多元性，包括政府与社会力量、公共部门与私人部门、社会组织与公民个人等多元主体，不论多数少数，不论强势弱势，各方通过密切、平等的合作共同对社会事务和社会活动进行规范和管理，充分发挥多元治理主体的作用。人民群众既是社会改革进步的重要推动力量，也是社会管理、社会治理的主体。在日益开放、多元的社会背景下，人民群众的权利意识和社会责任意识得以觉醒，这为民本警务的推行注入了无穷动力。为此，要切实增强人民群众和社会组织对民本警务的认同感，使其充分理解和认识到民本警务是民主权益与民生利益的有力保障。其次是警民互动。民本警务是警务社会化的重要体现，因此，要加强警民常态化互动，使每一位民警真正成为警察公共关系建设的主体，进一步密切警民关系，切实体现警民一家亲、增进警民鱼水情；要善用民力，端正和突出人民群众的主体地位，最大限度地凝聚社会力量，充分发挥好人民群众和社会组织参与社会管理、社会治理的主体作用，广泛调动人民群众参与和支持警务工作，不断夯实民本警务的群众根基，逐步形成警民互利共赢的民本警务工作氛围和社会治理格局。

三、警务建构的系统化与制度化

民本警务是警务工作的制度化设计与建构，它既是一种警务理念的建塑，也对警务体制机制和运行模式提出了新的要求，必须遵循系统化和制度化的原则要求，形成统筹机制，统筹解决好推进民本警务战略过程中的各种问题，统筹警务布局和资源规划，统筹警务改革各系统之间的配合与协作。同时，要推动民本警务顶层设计与基层首创的良性互动，将民本理念渗透、贯穿和体现在警务体制机制、制度规范、方法体系的全过程之中，通过一系列的制度设计、安排与路径选择，推动民本警务落地践行，形成与人民意愿相一致、与人民根本利益相统一的现代民本警务的体制机制与警务模式。要建立健全民本警务调研成果转化应用机制，鼓励基层首创，推动理论研究成果与基层警务实践的有机融合，以科学的理论为指导，逐步构建具有时代特色、珠海特色、公安特点的“三特”现代警务机制。在全方位推进和实施民本警务战略过程中，不仅各个警种、部门要贯彻民本思想，而且在警务工作的各个领域、环节均要大胆实践、勇于探索，切实找准民本警务战略与当前各项工作尤其是基层基础工作的结合点，努力创新民本警务的机制、模式、方法、手段，创建各具特色的民本警务样式与品牌模式。

四、价值取向的人民性

警察的价值观反映了警察内在的价值取向和目标追求，将从根本上影响和改变警察行为、警务风格和警务运行。而价值取向的人民性是民本警务有别于其他警务发展路径的重要特征之一。作为一项警务改革创新举措，民本警务的建构与实施只有一个目的，就是回应人民群众对社会治安治理的强烈期待、尊重各方利益诉求、体现社会整体利益，增强人民群众的获得感。在民本警务落地践行的过程中，应牢固确立“人民警察为人民”的价值取向和警察行权的目标要求，始终把人民利益放在第一位，切实担负起巩固党的执政地位、保障人民安居乐业和维护国家长治久安的神圣使命与职责。将警察价值体现、职能发挥与资源投放回归到如何切实有效解决事关国家安全、社会安定和人民安康的社会治安治理问题上，推进国家治理体系和治理能力现代化，努力实现好、维护好、发展好最广大人民群众的根本利益。端正和尊重人民群众在社会管理和社会治理活动中的主体地位，探索建立公众利益诉求与现实警务活动的捆绑对接机制，全方位保障人民群众的经济、政治、文化、法律和民生权益，让人民警察的“辛苦指数”转化为人民群众的“幸福指数”，以更加良好的形象、更加有力的举措、更加出色的业绩向人民群众交出一份满意答卷，实现人民利益的最大化。

第二章
要义——警察权本质属性的回归

民本警务从根本上激发了警察权力运行的导向性、制度性与机制性变革，因此可选择运用警察权的本质属性、价值定位、发展规律等要素工具来探讨其理论范畴与演进规律。从警务改革与发展的角度去建构符合现代警察权本质属性要求的警务模式与运行机制，开辟与规范、有序、合法行权要求相一致的警务工作新路径；从单一注重警察权的政治统治属性转向同时强调警察权的人民性与公共性，为实现警察权本质属性的回归提供理论上的支撑和方向性的指引，为科学践行民本警务提供方法论的指导。

第一节　警察权的基本含义、内在属性及其演进规律

一、警察权的基本含义

警察权是警察力量和警察制度的核心内容，任何国家或地区警察力量的现状和体制都是围绕警察权而展开的。域外有代表性的国家或地区基于各自不同的政治制度、经济状况、历史传统和地域面积产生了不同的警察力量和警察制度。警察权作为国家权力体系的重要组成部分，在国家机器运转过程中发挥着至关重要的作用。然而，对于警察权的定义却存在不同的认识。美国、英国的警察权与治安权类似。在我国，警察权的行使机关主要包括公安机关、检察机关、人民法院以及国家安全机

关、武装警察部队、海关缉私部门等，可见，我国的警察权分别为多个国家权力机关与部门拥有。出于公安机关实际享有全面的警察权能及论述之便，这里所称的警察权特指公安机关及其人民警察依法享有的警察权，它至少应包括以下几层含义：第一，警察权也称警察权力，属于国家权力的范畴。第二，警察权是一种法定权力，需要由法律规范来确认和保护。第三，警察权的主体是特定的。只有获得国家授权的特定机关才能拥有并行使该项权力。在我国，国家通过宪法和法律规定由公安机关等国家机构代表国家行使警察权，其他任何机关或组织，非经法律特别授权一律不许行使警察权。第四，警察权作用的范围是特定的，仅限于警务活动领域，即维护国家安全和社会公共秩序与公共服务的特定领域。

基于以上认识，可对警察权的概念界定为：公安机关依据国家宪法和法律的授权，为维护国家安全和社会治安秩序，预防、制止和惩治违法犯罪活动，保障人民群众合法权益，保护公民的人身、财产安全和国家、社会利益，实现警察行政、司法目的所依法拥有和行使的权力。

二、警察权的内在属性

学术上，对于警察权的内在属性，不同的学科有不同的表述，尚未形成一致的观点。从政治学的视角来看，警察权具有鲜明的公权力属性和阶级属性，是统治阶层公共意志的体现，是国家权力的重要组成部分；从法学的视角来看，警察权具有明确的法律属性，是国家对反映公共意志的法律执行力，具有司法性，体现了国家对公共意志与利益的维护；从行政管理学的视角来看，警察权具有当然的行政性与管理性，是国家对社会事务管理权力的一部分，体现为国家通过行使警察职能的机关对社会安全与秩序的维护。以上观点都有一定的合理性，但如果仅从某种学科观点出发，则不能涵盖当今世界各国警察权力的共性。所谓共性的警察权，是指国家通过体现公共意志的法律赋予警察组织和警察个体的权力。警察权力是国家权力的重要组成部分，在国家行政管理中具有强制性与约束性功能。基于此，警察权分为广义和狭义两种：广义的警察权可称为国家警察权，是指国家通过宪法及相关法律法规确认并赋予警察组织和警察个体维护公共秩序、确保公众安全的权力。狭义的警察权是指警察职权，即警察组织和警察个体根据国家法律（部门法）的具体规定享有的维护公共秩序、确保公众安全的某项职权。因为不同的国家有不同的政治制度、经济状况和历史传统，所以，享有警察权的主体、警察权的范围各异。

（一）一般属性

学界对于警察权的一般属性众说纷纭，主要有以下几种观点：第一种观点认为，警察权具有积极性、扩张性和谦抑性。其中，积极性是警察权的根本属性，扩张性是警察权的必然属性，谦抑性是警察权的应有属性。第二种观点认为，警察权具有政治性、行政性、司法性和军事性。警察权是国家权力，国家权力即政治权力，因此，警察权具有政治性，而且这种政治性更体现为政治统治性。关于警察权的行政性，从警察权的基本目的即维护治安秩序来看，它更具有社会公共管理的属性。警察权的司法性主要由警察承担的刑事侦查职能来体现。警察权的军事性体现在警察可以合法地拥有武器，以及武装警察部队的存在及职能等。第三种观点认为，警察权是一种法定的国家公权力，由国家法律设定，体现国家意志，具有国家权力的阶级性、强制性等。第四种观点认为，警察权具有行政权与司法权的双重属性。持这种观点的学者依据的是警察承担的侦查职能。第五种观点认为，警察权是一种行政权。作为警察权重要组成部分的侦查权，首先是一种单纯的行政权，不具有司法属性；其次主要是一种同犯罪作斗争的行政权；公安机关是同犯罪作斗争的专门机关；最后是一种国家武装性质的行政权，国家性、武装性是警察权的固有属性。第六种观点认为，警察权具有法定性与目的性。在法定性方面，警察权授之于宪法与法律，这是警察权力的来源和运行规制，如果没有宪法和法律的确认，警察权就会失去行使的合法性与正当性；在目的性方面，警察行使权力的目的在于维护国家安全、维护社会秩序和保障公民权益，并且通过限制公民的部分自由来实现全社会的更规范、更稳定的秩序与自由。

（二）本质属性

综合上述几种关于警察权属性或性质的观点，笔者认为，警察权的本质属性主要体现在以下三个方面：一是政治性。警察权的政治性是指警察担负着维护国家安全和社会稳定的政治责任，警察权的行使必须服从国家利益的需要，为完成国家所提出的政治目标服务。警察权的政治性不仅在于警察权的国家权力属性，更在于其政治统治性。警察权的政治统治性体现在警察以强制性的权力对社会秩序进行控制。从政治关系的角度对警察权进行分析，警察权的政治性表现为通过行使警察权力来保证国家的统治，维护整个国家的政治秩序、经济秩序和社会秩序，对任何试图危害国家安全、社会稳定的行为进行预防和打击，实现对公民的政治权利和个人自由的保护。对掌握国家政权的统治阶级来说，只有维护好社会成员的共同利益，才能巩固自身的统治地位。从警察职能的角度对警察权进行分析，警察权的政治性体现在警察的政治镇压职能，这种职能决定了警察权属性的政治性特征。二是人民性。不同社会性质的国家，其警察体制的性质也是不一样的。我国是社会主义性质的国家，警察体制的内容以及运行机制都具有鲜明的中国特色。在我国，人民警察的权力是人民赋予的，具有鲜明的人民性，警察行使一切权力都体现最广大人民群众的根本意志，忠诚于人民，服务于人民，这是我国警察体制的优良传统、显著特点和优势所在。国家的职责在于达到人民授权的目标，人民授予警察权，是人民出于寻求安全、实现个人利益的目的，而警察权的行使，也是为了达到和完成这一目标。三是公共性。警察权的公共性是指其管理与服务公共事务的职能，具有公共利益的属性。因为警察权最终保护和促进的是公民的个体利益，众多的个体利益又汇聚成公共利益。因此，当警察权保护每一个具体的个体利益时，也是对公共利益的保护。现代社会，警察权的公共性主要体现在两个方面：第一，维护公共秩序。警察在国家对社会行使统治权的过程中发挥着维护整个国家的政治秩序、经济秩序和社会秩序的作用。通过行使警察权，完成维护公共秩序、实现公共利益、增进社会福利的目标。第二，提供公共服务。警察权的行使既是管理，又是服务。警察权的管理体现在对国家和社会公共事务的管理上，警察权的服务体现在增进社会福利和为人民群众幸福提供保障与服务上。为人民群众提供满意的服务内容和服务质量，已经成为目前警务社会化和警务效益最大化的目标。提供公共服务，已成为警察权公共性的一个重要方面。综上所述，警察权的政治性、人民性和公共性三者是高度统一、相互联系、不可分割的。警察权的行使，既要体现社会主义国家的意志，坚持其政治性，也要重视公安工作的人民性和公共性价值取向，代表并体现全体人民的利益和权利，为人民群众提供优质高效的公共警务服务。

三、警察权的演进规律

警察权是一项古老的国家权力，它伴随着社会发展尤其是国家的演变而不断变化。警察权的配置和运行现状是国家政治、经济和文化的反映，每一次重要的警务变革都与警察权的限制与扩张紧密相连。从世界范围来看，警察制度的发展经历了四次重要的警务变革和四个标志性的阶段：第一个阶段，警察从社会生活中独立出来，依据社会分工出现了警务角色，并且独立的警务逐步发展，产生了以此为生的独立的警务从业人员，形成了职业化的警察。1829 年伦敦大都市警察机构的建立，标志着警察职业化的发端，这是第一次警务变革。第二个阶段，由于警察干预社会生活的范围不断扩展以及干预不同领域的社会生活的需要，对警察提出了不同的专业技能要求，加剧了警察的专业分工，促成了以美国的警察专业化为标志的第二次警务变革，这是警务专业化阶段。第三个阶段，随着管理科学和自然科学的发展，社会生活的现代化特征日益突出，警察行业也不例外，在管理、装备、执法方式等方面均体现出现代化的特征，由此发生了以欧美各国警察现代化为标志的第三次警务变革，这是警务现代化阶段。第四个阶段，即第四次警务变革，以社区警务改革为标志，体现的是警察社会化的转型。综观世界警察的演进轨迹，可以看到警察体制经历了从非职业化到专职化、从依附到独立、从传统到现代化的历史进程，改革目标则经历了从预防为主到打击犯罪再到回归社会作用的螺旋式上升的过程，尤其是以社区警务理论为代表的第四次警务革命更是对历次警务革命的理性反思，在警力、装备、警务风格、工作重点、衡量标准、警务合作等方面对原有的警察组织结构、理论观念进行了批判，是警察现代化技术与警察哲学的理性整合。由此，世界警察权力的运行可描绘成以下路线图：警察的职业化确立了警察权的本质属性；警察的专业化与现代化则使警察逐渐脱离群众，弱化了人民性与公共性的职能属性；警察的社会化重新强调了警察权的人民性与公共性；而民本警务作为警察社会化的延伸与发展，又或者说是警察的民本化，顺应了警察权的本质属性即人民性与公共性的回归。民本警务要求公安工作的发展必须坚持以民为本，坚持将社会安全感、群众满意度、执法公信力、管理科学化作为衡量公安工作的根本标准；要求公安工作必须坚持与时俱进，着力研究不同时期人民群众的新期待，不断满足人民群众日益增长的物质文化需求，抓住事关群众利益的突出问题，全面系统地履行职责，从而实现警察权与公民权的动态平衡，促进公安工作全面协调可持续发展。可见，警察权的发展已经从过去主要为国家政治统治服务意义上的专制性权力向着为社会公共利益服务意义上的制度性权力回归，总体趋势是不断走向法治、民主和文明，而警察职能则从主要为了政治服务，逐步转向同时强调人民性与公共性，即在坚持政治性的基础上，也同时强调相对独立、公正、合法地为人民群众提供公共服务，这就要求我们在履行传统警察职能的基础上，顺应警察权本质属性回归的演进规律，大力实施民本警务战略，促进警务工作的科学发展。

第二节　当前警察权运行中存在的主要问题

当前，我国正处于社会加速转型期和人民内部矛盾集中凸显期，经济体制深刻变革，社会结构深刻变动，利益格局深刻调整，思想观念深刻变化，一系列社会管理问题复杂交织且相互碰撞，公安社会治理面临着大量的社会矛盾与安全风险。在此背景下，警察权力在行使及其运行过程中，一方面深受经济社会发展与社会管理环境的影响，存在着与国家治理现代化、政府施政民本化、社会运行法治化要求不相适应的问题；另一方面受到社会诸多变革因素的冲击与考验，充斥着各种矛盾与失衡现象。

一、权力利益驱动与民本价值取向的矛盾

民本警务意味着警察将由传统的专政职能更多地转向管理和服务职能。从更大的范畴来看，这与我国党委政府从主体、权力中心主义转化为客体和服务中心主义，从全能政府向有限政府转变的改革路径是高度契合的。就权力主体而言，公安民警是兼具行政执法权和刑事司法权的主体。“有危难找警察”的庄严承诺，既是公安机关服务人民的鲜明写照，又是人民群众对公安民警高度信赖的真实反映。但是，我国警务运行现状与公众的高期望值要求之间还存在较大差距，主要表现在以下三个方面：第一，警务导向缺乏民意主导。传统的警务运行更多的是以被动完成上级的任务指标为主，而结合辖区实际，有的放矢地组织开展各项社会管理、基础防范和服务群众工作的自主性与能动性不强。这种主要基于上级任务要求所发起的警务活动，实际上是一种内部警务的单向性需求，往往不能符合公共意志，即警务活动的发起方与警务结果的受益方相脱节，从而出现了警务活动的社会认同度和群众满意度不高的问题，警察的“辛苦指数”不能同步转化为人民群众的“幸福指数”。第二，警务决策过程缺乏人民群众参与的制度安排。从社会需求角度来看，人民群众对社会治安工作的需求不是一个恒定值，而是一个主要基于社会发展环境以及物质生活水平等因素而时刻处于动态转化之中的“变量”。随着社会发展进步及人民生活水平的提升，社会成员对社会治安工作的需求不仅总量增大，而且种类增多。多元主体社会结构下的社会治安需求正呈现出多样性特征，如社会成员对个人安全与合法权益保障的需求、自我能力体现与自我价值实现的需求、参政议政及参与社会公共事务管理的需求等。然而，不同警务主体对新生事物的认识和接受程度存在一定的差异性，特别是对于引入社会多元主体参与警务决策的做法持有不同见解，存在警务就是警方内部事务的认识误区。缺乏人民群众参与的警务决策，基于公共选择理论中关于经济人的天然本能，容易受到个体自身利益与地方政府利益、部门利益和局部利益的影响，难以站在公共利益的立场上进行警务决策。因此，现行的警察权运行模式一时难以有效地管理和调控社会治安，难以满足不断增长的多层次、

全方位的公共安全的需求，导致人民群众的高期望值与现实警务运行的失衡。第三，警察权力运行受制于内在的利益驱动本性。受警察权自我本位、特权思想的内在驱使，警察权的公共服务职能配置往往无法充分满足人民群众的需求。在警务活动中，能够主动提供的公共服务产品不多，部分民警的服务水平与服务质量不高，甚至还存在着不少对待群众“冷、硬、横、推”，执法过程“粗、野、蛮、暴”等现象；部分民警工作责任心不强，公仆意识淡漠，特权思想严重，玷污了警察的公众形象；一些地方特别是窗口部门，“门难进、脸难看、话难听、事难办”现象依然严重，对待群众态度冷漠，办事久拖不决，令群众十分反感；少数民警警风不正，警纪松弛，甚至以权谋私，充当特种行业主的“保护伞”，在一定程度上伤害了群众感情，疏远了与人民群众的血肉联系。上述失衡现象都是由于权力的内在利益驱动本性与民意主导价值取向的矛盾所导致的。

二、权力垄断惯性与权力让渡要求的矛盾

随着政府职能的转变和服务型政府的构建，公权力部门向社会放权或逐步转移让渡部分公共事务管理职能已是大势所趋。然而，部门权力的下放并未如预期般顺利，所遇到的各种阻力不少，如权力垄断惯性的影响。就警务部门而言，其所拥有的权力难免会与各种现实利益联系在一起。受权力部门利益保护主义的驱使，警务部门会倾向于保留那些可带来现实利益的警察职权，如各种行政事项的审批权与管理权成为警察权力下放的重要屏障。从警察权力制度设计的层面来考量，我国公安机关实行“条块结合，以块为主”的管理体制，各级警务部门在接受上级机关领导的同时，也要接受同级党委、政府的领导。作为一种兼具威慑、强制、保障与服务等功能于一体的国家行政权力，警察权的行使往往受制于权力的垄断惯性，警察部门通常被认为是专门提供公共安全产品的政府代理执行机构，所从事的警务工作往往具有排他性，即“非警察不能为之”，由此所呈现的警察权力形态主要是向上收缩而非向下转移。但与此同时，在传统一元主体管理模式下，公安机关包揽了过多不该管、也管不了或管不好的社会管理事务，导致对外承诺越多，就越

难以满足人民群众日益增长的社会管理服务需求，从而导致失信于民，影响了公安机关的公信力。从政府施政的角度来看，当前从中央到地方各级党委政府正积极倡导建设“幸福社会”“幸福城市”，将满足群众幸福美好新生活的各种需求和提高群众的幸福感作为社会建设的重要目标，以往以 GDP 快速增长为纲的发展思路正在式微。可以说，这是调整优化经济增长方式、构建社会主义和谐社会的重要举措和现实需要，也是政府施政理念的巨大转变。正因如此，作为社会治理重要职能部门的公安机关，要因应党委政府施政理念的转变，对行权理念和行权模式作出相应的调整，有效克服权力的利益垄断惯性，逐步推动警察非执法类权力向社会的科学、适度让渡，打破传统的警察权为政府部门所垄断的单一格局。

三、权力行使张力与民权保障抗力的矛盾

在此，主要反映的是警察权的有限性与延伸性不相一致，有时甚至存在矛盾的现象。警察权的有限性代表了警察权力的收缩，警察权的延伸性反映了警察权力的扩张。在国家权力结构中，警察权是最具强制力的，某种程度上也是保障其他行政机关运行的一种重要手段。但由于行使警察权力的实质是对社会行为进行干预，必须得到国家法律的授权和规范，即依据有关的法律规范来调整关乎国家安全和社会治安秩序的社会关系。事实上，警方既要面对各级政府和各种行政执法力量要求其不断增加职能任务与保障能力的局面，又要受到自身权力边界的制约，往往使其处于两难的矛盾境地，从而导致警察的疲于奔命。尤其是任意使用警察强制力，经常将警察直接推到群众的对立面，极易演变成警民冲突，导致警察行权张力与民权保障抗力的矛盾。在实践中，对于警察权的行使，需要把握好有限性与灵活性。如果公民抗法是源于复杂的利益冲突，且具有一定程度的代表性，那么警察也要反向国家反应社会需求，并采取“柔性”策略弱化公民权与国家权力的冲突，否则只会再次激化矛盾，并最终导致政府权威丧失、社会秩序失控。这是因为，作为“国家权力的特征和标志、国家权力权能释放的保证”，作为“国家和社会权利交换中，警察机关是最重要的角色

和连接点之一”，是直面社会冲突等不良后果的国家机关。公民反抗国家权力必然导致警察以强制力保障国家权力的实现。以英国为例，在20世纪七八十年代，英国警察显然没有认识到犯罪数量持续上升有着深层的经济、政治原因，仍然迷信于警察权威，采取大规模盘查、强力处置工业纠纷等策略，引发社会特定群体对警察的反抗，警察的合法性地位岌岌可危。同样的，在当前我国正处于工业化、城市化、市场化、信息化、国际化的全新阶段，在社会转型引发社会结构日趋多样、价值取向日趋多元、利益诉求日益复杂的形势下，警察权的行使若过度扩张，警察权力的内容以及警察权制约机制若不随着社会条件的转变而作出相应的调整，必然会引发更为严重的警民冲突。再者，警察公权力本身具有的扩张性，其过度行使必然导致社会个体私人权利被侵占甚至被侵害。这是由于，在私域中私人权利的扩张、私权意识的觉醒使得人们更注重私人权利、私人空间和私人活动的不受干扰，更强调对私人意愿的尊重和保护，这给具有干预性和扩张性的警察权竖起了一道私权藩篱。对于与他人权利和公共利益无涉的个人事务，非经公民个人的请求，警察权不得主动介入。但是从职责要求上来讲，警察又不能坐视公民个人人身、财产权利遭受违法犯罪损害而无动于衷。因此，如何调解两者的矛盾便成为警察权配置与运行中需要认真考量和解决的问题。

第三节　民本警务与警察权的关系

完善与推进国家治理体系和治理能力现代化、建设与中国特色社会主义法治体系相适应的现代警务机制和执法权力运行机制，是全面深化公安改革的重要目标。以民本警务为模式的警务建构是当今世界警务改革与发展的主要趋向，反映了现代国家公权力改革的内生性需求。民本警务顺应了警察权力属性的演进规律，凸显了警察权力运行的为民导向，并在公安机关履行维护社会秩序、执行法律法规和提供公共服务的职责中，通过深化以民意为导向的警察权力运行机制的改革与创新，进一步促进了警察权力主体的动态平衡。

一、民本警务顺应了警察权力属性的演进规律

从警察权的发展史考察，其政治性、人民性和公共性等本质属性常常处于博弈过程之中，孰轻孰重、谁主导谁，始终受到时代背景、社会环境、社会矛盾、政治意识形态等诸多因素的影响。从我国社会发展的历史进程看，党的十一届三中全会后，全国工作重心由政治建设重新回归到经济建设和社会建设，要求着力解决好人民群众日益增长的物质文化需求与相对落后的生产力之间的问题，努力维护好、实现好、发展好最广大人民群众的根本利益，使警察权的人民属性与公共属性得到了彰显。从事物发展的规律性分析，规律本身具有的客观性与必然性是不以人的主观意志为转移的，作为一项重要的公权力，警察权力属性的发展与演进，虽然在不同时期及历史发展阶段因应政治、社会、经济、民主和法治建设等各种需求所呈现的外在形式及其凸显的功能作用各异，但不管如何变化，其始终遵循某种权力运行的固有规律，并围绕本质属性而处于波浪式运动之中，体现了从有形到无形、从外在到内在的由表及里逐步回归本质的动态过程。民本警务顺应了警察权力属性的演进和社会治理的客观规律，推动了包括警察权力设定、配置以及行权方式、过程、效能等一系列的革命性突破，促使警察权力朝着更加科学、高效的方向运行。

二、民本警务凸显了警察权力运行的为民导向

警务改革的目的是通过警务战略的调整、体制机制及运行模式的革新，从根本上解决好警察行权为了谁和依靠谁的问题。民本警务顺应时代发展命题的转换应时、应运、应需而生，是现代警务运行模式变革的重要方向性选择。从形式上看，民本警务既是一种新型的警务理论、警务模式与警务战略，又是一项强调警察权力的运行在坚持政治性的同时重新回归人民性和公共性轨道的警务改革。作为警察权力运行的民本化表征，民本警务体现了中国特色社会主义国家制度下警察权本质属性的回归，凸显了警察权力运行的为民导向。从内容上看，民本警务充分展

示了警察权的民本化、法治化、社会化和现代化发展趋向，是近年来公安机关探索的一种集民意主导、社会治理、法治引领、科技支撑、勤务实战、公共服务等警务模式于一体的新型警务改革战略；是全面系统地贯彻落实科学发展观和“全心全意为人民服务”宗旨，实现社会治理现代化的重要举措和必由之路。

三、民本警务促进了警察权力主体的动态平衡

警察权力运行模式的选择，关乎国家利益、人民权利与民生福祉。在实践中，警察权与公民权的矛盾与冲突始终存在。一方面，公民权需要警察权的保护；另一方面，警察权的积极性与扩张性属性又可能侵害公民权，从而导致公民权的维权行动，这就需要建立某种调节机制以化解种种矛盾与冲突。而依据民本警务战略构建的一系列体制机制及警务运行模式的改革与创新可有效解决各种警察权与公民权的矛盾冲突问题。这是由于，民本警务致力于进一步端正人民群众的主体地位，积极回应和解决了警察权的适度扩张与让渡问题，为公安机关动员和组织社会力量参与治安综合治理及平安法治建设工作提供了实践载体，促进了警察权与公民权的动态平衡，实现了警察权与公民权的和谐统一。同时，使警察权转变过去行政驱动型运行模式和权力资源“硬投放”方式，实现了警务资源均衡合理的科学配置，解决了警察权力运行的人力、物力、财力成本过高，公权力资源虚耗问题突出等问题，能够最大限度地提升警务效能。

第四节　民本警务建构下警察权的合理运行

任何一项改革的启动，都是源于旧有体制机制及权力运行模式的不合时宜，全面深化和推动警务工作各个领域的改革创新同样发端于此。在“以人为本”科学发展观的指导下，民本警务建构下警察权力的合理运行应克服单一政治性主导的威权式、强制性和行政化模式的弊端，在坚持政治属性的同时，实现其人民属性与公共属性的理性回归，使警察权走向行权理念民本化、行权规制法治化、行权路径社会化、行权方

式现代化的正确运行轨道。

一、警察行权理念的民本化

民本警务的根本变革在于对权力运行的民本化取向，在威权式警务实践中，虽然明确警察权力来源于人民，但在行权过程中，重点是对专政对象和违法犯罪的打击、镇压和控制，较少关注普通人群的民主权益和民生需求。民本警务在理论上集中体现为警察哲学方面的变革，即警察制度建立的根本目的是为民服务、维护社会秩序与社会安定，而不仅仅只是为统治阶级专政服务。警察权的民本化理念是一种高层次的警务意识，是现代警察科学的重要组成部分，主要包括以人为本的警务理念、依法行政的警务准则、民意导向的警务战略、面向社会开放的评价机制等。民本警务是一种警察为民的自觉能动的积极作为，是主动式警务和服务型警务，是具有高度目的性的内在驱动行为，是在民本警务理论指导下进行的理性社会活动。为此，要坚持理论联系实际，坚持从实践中来到实践中去，深化认识、发展认识，切实激发警务人员投入民本警务实践的内生动力，通过民本警务的探索与实践实现人民警察从理论认知、情感认同到行为自觉的转变；要坚持为民导向，牢固树立民本化的行权理念，倡导柔性化、人性化执法，克服传统警务模式下对人的关注度不够的问题。

二、警察行权规制的法治化

民本警务是警务制度体系的创新。它跨越落后的不合时宜的警务制度模式，通过警务行权流程的制度化，形成清晰、公正、透明和规范的警务流程，体现警务工作的开放性，并最终在公民权与警察权之间找到一个恰当的平衡点。在警察权演变过程中，警察权的配置都有法律的严格规定，警察权的使用也被严格地予以了规范。例如，欧洲国家中的英国就先后制定了《英国警察改革法 2002》（2002 年 7 月 24 日御准）、《英国严重有组织犯罪和警察法 2005》（2006 年 1 月 1 日御准）和《英国反恐怖法 2006》（2006 年 3 月 30 日御准）；德国、法国和芬兰等国也分别制定了《德国联邦警察法》(1997 年 7 月 7 日公布)、《法国国家警察职业道德准则法令》(1986 年 3 月 18 日公布)、《芬兰警察法》(2001 年 4 月 15 日修订),对国家警察机构设置、隶属关系、行为规范及警察权配置等方面进行了系统规定,有效地保障了国家警察权的规范运行。亚洲国家中的日本制定了《日本警察法》(2004 年 6 月 18 日修订)、《日本警察法施行令》(2005 年 6 月 1 日修订)和《日本警察法实施规则》(2005 年 4 月 1 日修订);韩国制定了《韩国警察法》(2004 年 12 月 23 日部分修正)、《韩国警察公务员法》(2005 年 3 月 31 日部分修正);新加坡制定了《新加坡共和国警察法》(2004 年 10 月 12 日实施)。此外,大洋洲的澳大利亚也制定了《澳大利亚联邦警察法 1979》(2005 年 3 月 10 日修订)。[①] 其均对警察权配置和运行进行了严格的规定。当前,我国关于警察权的立法相对滞后,警察权的法律规制,包括警察权的配置和运行在整个国家权力和法律体系中的定位不够明确,从而导致警察权在实际的运行中存在诸多问题。民本警务的核心要义,就是要实现警察权配置与运行的法治化,即坚持警察权的公共职能原则和警察权运行的程序原则,从而使警察权在一个合法的空间中运行。公平公正执法是警察权最核心的职能要求,依法行政、依法管理和依法服务是现代警察权运行的基本准则。民本警务要求警察权力运行在法治的框架之下,强调执法公信力的彰显。在执法方式上,不仅要突出规范性、规避随意性,而且要坚持合法性与公正性、善用强制性;要求准确界定严格的法律授权和必需的服务扩充空间,防止出现执法不作为或执法乱作为的偏颇;强调准确界定警察权中行政、司法权力的边界,避免将行政执法问题扩大为刑事司法问题来解决;强调规范警察自由裁量权和强制措施权的运用,避免执法过程的随意性等。总之,警察行权规制的法治化是规范和改革现行警察行权运行体制机制、实施民本警务战略的核心要求,这对于提升警察的执法公信力、维护公平正义、确保社会稳定具有重要意义。

---

① 刘伯祥:《外国警察法》,中国法制出版社 2007 年版。

三、警察行权路径的社会化

警察权的社会化是民本警务的基本方向，也是其战略发展的关键环节。从世界范围来看，国家警察权的社会化，是当前国际警察权演变的最新趋向。警察职能本质上是一种社会分工，提供社会服务。警察职能的专业化和多样化，导致警察权的执行方式可以多样化，执行主体也可以多元。因此，在警察权与公民权之间可以建立一种合作互助的关系，更多地借助社会力量参与警务活动，从而促进警务资源的科学有效配置。警察行权社会化所带来的是警察非执法权的让渡以及警察权的社会回归，但是，警察权的回归不是静态的、一步到位的简单过程。比照治理理论，国家警察职能的社会化所体现是一个动态、互动和渐进的过程。当然，警察行权社会化也不是警察权力向社会的无限回归，必须有其边界和限度，这就需要在“国家主义”与“自由主义”之间寻找平衡点，这一平衡点就是维护社会治安所需的底线。警察权的社会化，表现在实践层面就是警察的部分职能开始分化，即转移、分离、授权与委托。从某种意义上来讲，政府部门向市场和中介组织、行业协会转移职能，如以社会组织取代部分警察职能，通过行业协会、中介机构等社会组织解决公共安全问题，在一定程上反映了社会自治、民主进程和社会主权，是社会发展进步的必然趋势。实施民本警务战略，就要坚持社会化的警务路径，逐步推动部分警察非执法职能向社会转移、行政管理权向社会让渡，实现良法善治、警民共治的目的，从而彰显社会主权，提升社会自治和社会民主水平。

四、警察行权方式的现代化

警察行权方式的现代化，源自警务工作的信息化、智能化以及警用装备技术的现代化，特指警察充分利用现代先进技术科学高效地行使警察职权。科学领域的发明创造成果，常常先行应用于国家专政机器，从而使军队和警察的技术装备条件发生变化。这些变化势必会影响警察权能的释放和警务效能的发挥，进而促使警察行权方式和手段的现代化变革。在当前传统的警察行权手段日益难以为继的情况下，推动民本警务建构下警察权力的科学高效运行，就是要在现代信息化和“大数据”条件下，充分利用各种新兴科学技术手段，凸显警察行权方式的时代性，回应人民群众对公安工作的新期待、新需求。例如，完善问题数据运行模式，推进问题数据“民意云”建设，将民本警务平台、警务回访、公安信访、法制审核、网上涉警舆情等监督渠道中群众投诉举报的问题统一整合，全面准确地分析、研判、查找队伍管理和执法中存在的问题，动态反馈，及时处理。从公安管理服务的角度来看，要充分利用各种信息化技术，在户籍办理、车管业务和出入境管理等方面推出更多惠民便民的新举措，节省窗口办理时间，提高工作效率。随着大数据与信息化时代的到来，以及我国科技强警战略的持续深入推进，民本警务建构下的警察权力运行将更加追求扁平化和高效能，凸显现代警务的时代特征，实现由传统到现代、由落后到先进的现代化警务变革。

相关链接 1

警察权及其配置研究

张　强

警察权是国家公共权力的重要组成部分。如同国家权力具有双韧性一样，警察权既可以是维护秩序、保障人权的工具，也可能异化为凌驾于社会之上、服务于专制和暴政的工具；既可能在民主与法治的结构中良性运行，也可能超越民主和法治的结构而胡作非为。在社会转型期，各种社会矛盾凸现，局部性社会危机时常发生，警察权作为化解社会矛盾、应对社会危机的快速机制理应受到重视和加强。同时，在警察权运行过程中如何尊重和保障人权特别是社会弱势群体的权利和人权，也是一个重大的现实问题。然而，在当前的法学领域，警察权的研究尚未引起学者足够的重视，对警察权缺乏系统的专门研究。为此，本文试图对警察权进行初步研究，提出警察权合理配置的方案，为司法改革、法治建设提供有益的思路和方案。

一、警察权的一般界说

警察对于我们并不陌生。提起警察，百姓会想到“有危难，找警察”，学者会联想到马克思、恩格斯经典著作中关于警察、监狱都是国家机器的论述。大到刑事侦查、小到户口管理，从海域到陆地、从铁路到森林，警察深入到社会生活的各个方面，对公民和社会有着广泛而深刻的影响。警察权是一项古老的国家权力，担负着除暴安良的重任，至今仍是各国最为重要的权力支柱，在某种意义上甚至可以说是国家权力的代名词，如警察国家与法治国家之称谓与区别。但在中国，无论在法学理论界还是实践中都少见警察权这一提法，究其原因，多半在于立法权、行政权和司法权有“三权分立”这一政治体制和法治理论为渊源，审判权、检察权和法律监督权有现行法律规定为依据，而警察权则在法理和实定法上均无直接出处。笔者认为，基于警察权为独立的传统国家权力的性质，以及中国法律体制中实际存在相对独立的警察权的实际情况，以警察权为统领对相关的理论及实践问题进行系统和深入的研究是必要的。

（一）警察权的职权和职能

警察权是警察机关享有的权力。在国外，警察与警察机关是通行称谓；在我国，行使警察权的人员为警察。警察权的行使机关主要包括公安机关、安全机关、海关缉私局等，因此，警察权可为多种机关拥有。出于公安实际享有全面的警察权能及论述之便，本文所称的警察权特指公安机关享有的警察权。

警察权是一项古老的国家权力，随着社会的发展尤其是国家的演变而不断变化。从绝对主义国家的一般统治权演进为现代法治社会的以维护社会治安为职责的特别统治权，其变化是十分巨大的，总体趋势是不断走向法治和文明。其中，维持公共秩序、维护社会治安是警察权恒定不变的基本使命，这是警察权的功能，也是警察权存在的正当性根据。

为实现警察权的功能，警察权有两项基本职能：一是警察行政职能；二是警察刑事职能。警察行政职能与警察刑事职能共同服务于警察权维护社会治安的功能。两者相对独立又存在内在的密不可分的联系，并通过不同方式和途径为实现共同目的而作出努力。

警察权的职能是通过相关职权实现的。警察权与警察职权是两个相互联系但不完全等同的概念。警察权是警察机关依法进行警务活动的权力，是各种警察职权的集合体。警察职权则是警察机关所拥有的具体权力，是警察机关实施警务活动的资格和权能。两者是抽象与具体的关系，警察职权是警察权的具体表现和转化形式。基于警察权的行政和刑事基本职能，警察职权包括警察行政职权和警察刑事职权，与此相对应，警察分为行政警察和司法警察。这种划分较为典型的是澳门警察，澳门警察分属治安警察和司法警察两大部门。而在我国，几乎所有有执法权的警察同时拥有行政和刑事执法权。

警察行政职权是指警察机关依据法律在行政管理过程中行使的权力。警察行政职权极为宽泛，涉及广泛的社会生活领域，具体包括治安管理权、道路交通管理权、消防监督权、户政管理权、出入境管理权等行政管理权力。在法治社会，依据有限政府理论，行政权不再是一种单向的以强制手段为主的管理权，而是一种服务于社会和民众的公共权力。因此，警察行政职权也称为行政管理服务权，以彰显其权力本质和追求。警察行政职能的作用在于通过治安管理与服务，维护社会秩序，并在必要时，尽可能地恢复受到损害的秩序。警察刑事职权是指警察机关在履行刑事职能过程中行使的权力，具体包括侦查权、刑事强制权和刑罚执行权。警察刑事职能的作用在于通过行使刑事职权，侦缉犯罪。

治安与犯罪，是两个既关联又有区别的概念。一方面，犯罪状态是治安好坏的一个十分重要的指数；另一方面，惩治犯罪有助于治安的维护。因此，警察行政职权与警察刑事职权既联系又衔接。但两者又有区别，主要是治安还包括和取决于一般社会秩序。由此可见，警察权作为警察行政职权与警察刑事职权的统一体，是警察权的维护社会治安作用的必然要求。

（二）警察权的性质

在我国，关于警察权的性质，现实生活与理论并不对应。在现实生活中，人们习惯于将公安机关认同为司法机关，主要表现有“公检法三机关”和“公安司法机关”的特有称谓；在党的组织体系中，“公检法”都被列为“政法机关”，并且公安机关的地位往往高于检察院和法院；在刑事诉讼中，存在“公检法三机关”“分工负责、相互配合、相互制约”的流水作业体制，等等。但理论上并未相应地确认警察权的性质为司法权，同时亦未明确认定警察权为行政权。因此，警察权的性质比较模糊。笔者认为，警察权属于行政权。行政为管理公共事务的政府活动，行政权为管理权，行政权的基本特征在于主动性、单方决定性、非终局性、组织上的领导性。在现代法治社会中，警察权无论就其所发挥的功能还是活动的程序及组织方式上都显示出其行政权的性质。

首先，现代警察制度建立的宗旨在于维护社会治安，保障社会秩序，使社会维持一种安宁的状态。正因为如此，几乎所有国家的警察机构都具有准军事部队的特征，以便在社会上发生违法犯罪行为时能够准确有效地加以遏制。这种准军事化的特征是行政权中组织服从性、统一行动性等特征最强烈的体现。

其次，警察在履行行政职权和刑事职权过程中，都采取的是典型的行政程序方式：主动干预社会生活，单方面地限制个人的基本权利和自由，积极地获取犯罪证据和查获犯罪嫌疑人，并对其发动刑事追诉。这与司法权所具有的消极被动性特征有着明显的差异。

最后，警察机构在组织上更是采取一体化的方式：警察上下级、警察机构上下级之间都属于一种上令下从、互相隶属的关系；对于正在从事刑事侦查活动的警察，可以随时撤换和调任。警察在执行职务方面不具有独立性和不可变更性，这与具有高度独立自主性的司法裁判者截然不同。从我国的法律实践来看，公安机关作为一种武装性质的力量，同时行使着维护社会治安和刑事侦查的职能；公安机关在组织上实行的双重领导体制，既受制于上级公安机关，又受同级人民政府的辖制，其行政机关的性质十分明确。

二、警察权的设定原则

警察权是国家权力的重要组成部分，对于任何社会，警察权都是必不可缺的，因为维护社会治安是社会正常存续的基本条件。并且，警察权在一个社会中的实际状态，在相当程度上是一个社会法治文明发展水平和人权保障水平的标志。这是因为警察国与法治国相对，警察权与公民权在一定条件下成反比，警察权的扩大意味着公民权的缩小，警察权的滥用往往导致公民权的损害。由此，对于警察权存在一个悖论：人们一方面要求警察保障生活安全，另一方面又害怕警察权的滥用。解决这一悖论的出路在于，依据一定的原则设定警察权的边界，使警察权既能满足保障公民权利和自由之需，又无剩余或滥用以致侵害公民权利。警察权既然是国家的行政权力，其设定必须遵循法治国家关于行政权力的基本理念和原则。法治社会的基本矛盾是公民权利与国家权力之间的关系，社会基础在于国家与社会的二元化，道德基础或者是正当性基础在于维护社会秩序与人权保障的需要，权力的逻辑起点在于人民主权。因此，警察权作为公权，其设定的核心理念在于适度控制国家权力、防止权力滥用，最终保障人民利益。其具体原则有：

（一）人权保障原则

人权保障是经由自然法思想及资产阶级革命洗礼后所产生的人类社会的最高价值目标。任何一项国家权力的存在都不得侵犯人权并应以保障和推动人权为目的。警察权作为一项关涉人的自由与权利的广泛而巨大的权力，虽为维护公共安全与秩序所必需，但不加限制即会侵犯人权，因此，警察权运行的首要价值目标即合理限度的底线是人权保障。

（二）警务公共原则

警察权的运行以维护公共秩序为必要。警察权的设定涉及公共秩序与限制个人自由的关系，个人自由是目的，限制是为了更好地实现自由，因此，对个人自由的限制仅以维护公共秩序为必要。这一原则具体包括不可侵犯私人生活原则、不可侵犯私人住所原则和不可侵犯民事原则。

（三）警务效益原则

效益原则包括效率和效果两方面的评价指标。其中心内容是体现投入和产出的比例关系。警务工作是高投入的行业，然而其产出却是难以量化评估的，这就给警务工作的绩效管理带来一些困难。但警务产出——公共安全的提供并非没有效益标准，除了事故发生率、发案率、破案率等指标的参考作用外，公众的安全感也是一个重要的指标，这是警务工作效果的最终体现。

（四）警务程序公正原则

警务程序公正原则的核心思想是，警察行使警察职权对他人的人身、财产权利予以限制或剥夺时，必须听取当事人的意见，当事人享有要求听证的权利。同时，这一原则还要求无论是执行行政法律的警察行政职权还是执行刑事诉讼法的警察侦查职权，都必须要严格遵循法律程序，违反法律程序的行为无论实体上是否处理得当，都将视为无效行为。

（五）法律优先和法律保留原则

法律优先要求警察权的行使按现行法律办事，不采取与法律规定相冲突的措施。法律保留，是指警察机关实施行政行为必须有法律的授权，无法律授权的行政行为无效。法律保留原则将授权与执行严格区分，警察机关的职权是执行权，不能自我授权。

（六）警务比例原则

一般认为，广义的比例原则包括妥当性原则、必要性原则和均衡性原则。一是妥当性原则，又称适应性原则，即警察所采取的方法应有助于达成其所追求的目的。二是必要性原则，又称最少侵害原则，是指在众多能够达成维护治安秩序目的的手段中，警察应当选择对公民权利限制或侵害最少的手段。三是均衡性原则，是指警察对公民个人利益的干预不得超过实现行政目的所追求的公共利益，两者之间必须合比例或者相称。该原则对控制警察自由裁量行为和警察机构日渐扩大的特殊权力具有重要的作用。

（七）警务信赖保护原则

所谓警务信赖保护原则，是指当社会成员对警务活动过程中某些因素的不变性形成合理信赖时，警察机关不得随意变动，若因行使职权的需要而予以变动时，必须合理补偿社会成员的信赖损失。该原则的核心思想是维护法律秩序的安定性，保护社会成员的正当权益。

（八）警务公开原则

这一原则要求推行阳光警务，破除警务神秘感，确保公众的知情权。以警方和公众的信息对称来推进和谐交流和警务社会化，以知情权确保相对人有效捍卫自己的权利，以阳光警务确保警务职责的廉洁和正确履行。

（九）警察权制约与救济原则

从绝对的权力导致绝对的腐败这一理念出发，警察权应当受到制约，警察权侵犯公民权，公民有救济的权利。这是因为无制约的权力必然导致权力滥用甚至暴政，无救济的权力则会损害权利而失去公正，这是法治理念下的权力规则。在警务活动中，这是确保警察权为社会所需而又不致祸害社会的有效途径。

三、警察权的配置

警察权的配置是指为实现警察权的功能，警察权能体系的内部结构设置。警察权的配置结构是纵横交错的，过程是动态的，最终目标是达到维护社会治安和保障人权的统一。警察权的配置包括纵向配置和横向配置。

警察权的纵向配置主要是指警察权的中央与地方权力划分。根据我国宪法规定，公安事务属于地方各级人民政府的管理权限，这一体制是符合我国国情的国家结构形式的组成部分，有其宪政上、理论上和实践经验的正当性和合理性。

警察权的横向配置是警察权配置的核心和关键，决定着警察权的权力范围。警察权具体权能的配置是一个动态的分权、限权与扩权过程，配置的原则是有利于权力制衡和提高效率。

从本源上看，公民权利是经过社会权衡、协调、界定而得到公认和一定保障的利益。国家权力是权衡、确认和保障实现权利之力，权力是为权利而设的，因此，权力本源于权利。权利与权力永远与人类社会相伴，人类社会今后不管如何发展总会存在权力，因为任何时候人类都离不开利益，并需要对利益关系进行权衡、调整和确认。

权利与权力作为一种社会现象，其发展、演变受制于整个社会历史发展状况。社会历史发展状况制约着权利与权力的矛盾运动，决定着其内容和运动规律。因此，对权利和权力的研究不仅应研究其静态发展，也应研究其动态发展。静态地看，权力不能违背其宗旨和作用范围。不能过小，过小则难以履行其职能；不能过大，过大则造成权力资源之浪费，甚至导致其他严重后果。动态地看，权利和权力是发展变化的，在同一历史时期，一项权力在某些方面可能需要限制，在某些方面则可能需要扩张，这一变化取决于权利的变化并最终取决于社会发展状况。对警察权的研究也不应局限于静态，警察权应进行动态配置。

（一）关于分权

分权主要是指警察行政职权与警察刑事职权分离。分权的主要理由在于，两项职权统一于公安机关有两大弊端：一是公安机关会凭借其刑事职权的行使来完成警察行政职能，即通过惩治犯罪缓解社会治安的压力，从而造成警察刑事职权的滥用；二是警察行政权与侦查权的统一导致行政权的滥用，即普遍存在的司法侦查活动中大量使用行政权力，造成行政权力的行使缺乏救济。分权的目的在于，以权力约束权力，防止权力滥用。分权后，一方面，行政警察只能通过行政手段而非刑事手段来做好犯罪预防工作，从而防止刑事职权的滥用；另一方面，引入司法审查机制，对分离后的刑事侦查权予以控制。

笔者认为，分权对警察权的合理配置不利。由于在统一的警察体制下，警察行政职权与警察刑事职权在打击犯罪和维护社会治安的总目标下相互配合、互为辅助手段。警察行政职权为警察刑事职权服务体现在两个方面：一是在进行警察行政管理活动中能够发现各种犯罪线索；二是行政职能中的治安、内部保卫、边检、交警等部门对犯罪的侦查有重要的支持作用，尤其是治安派出所，作为国家维系社会秩序基层的力量，在人员的排查、调查的实施、缉捕与布控等方面更是刑警的强大支持力量，脱离了公安整体力量和网络的刑事警察，难以得到其他公安力量的有力支持（只能获得一般支持），其侦查能力必将大大下降。对犯罪的有力打击有利于恢复被严重扰乱的社会秩序，并从警示作用上有利于犯罪的一般预防。由此可见，警察行政职能与警察刑事职能是相互依存、相互支援的，其分别行使将损害警察权功能的有效实现。因此，分权不是警察权的合理配置。

（二）关于限权

当然，在警察权统一行使、运行中确实存在一些显而易见的弊端，解决这些弊端的办法是在司法侦查活动中引入司法审查机制，对警察权的两项职权予以司法控制。这主要涉及强制权由公安机关行使的正当性问题。在我国，无论在治安行政领域还是刑事侦查领域，公安机关都拥有一系列的强制处分权，如治安行政领域的收容教育、强制戒毒、行政拘留等。在刑事侦查领域，除逮捕以外的其他所有强制措施和强制性侦查手段，也都是由公安机关自行决定、自行执行甚至自行延长和变更的。对于大量涉及个人基本权利和自由的事项，公安机关在治安行政领域和刑事侦查领域都拥有权威的和最终的决定权，实际在行使司法权。从保护公民权利出发，应限制公安机关的强制处分权。为此，应实现公安机关的非司法化：一方面，名为地方政府拥有实为公安机关控制的劳动教养权、收容教育权、行政拘留权等治安行政处罚权，应纳入司法权，将公安机关由决定者变成申请者。另一方面，对于在刑事侦查领域中的刑事拘留、监视居住、取保候审、搜查、扣押、窃听等一系列涉及剥夺、限制个人基本权利和自由的措施，也应一律纳入司法权的控制之下。

笔者认为，确定警察权属行政权并不当然意味着公安机关不能行使治安行政强制权和采取刑事侦查强制措施。问题的关键不在于公安机关能否行使涉及人身自由的处罚权和强制权，而在于权力是否能够得到有效的制约，权利是否能够得到充分的救济。公安机关行使治安行政强制权的必要性在于实现行政管理的有效性。现代法治社会为保证行政管理的有效性，赋予行政机关一定的人身强制权，如海关、卫生等行政机关都依法享有人身强制权。至于劳动教养权、强制戒毒权、收容教育权本身的设定是否合理，那是另一个问题。刑事侦查强制措施的必要性在于保证侦查权的实现。关于权力的制约和救济，警察行政职权作为一种行政权，必须体现现代行政法理念，遵循现代行政法治的基本原则，包括职权法定原则、比例原则、程序原则、救济原则。在依法行政的原则和制度下，警察权受到有效地规制，公民权利得到安全地维护和保障。并且，在法治不断推进形成的强大的外力推动下，警察权在一定程度上能从内部产生自我约束的冲动，如公安部就出台了关于公安机关办理行政、刑事程序规定。刑事侦查领域的强制措施的监督，是由检察机关作为法律监督机关在行使审查批捕职能和公诉职能中实现的。因此，当前我国警察权“限权”的着力点在于加强依法行政和法律监督。

（三）关于警察权的扩张

如前所述，警察权需要根据社会发展状况进行动态配置。当前，随着改革开放的逐步深入、市场经济的迅速发展，各种社会矛盾明显暴露，犯罪率逐年上升。20世纪90年代中期，发案率上升到20世纪80年代前半期的8倍，而且居高不下，出现第五个犯罪高峰。在这种犯罪压力之下，社会出现了对警察打击犯罪工作的更高期待和更高要求。因此，在短时间内，我国警察权不仅不应限制，还应当适度扩张。在世界范围内，警察权在某些方面也在扩张。例如，进入电子信息时代以来，网络在促使人类社会发生全面而深刻变化的同时，也在改变着权利、权力及其相互关系，网络的安全与秩序成为警察权的新领域。又如，“9·11”事件以后，美国警察为“保卫国土安全”，对个人信息的监控权力大为增强，对公共基础设施的保护措施也在加大，个人自由和权利受到相对较多的限制。这些警察权的扩权措施在以保障个人自由和权利为最高价值目标的美国也得到了公众的认可和配合，因为其最终目的在于维护公共秩序和安全。出于维护公共秩序和安全的需要，警察权的扩张在特定的条件下、特定的时空里是可能的也是必要的。

（本文刊载于《南粤警坛》2008年第3期）

相关链接2

试论民本警务的实质与落实

张 强

党的十八大提出了经济、政治、文化、社会、生态“五位一体”的总体布局和全面建成小康社会的奋斗目标，并从坚持和发展中国特色社会主义的高度对深化平安建设作出了新的战略部署。最近，孟建柱同志要求在更高起点上全面推进平安中国建设，着力建设领域更广、人民群众更满意、实效性更强的平安中国。由此可见，“以人为本”“科学发展”“平安建设”已成为我们党和国家治国理政的基本理念和时代主旋律。平安建设是一个动态过程和系统工程，警务机关开展平安建设，必须顺应时代发展命题的转换，以实施民本警务为引领，突出人民的主体地位，将保障和服务民生作为主要的价值取向，努力探索一条适应全面建成小康社会的新要求、适应人民群众对美好生活的新期待、适应初级阶段阶段性特征的新挑战，与世界警务发展潮流相向而行、与服务型政府建设合拍共振、与平安中国建设高度契合的警务改革之路，推动警察职能转型和警务工作的科学发展。

一、民本警务的思想内涵

民本警务是构建在民本思想和人民主体理论基础之上的警务战略、警务模式与警务活动。作为一种警务战略，民本警务是警察机关顺应时代发展命题转换的一种具有全局性、方向性的战略选择，是指导警务工作科学发展的思想方略。作为一种警务模式和警务活动，民本警务是以民意为基本导向的警务运行模式，服务和保障民生是警务活动的重要目标，“安全感、满意度、公信力、科学化”是它的主题主线。从理论渊源来看，民本警务继承了中国古代“重民贵民、爱民仁民、安民保民”的民本思想传统，遵循了马克思关于“人民是社会和历史主人”的历史唯物主义哲学观点，践行了中国当代马克思主义者关于“群众路线”、“群众工作方法论”、“三个代表”主要思想、“科学发展观”等思想体系的科学精神，借此丰富、发展和夯实了警务工作的理论基础。民本警务是对警务理念、职能目标、主题主线、体制机制、运行模式、制度规范、方法路径等进行的系统设计与制度安排，为满足人民群众多元化、多维度的期待与要求构建了组织化、制度化的警察行为模式和警务活动规范与指南，是警察机关在民本思想和人民主体理论指导下的行为自觉，也是新形势下警务改革的必然选择，体现了科学性、人民性和实践性的特征。

（一）民本警务的科学性：理论建构与伦理升华，警务历史演进与时代发展命题的统一

民本警务是对警察机关和人民警察长期为民服务实践活动的总结、固化和升华，是对警察民本观与警务方法论的理论化、系统化建构，揭

示了警务领域为民服务实践活动的一般规律及其本质，从理论形态上属于警察哲学的范畴；民本警务从警察组织的层面，对警察行为提出了具有普遍约束力的制度化设计要求，即将警务工作中贯彻民本思想和人民主体论作为警察机关和人民警察必须遵循的道德准则与行为规范，成为警察道德品质、道德修养的评判标准，成为警察的道德血液，从而重构了警察文化、升华了警察职业伦理和职业道德。从世界警务模式构建演进的轨迹来看，在经历了职业化、专业化、现代化、社会化和信息化的发展阶段后，现正进入民本化的新时期，以人为本成为现代警务发展的基本要求。因而，推行民本警务符合警务发展的主流趋向，是一种符合规律的发展进程，具有重要的警务革新意义，体现了警务历史演进规律与时代发展命题的统一，为高起点的平安建设奠定了坚实的思想理论基础。

（二）民本警务的人民性：价值取向与职能回归，人民主体历史观与价值观的统一

警察权在国家权力运行及演进过程中扮演着重要的角色，其属性的定位、权力的运行、模式的选择，均关乎国家利益、人民权利与福祉。从警察权或警察职能的生成与流变考察，其属性具有多样性特征，其政治统治性的属性与人民性及社会公共性的属性始终处于博弈过程之中，孰轻孰重、谁主导谁，始终受到时代背景、社会环境、社会矛盾、政治文化思潮等诸多因素的影响。在我国人民民主专政的国家制度下，国家事务由人民当家做主，警察权来源于人民的授权和委托。尤其是在国家“五位一体”的发展进程中，人民的主体地位显著提升，“人民性”与“社会公共性”的属性又回归其主导地位、回归其“本位”。在“以人为本”的科学发展观的指导下，人民警察在平安建设过程中履行维护社会秩序与稳定职能的同时，还需承担“服务行政”的任务。因此，推行民本警务就是积极回应人民群众对公共安全、司法公正、权益保障、公共服务的强烈期待，尊重人民的主体意识和主体地位，充分体现了警务工作以人民主体利益为核心价值取向、价值标准的鲜明立场；体现了警察主体及警察行为的人民性，即“人民警察为人民”的本质属性。“权为民所用、情为民所系、利为民所谋”，“人民对美好生活的向

往就是我们的奋斗目标”。推行民本警务就是为人民行使权力，也即宣示了警察权或警察职能向人民属性与社会公共属性的回归，体现了人民主体历史观与价值观的统一、警察权与公民权的统一、警察政治统治属性与人民属性的统一，也有效地强化和夯实了警察权的正当性与合法性基础，为警察权的运行明确了价值取向、界定了职能属性，为警察机关坚持和依靠人民群众、动员和组织社会力量开展平安建设提供了强大的力量源泉。

（三）民本警务的实践性：善治精神与风格重塑，社会安全与人民满意的统一

民本警务作为一种警察公共权力的运行模式，符合现代国家公共权力运行的基本要求，即政府实行“善治”和与人民“共管”“共治”社会。放眼当今社会，人民群众对自己的主体资格、主体地位的意识日益清晰，权利主张与诉求的主动性、自觉性不断强化。在平安建设和全面建成小康社会的新阶段，人民群众对警察机关的期望值更高，其现实需求已不仅仅满足于一般的“安全感”需求，而是逐步在形成多元化、多维度的需求结构，如希望享受到更多的警察公共服务，期盼获得更多的警方温暖与支持，追求警务执法的公平与正义，渴望生活的和谐幸福与安全稳定，重视自己的人格尊严、全面发展与美好前景等。美国人本主义学者马斯洛的需要层次理论揭示的正是这种需求变化和需求层次递进的规律，这种多元化、多维度的需求变化与需求进步，是促使警察机关职能转型、催生“民本警务”的社会民意基础。警察公共权力的运行必须顺应这种转型需求与变化，走向“善治”“共治”“共管”“共享”的“民本化”轨道，实现从传统的以政治统治性占主导地位的权力运行模式向以人民性与社会公共性为主导地位的权力运行模式转变，通过民本警务的实施与推行，以善治精神重塑警务风格与警察形象，迈向警方与人民共同治理社会的新时代，实现社会安全与人民满意的统一，为建设领域更广、人民群众更满意、实效性更强的平安中国创造和谐的社会环境。

二、实施民本警务的路径选择

路径是通往目标的道路。路径的选择科学与否，关系到事业的成败

与效能。实施民本警务，应当以马克思主义方法论为指导，坚持实事求是、一切从实际出发，立足各地的历史人文特征、地域特点、社会经济发展状况，遵循警务工作的基本规律去探寻各具特色的民本警务之路。现从共性角度，简述民本警务的路径选择。

（一）培育正确成熟的民本警务理念

理念是对事物的看法与观点。民本警务作为一种警务变革，必须有一个共同的理解和共同的目的，才能产生一致的行动。为此，需要通过理念塑警、文化育警、素质强警等警队教育举措，使民本警务理念成为人民警察的共同意志、价值追求和道德血液，并通过持续不断的警务实践使其内化于心、外化于行，成为推动民本警务实践探索的思想基础、理念引导和力量源泉。

（二）建立民意导向的警务运行机制

民意即“公共意志”，是指人民群众共同的、普遍的思想或愿望。以民意为导向，就是要通过规范完善民意的收集、整理、分析、研判的程序、手段与方法，畅通民意表达、诉求的渠道与途径，建立民意研判成果运用及辅助警务决策、引导警务行动，监督、评价和考核警察队伍与警务效能的警务运行机制，以人民的共同意志、愿景和利益诉求来谋划设计和支撑推动警务工作。

（三）以“零容忍”的要求营造安民保民的社会治安环境

警察是安全与秩序的建立者与维护者，维护正常有序的公共治安秩序，营造安全稳定的社会生活、生产环境是警务工作的首要职能。没有安全感，人民群众的幸福感和满意度就失去了基础与保障。因此，安民保民、不断增强社会安全感是民本警务的根基和永恒主题。当前，社会转型阵痛加剧，各种社会矛盾、社会问题层出不穷，衍生和演化出诸多公共危机与社会风险因素，对人民群众的根本利益及社会的和谐与安定构成潜在危害。在此种社会背景下，警察任务范围的准确界定往往会遇到困难，行政干预、取缔、强制等警察权的运用面临着职权边界的限制与瓶颈阻塞。警察机关应当因应形势变化，从公共利益和必要性出发，以“零容忍”的要求，切实承担起神圣的政治责任，发挥行政先锋角色作用，适时发动各种非直接干预措施，解决好那些不得不关注、不能不干预，但囿于自身职能限制又不能直接行使警察干预权的诸多社会问题与社会矛盾。通过运用宪法及法律精神赋予的“宣示性”职权，有效管控公共危机，主动协调、支援协助、建议促请相关职能部门及早介入社会问题与社会矛盾的处置，及时消除隐患，防止其发展演变为恶性治安事件，保障好人民群众的利益，维护好社会的和谐与安定，通过警察权的理性、适度扩张与延伸，体现警察机关的责任担当与民本警务精神。

（四）以“零懈怠”的精神开展民生服务

“满意度”是人民群众对警察机关打击违法犯罪、执法服务、队伍建设等警务工作的总体评价。“服务行政”是提升“满意度”的重要途径。实施民本警务，要求以“零懈怠”的态度，积极拓展延伸服务领域与服务职能，创新惠民服务举措、方式、手段和载体，通过“量”的积累实现“质”的转变，充分体现警察服务的专业精神与品质，提升服务效率与效能；要重视为人民群众解决小案件、小问题、小纠纷、小矛盾和小困难，解决急事、难事、忧心事，从便民、利民、惠民的角度出发，积极回应和满足人民群众、社会组织和行政、事业、企业单位的服务需求，用服务的手段实现警察的管理职能，使警务工作过程成为服务经济社会发展、服务人民群众的过程。

（五）推行人性化的执法工作模式

执法是警察的重要职能。执法工作中贯彻民本警务理念就是要体现理性、平和、文明、规范的执法要求，体现公平正义与执法公信力。“要让人民在每一起案件中都感受到公平正义”就必须创新执法方式，重视执法过程的人道主义与人文关怀，推行柔性执法、协商执法、恢复性执法等新型执法工作模式。同时，还应重视发挥法制教育、矛盾化解、心理调适等手段在执法工作中的作用，引导案件当事人采取合法、理性、平和的方式争取正当权益，最大限度地减少执法争议、减少矛盾纠纷。要认真贯彻落实宽严相济的刑事政策，最大限度地增加社会和谐因素，减少不和谐因素，实现法律效果与社会效果的有机统一。

（六）全方位尊重和保障人民权益

警察权的行使与人民权益的保障息息相关，尊重和保障人民权益是警察机关依宪法精神而不可规避的责任。民本警务要求一切警察行为和警务活动都必须以维护和保障最广大人民群众的根本利益为出发点和落脚点。全方位尊重和保障人民群众的权益，既要充分尊重和保障人民群众在法律活动中依法享有的各种法定权益，如程序权、平等权、知情权、人身权、财产权、监督权等，又要广泛地保障人民群众在生产、生活中不妨害社会秩序与公共利益的各种合法、合理、合情的权益，如受益权、环境权、发展权和人格自由、人性尊严的权益等。因此，正本清源，有效增强人民警察的民本、民权意识，大力提升警队形象及执法服务品质，全方位尊重和保障人民权益，是实施民本警务的根本要求。

（七）实施人文亲民的警务关怀与救济

警务关怀与救济属于警察人文主义的范畴，是指警察机关在警务工作领域对社会弱势群体和特殊人群实施的人文关注与温暖帮助，旨在注重人的价值、促进社会和谐、减少消极因素和治安隐患。警务关怀与救济是一种相对较新的时代命题，也是新形势下对警务工作提出的新要求。过去，警察只是机械式地依法、依规、依程序办事，缺乏应有的人性化关怀和救济行动，警察的公众形象较为威严、冷漠，缺少亲和力。随着社会的发展进步，倡导尊重人的主体性和个体差异，追求人的社会价值与个体价值的统一，对社会弱势群体和特殊人群的关怀与救济已成为政府和社会各界普遍关注的问题。因而，警务关怀与救济自然而然地成为民本警务的题中之意。在警务活动过程中，应切实重视对未成年人、被性侵妇女、家暴受害人等的保护与帮扶，对失踪人员的查找，对社会流浪人员、交通事故人员的先期救助，对犯罪被害人和见义勇为伤亡人员的关怀与抚慰，对刑满释放人员、吸毒人员、精神病人等特殊人群的帮教与关注等，充分体现警察的人文情怀与温暖。

（八）打造和谐民主的警务共同体

警务共同体是指由警察、社会组织和社区群众围绕社区治安事务而缔结的相对稳定的新型警民伙伴关系和互助形式。警务共同体是一种建立在开放、参与、民主、合作、共赢基础上的警务运行模式，是开展社区警务工作的有效载体与抓手。在社区实施民本警务，必须使社区民警、社会组织、社区群众对社区治安事务拥有共同目标、共同精神、共同需求和共同责任，必须在价值追求、价值体现和价值认同上，形成警民利益或命运共同体，形成责任共担、互利共赢、互动互助、民主和谐的警民伙伴关系，才能实现共同的治安利益。当前，“平安建设”与“幸福建设”成为政府施政的重要载体，这为推动警务共同体模式提供了良好的平台与契机。因此，警察机关要抓住机遇、借力造势，通过警务前移、警力下沉、和谐警民关系建设、警务法制宣传与教育、治安防范知识普及，通过警务开放与互动，大力推行警务民主，使社区群众对警务工作拥有更多的知情权、参与权、表达权、监督权与评价权，根据社区类型特点，打造各具特色的社区警务共同体，实现社区的警务自治和社区群众的自我警务。

（九）推动形成多元主体的社会化治安治理模式

社会化治安治理是指由警察机关、社会组织、社区群众等参与主体共同管理与解决社会治安事务的过程。社会化治安治理强调参与主体的多元性、合作性与和谐性、治理方式的服务性而非管理性。从社会治安管理到社会化治安治理是一种警务变革。实践证明，建立“警察指导、社会自治、行业自律”的社会化治安治理模式，实现警察职能的转型，是实施民本警务的重要途径。因此，应积极培育、建设和规范各种公共安全领域的社会组织、行业协会等多元社会管理主体，推动其承接由警察机关委托授权和转移分离的部分服务性、辅助性、非执法管理职权，并在政策、机制和制度上探索建立与社会组织、行业协会的沟通合作平台，切实发挥它们在社会治安治理中的协同、自治、自律、互助作用，从而形成警察有序管理服务与社会组织自治、行业协会自律多轨并行的社会化治安治理格局。同时，要大力整合优化社会管理资源，推动政府在社区治安事务、人民调解、社区矫正、社区戒毒、安置帮教、保安服务等领域扩大购买服务范围，以及大型商业演出、文体会展活动安保工作的市场化运作机制建设，大力培育与推动社会组织志愿型、自治型、保险式、契约化、职业化等多种形式的社会治安辅助力量体系建设，构建多元、完善的治安防控社会化、民本化长效机制。

（十）制定科学合理的警务公共政策

警务公共政策是警察机关为解决公共治安问题，维护公共秩序，实现公共利益，经由决策过程所选择和制定的行政规范、规定、命令、规划或方案。警务公共政策具有利益相关性的属性，它的制定，必然涉及以利益为核心的价值分配。因此，制定警务公共政策应着眼于最广大人民群众的切身利益与需求，立足于服务和保障民生的高度，从人民群众反映最强烈的问题和社会发展最突出的矛盾入手，加强顶层设计，主动将其纳入各级党委政府的决策部署中进行谋划制定。要顺应民心、尊重民意、凝聚民智，建立公众参与、科学分析、民主决策的警务公共政策制定机制。要着眼于将有限的警务资源投向解决群众服务问题上，树立警务决策的公共利益取向。要着力做好重大问题的前瞻性、对策性研究工作，破解瓶颈问题，解决好热点、难点和焦点问题。警务公共政策的制定与实施，应当体现依法行政的原则，对于历史遗留问题、区域治安问题以及特殊领域的问题，必须在尊重客观规律的前提下，按照科学原则和方法进行具体操作，采取灵活、规范的政策与对策设计，实现警务公共政策的科学化。

三、实施民本警务的基本要求

（一）实现警察为民实践的行为自觉

民本警务不是空洞的口号，而是实实在在地为民实践活动，其重点是要实现警察从理论认知、情感认同到行为自觉的转变。一是理论认知。民本警务是现代警务改革与创新的最新成果和发展方向，作为新生事物，尚处于理论研究和实践探索的初级阶段。正因如此，其理论体系在不断丰富完善的过程中，要加强对民本警务的探索、学习、宣传与引导，深化警察对民本警务的理论认知，强化对“忠诚、为民、公正、廉洁”的人民警察核心价值观的思想认识，切实将民本警务理论的学习教育贯穿民警日常的政治思想工作之中，形成对民本警务的正确认知。二是情感认同。民本警务反映在警察个体的情感上，就是要让其植根于每一位警察的灵魂深处，真正做到内化于心、固化为魂，切实从思想上接受、情感上认同，牢固确立警察真心为民的价值取向。三是行为自觉。在过去的警务工作中，虽然不乏为民服务的实践活动，但主要不是受警察自觉的内在驱动，因而不是真正意义的民本警务。这是由于，民本警务不是单纯的为民服务行为，它需要通过警察的组织化行为进行理念引导、行为引导和路径引导，实现警察为民服务实践活动的行为自觉即警察自觉。民本警务是警务工作的制度化设计与建构，必须使之成为警察共同的信念追求和警察文化要素，体现警察的专业精神与抱负。可见，警察自觉是推行民本警务的重要动因与前提所在。对此，要求警察机关在警察自觉的基础上，因应不同时期人民群众对社会治安和警务工作的现实需求，将“民本”理念融入到执法、办案、服务、管理等公安工作的每一个环节，通过公安机关实实在在地为民实践赢取民心、获得口碑，努力提升社会安全感和群众满意度。

（二）促进群众觉醒与社会互动

民本警务的施行关键在于群众觉醒与社会互动。一是要群众觉醒。在日益开放、多元的社会背景下，人民群众的权利意识和社会责任意识得以觉醒，这为以人民为主体的民本警务的推行注入了无穷动力。为此，要切实增强公众对民本警务的认同感，使其充分理解和认识到民本警务是民主权益与民生利益的有力保障。二是要社会互动。民本警务是警务社会化的重要体现，人民群众既是社会改革进步的主体，也是社会管理、社会治理的主体。一方面，要加强警民常态化互动，使每一位民警真正成为警察公共关系建设的主体，让临时性、运动式的走访互动成为常态，进一步密切警民关系，切实体现警民一家亲、增进警民鱼水情。另一方面，要善用民力，端正和突出人民群众的主体地位，最大限度地凝聚社会力量，充分发挥好人民群众和社会组织参与社会管理、社会治理的主体作用，广泛调动人民群众参与和支持警务工作，不断夯实民本警务的群众根基，逐步形成警民互利共赢的民本警务工作氛围和社会治理格局。

（三）系统化的制度设计与安排

民本警务既是一种警务理念的建塑，也对警务体制机制和运行模式提出了新的要求，必须遵循系统化和制度化的原则要求，加强顶层设计与底层设计，将民本理念渗透、贯穿和体现在警务体制机制、制度规范、方法体系的全过程之中，通过一系列的制度设计、安排与路径选择，形成与人民意愿相一致、与人民根本利益相统一的现代民本警务的体制机制与警务模式。在全方位推进和实施民本警务战略过程中，不仅各个警种、部门要贯彻民本思想，而且在警务工作的各个领域、环节均要大胆实践、勇于探索，切实找准民本警务战略与当前各项工作尤其是基层基础工作的结合点，努力创新民本警务的机制、模式、方法、手段，创建能够有效地保障和服务民生、有效提升人民群众满意度的民本警务样式与品牌模式。

（四）追求人民利益的最大化

作为重大的警务改革举措，推行民本警务只有一个目的，就是回应人民的强烈期待、尊重人民的意愿诉求。因此，在推行民本警务过程中，应将警务工作的着力点放到事关群众平安、幸福与发展上，每一位人民警察都必须把实现好、维护好、发展好最广大人民群众的根本利益作为一切警务工作的出发点和落脚点，尊重人民的主体地位，“让人民共享人生出彩梦想成真的机会”。要把人民警察的“辛苦指数”转化为人民群众的“幸福指数”，以更加良好的形象、更加有力的举措、更加出色的业绩向人民交出更好的答卷，切实保障人民群众的经济、政治、文化、法律和民主权益，实现人民利益的最大化。

民本警务是构建在民本思想和人民主体理论基础上的警务战略、警务模式与警务活动，是一种警务哲学、警察伦理与警察文化。它契合了我们国家在更高起点、更高水平上建设平安中国的发展主题，顺应了世界警务改革的发展潮流，符合现代公共权力运行的基本要求；是服务型政府建设和警察职能转型的需要，是警务工作贯彻落实党的十八大所确立的科学发展观、践行党的群众路线和深化平安建设的必然选择。但是，好的设计不会自动实现，民本警务最终能否生根落地、开花结果，关键取决于该战略从理论形态到实战样式的转化，取决于警察机关和警务人员的自觉实践。我们必须下定决心、守职处义、勇于担当，大力推动民本警务的改革创新，促进平安建设目标的顺利实现。

（本文刊载于《公安研究》2013年第11期）

中　编

实践
SHIJIAN TANSUO
探索

民本警务的战略布局

时代浪潮驱使下的新谋思、新布局与新战略，以战略眼光谋划和推动新时期公安工作科学发展

第三章
审势——时代浪潮的驱使

当前，身处“一国两制”交会点和改革开放最前沿的珠海经济特区，其经济社会发展正迈入科学发展、率先转型的快车道，各项社会事业迎来新一轮大发展的战略机遇期，确保社会平安稳定的大好局面，服务和保障“十三五”规划的顺利实施，比以往任何时候都显得重要紧迫、意义深远。作为社会建设重要保障力量的珠海公安也处于继往开来的历史节点上，各种新情况、新问题、新挑战相互交织、层见叠出。可以说，新时期的珠海公安工作，既面临前所未有的复杂变局，又迎来千载难逢的发展机遇。如何在全面建成小康社会的新的时代背景下，在经济社会发展不断变迁，社会管理对象、管理环境、管理主体不断变化，警务理念、警务机制、警务模式不断变革的新形势下，与时代同呼吸、与党委同步调、与群众共命运，正考验着珠海公安坚守政治责任和历史使命的能力，故此必须因势而谋、应势而动、顺势而为。

第一节 时代发展的背景

时代是一定时期经济、政治、文化等状况的总和，是一个客观的历史进程。任何一次警务变革都与特定的时代背景密切相关，警务改革只有坚持时代性，与时代发展的进程同步调、相一致，才能始终保持生命力。我国警务改革发展到今天，无论是警务环境、警务对象、警务条件，还是影响警务工作整体运行的思维理念、体制机制及模式建构等，均发生了许多新的深刻变化。基于时代发展环境的变化、各种警务发展问题的倒逼和现代世界警务改革创新的助力，我国警务模式的发展变革被赋予了新的时代内涵。概括起来，主要包括以下几个方面。

一、警务方向的选择

警务工作的民本化已成为现代警务运行模式变革的重要方向性选择。而民本化的警务建构关键是要解决好警察“为谁行权和如何行权”的问题，前者需要回答的是警察行权的导向问题，后者需要回答的是警察行权的方式问题。

二、警务手段的创新

在大数据及信息化条件下，警务运行过程中传统的警务手段已无法适应动态社会管理环境的新变化，需要更多地依靠各种信息化手段来支撑现代警务运行，警务工作的科技含量越来越高，“信息化警务”俨然已成为当今时代警务运行模式改革的又一代名词。

三、警务法治化的核心要求

公安机关是政府众多职能部门中唯一兼具行政执法和刑事司法双重职能的部门，是我国人民民主专政的重要工具。党的十八届四中全会明确指出，要坚持依法治国、建设社会主义法治国家的基本思路。过去的警务工作经验告诉我们，警务工作一旦偏离了法治化轨道，将会出现一系列警察行权的失范问题。例如，“重实体、轻程序”，执法不严、执法不公甚至执法犯法，将会导致社会“公平正义”的天平失去平衡、人民群众的合法权益得不到应有的保障。可见，警务模式改革必须遵循法治化的轨道，才能不断增强警察权的合理性与合法性。

时代性是警务改革的重要考量指标。没有时代性，警务改革就会与时代要求相脱节，这样的结果必将导致警务改革的故步自封和停滞不前。在新的时代背景下，深入研究探讨事关警务运行与警务发展的中长期问题，努力争创珠海公安科学发展的新优势，已成为珠海市各级公安机关必须深入研究探讨的时代命题。

第二节　科学发展的环境

新型警务模式的构建需要结合地方实际，突出本土特色，主动适应不断发展变化的社会环境，这里面主要考量的是警务模式变革的适应性问题。我国地大物博，城市与城市之间、地区与地区之间的经济发展状况、人文环境及社会结构等存在客观差异性。这种客观存在的现实差异不以人的主观意志为转移。只有正视这种差异，才能在警务改革的创新实践中避免脱离实际的简单复制。就警务模式的改革创新而言，警务模式的建构与地方政治、经济、文化发展的表现形式密切相关。珠海是广东改革开放最早、经济活跃度较高的地区之一，发展的势头较为迅猛。在历届珠海市委、市政府的正确领导下，珠海按照“以人为本、科学发展”的总体思路，解放思想，创新实践，使经济实力不断增强、交通基础设施不断完善。近年来，随着《珠江三角洲地区改革发展规划纲要》和《横琴总体发展规划》的颁布实施，以及广珠轻轨、港珠澳大桥等一批大型交通项目的建设，使珠海逐步凸显出作为珠江口西岸核心城市和交通枢纽城市的区位优势，并逐步走出了一条有别于全国其他地区的科学发展之路，形成进一步带动和促进周边区域性一体化发展的“珠海模式”。

首先，付诸宏观视域来审视。当今社会大环境纷繁多变、难以预判，各种利益群体之间的博弈斗争异常尖锐复杂，影响社会大局稳定的不确定性因素仍大量存在。从国际环境来看，21 世纪的世界经济社会发展格局正发生着复杂而深刻的变化，特别是全球金融危机、欧洲债务危机、美国世界战略布局转移等影响深远，对我国的冲击和影响已逐步在虚拟和实体经济中有所反映。从国内形势来看，我国当前的经济发展进入新常态，产业结构面临转型升级，大众消费时代即将到来，经济发展必须走创新发展和绿色发展的道路。我国“十三五”规划要求顺应和引领经济发展新常态，实现“经济保持中高速增长”的目标。在国家政治层面，中国共产党第十八次全国代表大会以及第十八届三中、四中、五中全会的胜利召开，标志着我国已进入全面建设小康社会的关键时期和全面深化改革开放、加快转变经济发展方式的攻坚时期。珠海认真贯彻落实中央和广东省委的部署，带领全市人民发扬敢闯能创的特区精神，全力投入改革创新各项工作。这对珠海公安履行特殊时期的政治责任和历史使命提出了新的更高要求。

其次，付诸珠海微观视角来权衡。作为我国最早的四个经济特区之一，珠海毗邻港澳地区，是珠江三角洲南端一个重要的城市，也是实践科学发展观先行示范市、珠江口西岸核心城市，珠海的横琴新区更被定位为“一国两制”下探索粤港澳合作新模式的示范区。未来三至五年，将是珠海市委、市政府求解时代命题、推动科学发展的关键时期，也是珠海实现经济结构率先转型升级、创建幸福文明新都市的关键时期。在这期间，港珠澳大桥将建成通车，全市将力争到2016年年底实现GDP（本地生产总值）比2011年翻一番；人均GDP超2万美元，进入全省前三名。珠海将实现大发展和大跨越，前景广阔，但经济社会发展过程中有待解决的问题还很多，由此带来的不稳定因素对社会稳定的影响不容小觑。

珠海三十多年的警务实践让我们深切地感受到，社会外在环境的发展变化对于警务工作所带来的影响十分深远。一方面，身处特区的珠海公安外部条件因素有别于国内其他地区，尤其是具有优先吸收港澳地区先进管理经验和开展珠中江、珠港澳警务合作的地缘、区位优势，并先行先试地开展了许多有益的探索和尝试，为公安工作的长远发展积累了经验、做好了铺垫。另一方面，从社会发展的大环境来看，当前我国正处在人民内部矛盾凸显、刑事犯罪高发、对敌斗争复杂的时期，各类不稳定、不和谐、不安全、不确定因素仍然大量存在，公安保卫工作任务日益繁重，执法要求也越来越高，而警务人员的数量不可能大幅度增加。对于珠海而言，政治、经济和社会秩序总体平稳，案件基数在不断抬升的同时，已出现了“增速放缓、总量可控”的良好态势，珠海始终保持为珠三角地区发案率最低的城市之一。未来一段时间，伴随着珠海全面进入实施“十三五”规划的重要战略机遇期和横琴大开发、“港珠澳大桥时代”的到来，城市交通路网建设、新型城镇化建设以及平安、幸福、宜居环境建设等任务将会更加繁重而艰巨。在此大环境下，珠海公安要维护政治安定、经济安全、社会安宁的大好局面，建设平安珠海、法治珠海和幸福珠海，必须在革新警务发展战略、创新警务工作机制、优化权力运行模式、节约警务工作成本和提升警务整体效能上寻求出路。

第三节 改革创新的趋势

警务领域的改革是一种基于警务工作改革发展要求、符合警务规律特点、具有鲜明行业特性的行业类改革，或称之为警察专业类改革。回顾过去的警务改革可以看到，无论是对传统警务的推陈出新，还是对现代警务的优化升级，每一次警务变革都是基于现实警务实践问题所倒逼进行的一种警务自我革新，并在学习借鉴和历史演进中得到了突破性发展，逐步走出了一条具有中国特色的警务改革创新之路。在全国警务改革的浪潮中，珠海公安以敢为人先的特区精神，坚持以问题为导向，通过查找不足、补齐短板，解决了在警务理念、警务机制、警务方式与警员能力等方面与实施民本警务新要求不相适应的一系列问题，针对不同时期的社会治安环境特点积极改革创新符合现代警务发展要求、体现珠海警务特色和兼顾公安工作特点的警务运行模式，经历了一场从传统到现代、从落后到先进、从低级到高级的发展演进过程。自改革开放以来，倘若以警务变革的起始时间为窗口，分析研究珠海警务模式的发展脉络和主要路径，可以将其划分为以下几个发展阶段，如表 3-1 所示。

表 3-1 改革开放以来珠海警务模式改革所经历的几个主要阶段

时间	主要警务模式	主要特征
1979—1989 年	静态控制型	以边防管控及严打整治为主要特征
1990—1999 年	动态控制型	以治安管理创新和大规模治安整治为主要特征
2000—2011 年	内涵式	以警务理念、机制创新及科技强警为主要特征
2012 年至今	民本警务	以民为本，以实现人民群众利益最大化为价值取向，紧扣“安全感、满意度、公信力、科学化”的主题主线，着力于顺应民意、维护民权、保障民安、服务民生

沿着科学化的警务改革发展路径，新时期的珠海公安继续保持改革创新和奋发有为的优良传统，并在不断地学习借鉴、总结经验和改革创新中砥砺前行，通过“优化机制”“夯实基础”“科技强警”，有效促进了公安工作和队伍建设的长足进步。一是“优化机制”。优化特区警务机制，推动警务职能转型，有效解决了机制不合理、警力配置不科学以及基层民警岗位固化、工作僵化、能力弱化等问题。二是“夯实基础”。以夯基工程建设为抓手，创新警务运行模式，实现了各级公安机关的责权统一和压力均衡。三是“科技强警”。充分发挥科学技术在警务工作中的支撑引领作用，率先推动技术强警工作从建设、应用阶段向技术支撑阶段的飞跃，为珠海公安抢占全省乃至全国警务创新的高地赢得了先机。着眼当下，呈现在珠海公安面前的将是新一轮警务改革的光辉篇章。在前有标兵、后有追兵的警务改革浪潮中，珠海公安既迎来全市公安工作和社会治理变革的历史性机遇，又步入了全面推进各项警务改革的深水区和破冰区，公安工作面临着自我革新、创新发展的巨大挑战。为此，珠海公安要更加自觉地把思想和行动统一到中央、广东省、珠海市和上级公安机关进一步深化改革的各项决策部署上来，努力在构建具有时代特征、珠海特色、公安特点的“三特”现代警务机制上争创新优势、抢占新高点。

第四章
谋划——全面系统的布局

警务改革与发展需要通盘考虑、战略思维、科学布局。强化顶层设计和路径规划，是有效实施民本警务战略的重要前提和保障。为此，珠海公安坚持党建统领，明确了“铸忠诚警魂、造为民警队”的新时期珠海公安核心价值理念，围绕“社会安全感、群众满意度、执法公信力、管理科学化”四个关键词进行谋篇布局，提出了实施民本警务的相关方法路径和队伍建设新思路，以此作为公安机关警务变革的行动指导，并以“夯基工程”和“口碑工程”建设为重要抓手，努力探索民本警务的改革创新之路。通过科学谋划和路径选择，强化平安创建与公共服务，以高质量的平安产品和高水平的服务手段实现了警察维护社会秩序、社会稳定和社会服务的法定职能；重塑了亲民、便民、利民、惠民的警务风格与警察形象，展示了警察的人文主义情怀与温暖；注重警务效率与警务效能的提升，严格文明、理性、平和、规范的执法要求，彰显了具有公平、正义与公信力的警察专业精神。

第一节 民本警务的党建统领

坚持党对公安工作的绝对领导，是公安工作必须遵循的根本原则，更是公安事业发展的内在规律。珠海公安实施民本警务战略，必须始终坚持党建统领，扎实推动“以党的建设推动公安队伍建设，拉动公安业务建设，实现公安工作全面科学发展”工作思路的落地践行，不断提高党对公安工作的领导能力和水平。在这个过程中，党的建设处于核心和统领地位，是推动公安队伍建设的重要保障和拉动公安业务建设的动力引擎。

一、党的建设是全部公安工作的核心统领

毛泽东同志曾经指出："保卫工作必须特别强调党的领导作用，并在实际上受党委直接领导，否则是危险的。"公安机关在党的正确领导下，战胜了一个又一个困难，为我国经济社会发展做出了巨大的贡献，并紧随社会发展步伐取得了自身的进步。习近平同志在中央政法工作会议上再次强调："政法战线要旗帜鲜明坚持党的领导。"历史和现实告诉我们，坚持党的绝对领导是公安工作的根本原则，任何时候都不能动摇。在实施民本警务战略的大命题下，无论是公安队伍建设还是公安业务建设，都必须坚持党的绝对领导，也只有坚持党的绝对领导，才能确保公安队伍建设和公安业务建设符合党的施政方针和治国策略，公安工作才能更好地融入经济社会发展大局。所谓"打铁还须自身硬"，坚持党对公安工作的绝对领导，必然要求加强党自身的建设，提高党领导公安工作的能力水平。因此，加强公安机关党的建设，就等于把握了公安队伍建设和业务建设的方向，就能引领公安事业沿着正确的方向发展进步。

二、党的建设是公安队伍建设的重要保障

珠海公安有基层党组织 330 多个，民警队伍中 90%是党员，领导干部和各警种、各部门的骨干力量基本上都是共产党员。队伍建设能否取得成效，关键在于基层党组织过硬不过硬、党员民警的先锋模范作用能不能发挥好。从地缘特点来看，珠海既是改革开放的前沿阵地，又是对敌斗争的桥头堡。多年来，珠海公安在意识形态领域斗争异常复杂的情况下，坚持党对公安工作绝对领导的根本原则，抵御了相比内陆城市更多的不良思潮对队伍的侵蚀，始终坚定信念、坚守底线，出色地完成了维护珠海政治安全、社会大局稳定的重大任务。在意识形态领域斗争更

加严峻的今天，珠海公安时刻都处于敌对势力渗透破坏的风口浪尖，进一步坚定公安民警理想信念、保持公安队伍的忠诚特质，显得更加迫切和重要。因此，新形势下抓好党的建设，就抓住了加强公安队伍建设的总开关，为推动珠海公安队伍建设提供了重要保障。

三、党的建设是公安业务建设的动力引擎

实践经验告诉我们，各项公安业务部署和措施，绝大部分要由基层单位执行、靠基层民警落实。公安机关基层所队点多、线长、面广，是联系群众的桥梁和纽带，是打击敌人、保护人民、惩治犯罪、服务群众的最基本的战斗实体，是维护稳定的第一道防线、服务群众的第一个平台。党的基层组织是党的全部工作和战斗力的基础。而基层所队党支部就是党在公安机关的基层组织，是基层所队统一领导和团结的核心。事实证明，基层所队党的建设工作抓得如何，直接关系到基层活力的增强和业务工作水平的提高。切实加强基层组织党的建设，更好地发挥党的优良传统和政治优势，有利于贯彻落实上级公安机关的决策部署，有利于激发和调动各方面的积极因素，有利于解决制约基层发展的重点、难点问题。因此，加强公安机关党的建设，一方面可更大范围、更加有效地调动和协调各方力量，协助和支持公安工作；另一方面能激发基层组织和广大党员的积极性，在实践中不断创新公安工作思路和方法，更好地完成各项工作任务，为拉动公安业务建设注入强大动力。

第二节 民本警务的核心理念

公安机关的核心价值理念是与其职能、任务和角色紧密关联的，是引导人民警察实践活动的内在源泉和驱动力。符合时代特征的核心价值理念可以指明方向、凝心聚力，更好地指导和推动各项公安事业健康发展。珠海作为毗邻港澳、处于“一国两制”交会点和改革开放最前沿的口岸型经济特区城市，实施民本警务战略，应当特别强调“忠诚”与“为民”，并将“铸忠诚警魂、造为民警队”作为新时期珠海公安的核心价值理念，从而创建、培养、造就一支忠诚为民、公正廉洁的公安

队伍，使其真正成为党的事业的捍卫者、珠海人民的服务者、特区社会的建设者。

一、铸忠诚警魂

“忠诚”，就是坚定的信念和追随。忠者，赤诚无私、诚心尽力；诚者，真心、实在。“忠诚”就是要用坚定的信念，追随、效忠于自己的组织。对于公安机关而言，“忠诚”是公安民警的政治本色。对于处在“一国两制”交会点和对敌斗争最前沿的珠海公安而言，“忠诚度”的要求应更严格、标准应更高。公安机关要履行好三大政治任务，第一位的是要保持忠诚的政治本色，始终做到政治上清醒坚定、忠诚可靠，始终做到忠于党、忠于国家、忠于人民、忠于法律。“警魂”，是我们警察这支队伍的人格、良心、精神、思想、感情和才智等要素的集合。忠诚是决定和主导人民警察的行为模式、思想基础和感情基础最重要的因素，是生成人民警察职业道德、职业精神、职业责任的原动力，是坚持对党和人民的理论认同、政治认同、感情认同的重要保障，也是实现公正廉洁、执法为民的重要依托。因此，珠海公安要把“忠诚”放在第一位，没有忠诚这一条，就没有忠诚警魂的铸就；没有忠诚警魂，队伍就不可能有战斗力和公信力、公正和廉洁。回顾珠海公安的发展历程可以看到，珠海经济特区成立以来的三十多年，正是广大珠海公安民警前赴后继、挥洒热血、书写忠诚，奉献于珠海社会经济发展的峥嵘岁月。在此期间，珠海广大公安民警忠诚为民、不辱使命，涌现出了罗亦棠、田宝权、韩钢、张悦盛等一大批杰出代表。他们之所以能够在关键时刻挺身而出，之所以扎根基层无怨无悔，就是因为根植于他们心中的那份忠诚。为此，珠海公安要将“忠诚”作为价值理念的核心，固于心、践于行，真正铸就珠海公安忠诚之警魂。

二、造为民警队

公安机关人民警察的根本宗旨是全心全意为人民服务，根本使命是维护人民合法权益、保障人民安居乐业。综观港澳台地区的从警理念，虽然各自的表述不同，但从中不难看出“为民”始终是贯穿警队建设的重要理念。例如，我国香港警方的价值观之一就是为市民“致力提供优质服务达至精益求精”，澳门警员的从警抱负之一是“确保市民安居乐业”，我国台湾警方将“促进人民福利”作为对外公开承诺的重要内容。应该说，为民的理念在大陆与港澳台警方已有相关表述，甚至在整个亚洲圈内已成共识。从公安工作的角度来看，公安工作必须建立在为了群众、依靠群众、为人民谋福祉的基点上，把群众需不需要、满不满意作为一切公安工作的落脚点和出发点。珠海公安工作的实践证明，多为群众做一些工作，就会得到群众多一些的理解和支持；多发动一些群众参与治安工作，就会多增加一份战斗力。一直以来，珠海公安积极响应上级号召，精心组织开展了“大走访”爱民实践活动，推出了一系列便民利民的新举措，进一步促进了和谐警民关系建设，广大市民对珠海公安的认同感和满意度得到了有效提升，这是始终不渝地坚持“人民公安为人民”的结果。进入新时期、新阶段，人民群众对公安工作的期望值更高、对治安管理服务的需求量更大。正因如此，要把民本理念置于整个珠海警队建设的更高位置，把服务为民作为珠海公安的“看家本领”来掌握、作为“重要法宝”来传承；要更加注重民生服务，把群众呼声作为第一信号、把群众需求作为第一选择、把群众满意作为第一标准，带着对群众的深厚感情去执法、服务和管理。

第三节　民本警务的主题主线

“社会安全感、群众满意度、执法公信力、管理科学化”的主题主线辩证地反映了公安工作的基本规律。实施民本警务战略，必须紧紧围绕这四个主题主线来谋篇布局，以增强社会安全感为基础，以提升群众满意度为目标，以彰显执法公信力为基本要求和保障，以科学化为方向和可持续发展的动力，全面提升公安社会管理科学化水平，努力实现“执法更规范、管理更科学、社会更安全、群众更满意”的战略要求。

一、社会安全感

“安全感”是一种感觉或心理，它是由一方的表现给另一方所带来的感觉，主要是由让人可以放心、可以舒心、可以依靠、可以相信的具体表现所带来的。安全需求是人的最基本需求，没有安全感，人民群众的幸福感和满意度就失去了基础与保障。社会治安的好坏直接关系到人民群众的切身利益，很大程度上涉及群众的生命财产安全问题。如果社会治安不好，群众就会产生不安全感甚至恐惧感，就会对公安工作产生不满和怨言，甚至影响到社会和谐与安定。因此，确保人民群众的居住安全、出行安全和消费娱乐安全，不断增强社会安全感是民本警务的根基和永恒的主题，是公安机关的首要任务和责任担当。珠海公安工作必须以争创全国最安全城市为目标，紧密结合平安珠海建设的新要求，将社会平安和谐稳定作为环境宜居的基础性条件去经营，将不断增强社会安全感作为民本警务的主题主线，切实为社会发展和人民群众安居乐业提供安全稳定的治安环境。

二、群众满意度

“满意度”是一种心理指标，它反映的是公众事前预期与实际评价之间的关系。相对于安全感而言，满意度对公安机关的要求更高、涉及面更广。英国警学专家、社区警务战略之父约翰·安德逊曾在其著作《警务论》中观点鲜明地指出了“满意决定警务”，意思是指由市民的满意来决定警务工作改革的方向。推行民本警务，珠海公安要把人民群众满不满意作为衡量和检验公安工作的根本标准，不断深化和谐警民关系建设和机关作风建设；积极构建公众参与、民意导向、社会监督的警务工作长效机制，不断提升人民群众的满意度。放眼当今社会，人民群众对自己的主体资格、主体地位的意识日益清晰，权利主张与诉求的主动性、自觉性不断强化。在平安建设和全面建成小康社会的新阶段，人民群众对公安机关的期望值更高，已不仅仅满足于一般的“安全感”需求，而是逐步在形成多元化、多维度的需求结构，如希望享受到更多的警察公共服务、期盼获得更多的警方温暖与支持、追求警务执法的公平与正义、渴望生活的和谐幸福与安全稳定、重视自己的人格尊严及全面发展等。美国人本主义学者马斯洛的需要层次理论揭示的正是这种需求变化和需求层次递进的规律，这种多元化、多维度的需求变化与需求进步，是促使公安机关职能转型、催生“民本警务”的社会实践与民意基础。警务工作必须顺应这种转型需求与变化，不仅要营造“安全感”，还要提供能够满足人民群众需求的公共警务服务产品，体现社会安全与人民满意的统一。

三、执法公信力

“公信力”是指在社会公共生活中，公共权力面对时间差序、公众交往以及利益交换所表现出的一种公平、正义、效率、人道、民主、责任的信任力。公信力既是一种社会系统信任，也是公共权威的真实表达，属于政治论理范畴。公信力的核心是信任、信赖，是广大人民群众的信任度。将其运用到公安机关和公安工作中，则具有公众对警察履职情况的评价含义。公安工作的公信力与其执法环节、执法过程、执法效果紧密关联。实施民本警务，要坚持法治引领，积极回应人民群众对公平正义的新期待，深化社会主义法治理念教育，深入推进执法规范化建设，既注重执法程序、执法过程规范化，做到严格、公正；又注重执法方式规范化，做到理性、平和、文明，努力实现执法目的与执法形式的有机统一、法律效果与社会效果的有机统一，不断提升执法能力、执法水平和执法公信力。

四、管理科学化

“科学化”是指一种坚持科学管理的要求和方向性选择，是公安工作和队伍建设的终极目标。它要求我们以科学发展观为指导，主动将公安工作放在党委、政府层面和社会发展大局中谋划，从有利于珠海经济社会发展和珠海公安工作长远发展的角度出发，充分借鉴国内外先进警务理念，抓好科学谋划和顶层设计，以体制、机制的创新破解当前公安工作中的瓶颈性问题，推动公安工作全面、协调、可持续发展。同时，要充分激发各级公安机关尤其是基层一线的活力和创造力，发挥基层首创精神，从提升基层战斗力、打牢公安工作根基出发，进一步完善基层警务资源配置和警务运行机制，因地制宜、因时施策解决各类源头性、基础性和瓶颈性问题，促进公安工作科学发展。

第四节　民本警务的重要抓手

一、夯基工程

珠海公安在推行民本警务过程中，高度重视公安基础性工作，制定了抓基层、打基础的指导意见和实施方案，以“夯基工程”为抓手，全力推进各项公安基层基础建设。

（一）促进形成基层社会治理机制

主动将公安基层基础建设融入到党委政府的决策部署中来谋划推进，以珠海市委、市政府大力推进社会主义新农村建设为契机，将其作为公安基层基础工作的重要载体和平台，积极争取党委政府将社区警务建设统一研究和规划，纳入到新农村建设，统筹解决好社区警务的综合保障问题。在此基础上，主动加强、推动构建与镇街协调联动的基层警务运行机制，统筹推进基层技防建设、重点人口服务和管理、社会治安综合治理等基层社会治理工作，形成党政统一领导、各部门一体化协同的基层社会治安综合治理大格局。

（二）推动基层警务机构减负增力

着力解决派出所多头管理问题，对涉及基层派出所、社区警务的警力调配、监督检查、指标分解、业务考核等基层基础工作进行归口管理，切实解决“上面千条线、下面一根针”，派出所疲于应付的问题。坚持“以块为主”，构建责权统一的基层派出所管理工作机制，从上至下全面梳理涉及派出所的各项工作职能，剥离派出所的临时性、机动性工作职责，从职能定位和时间精力上为派出所松绑减负，推动派出所切实把工作重心转移到矛盾化解、防范管理、服务群众的主业上来，以社区警务为基本勤务方式，因地制宜地开展基层基础工作，切实维护一方稳定、保卫一方平安、服务一方群众。

（三）创新基层基础工作方式方法

坚持民意主导，大力推进人口信息与社情民意“双采集”工作，架起公安机关与人民群众的沟通桥梁。在进一步提升路面见警率的同时，创新推进“网上警务室”建设，切实提升网上见警率，依托互联网络开展法制宣传、安全防范、警情通报、在线交流和便民服务，不断拓展新形势下服务群众的工作方法和领域。与此同时，积极推动群防群治力量建设，大力支持、全面引导社区居民和社会组织参与社区矫正、社区帮教、社区戒毒（康复）和社区治安防范工作，全力打造社区民警与社区居民、社会组织责任共担、互利共赢、协同互助的警务共同体。

（四）强化基层基础工作综合保障

一方面，强化科技保障。加快推进基层基础工作信息化，搭建社区警务工作信息平台，努力实现信息采集工作方法、技术手段“双转型升级”和治安基础信息、重点人员信息的实时更新，切实提升基础信息支撑决策、引领实战水平。另一方面，抓住社区民警专职化这个重点，切实保障社区民警下社区开展基础工作的时间。以精简机关、充实基层为导向，大力推进“机关警力下基层”活动，建立警力下沉基层的激励引导机制，常态化推动机关警力支援基层工作。此外，按照优先基层、倾斜基层的原则，进一步创新基层所队考核激励机制，完善派出所考核方案，将民意采集和基础信息采集、大情报、视频监控、治安防范、服务管理等核心工作，充分体现到考核方案的各项指标设置当中，确保考核结果更加客观、更加科学，推动基层民警在工作中更加注重社情民意，真正使绩效考核成为派出所全面提升基层基础工作水平的“指挥棒”。

二、口碑工程

“金杯、银杯，不如老百姓的口碑；千奖、万奖，不如老百姓的夸奖。”人民群众的评价，是衡量公安工作的重要标准。珠海公安将“口碑工程”作为“民本警务”的重要抓手，务求通过实实在在地为民实践，赢取民心、赢得口碑。

（一）严警纪、优警风

以学习贯彻党的十八大精神为动力，主动适应中央“八项规定”和公安部党委改进工作作风“十项规定”对公安工作提出的新要求，深入研究新时期新形势下民警的思想动态和规律特点，进一步创新思想政治教育方法，打牢公安机关及其人民警察深化实施民本警务战略的思想根基；常态化推进“严警纪、守警规、优警风”专项教育工作，切实增强民警的责任意识、全局意识、服务意识；深入开展“三严三实”专题教育，制定行政主官问责暂行办法，扎实推进基层党组织建设，促进工作作风的持续好转。

（二）抓管理、强能力

以提升创造力、凝聚力、战斗力为目标，紧密结合珠海实际，进一步创新公安队伍管理机制，进一步优化机构设置，重组机构职能，盘活警力资源，最大限度地激发队伍活力，全面提升警务工作效能；优化绩效考核机制，以考核促进实干，推动考核工作与业务工作的相互融合、相互促进；推进高端培训、做精实战训练，全面提升民警的战略思维、国际视野和综合素质，着力打造一支党委政府信任、人民群众满意、警队内部和谐的公安队伍。

（三）造品牌、树形象

坚持“打防结合、综合治理”，全力维护社会治安大局持续平稳，使和谐稳定的社会治安环境始终成为珠海闪亮的名片；主动回应人民群众对公安行政管理服务的新期盼，创新大数据时代公安行政服务管理措施，最大限度地让人民群众享受改革红利，以实实在在的工作成绩赢取人民群众的口碑；充分发挥主观能动性和科学创造性，紧紧围绕创造良好的社会治安环境、提供优质高效的为民服务、创新人性化的执法模式、打造公正廉洁的专业化警队等重点环节，鼓励基层首创，强化培育扶持，推动将改革创新与干部晋升、经费保障、立功受奖等奖励措施有机结合，激发基层所队打造具有珠海特色的民本警务品牌，塑造新时期珠海公安新形象。

珠海公安在实施“夯基工程”与“口碑工程”的广泛实践中收获了丰富的创新成果，成为推进民本警务战略的重要抓手。

第五节 民本警务的队伍保障

一、理念塑警

珠海公安的核心价值理念在总体上与政法干警核心价值体系相适应，既体现政法干警核心价值体系的共性要求，又反映人民警察的特殊使命任务和职业特点；既体现公安机关的优良传统，又反映特区公安机关的时代特色。要以培育弘扬“新时期珠海公安核心价值理念”为主线，进一步规范和丰富思想政治教育内容，持续深化政治理论教育、形势政策教育、执法为民教育和社会主义法治理念教育，使“铸忠诚警魂、造为民警队”新时期珠海公安核心价值理念成为民警思想和行动的统领，内化于心、外化于行、固化为魂；要构建完善以“入警思想政治教育制度、集中训练思想政治教育制度、日常思想政治教育制度”为主体的思想政治教育长效机制，积极搭建网上思想政治教育平台，全面拓展和深化新时期公安思想政治工作的广度和深度；要深入研究新时期新形势下民警的思想动态和规律特点，进一步创新思想政治教育方法，积极运用管理学、心理学、教育学等学科的理论方法和最新成果，不断探索符合时代特点和队伍实际的教育方法手段，推动思想政治教育从说教式、单一化向互动式、多样化转变，切实增强思想政治工作的吸引力、感染力，把民警的思想意识和精神力量引导到正确的轨道上来；要加强新时期思想政治工作理论知识、方法艺术的学习掌握，不断提高做人的工作、做思想工作的能力和水平，真正做到和民警打成一片，能够“谈得了话、交得了心、答得了疑、解得了惑”，切实发挥思想政治工作“统一思想、凝聚警心、激励士气、增强活力”的重要作用。

二、文化育警

公安文化属于广义文化范畴，是社会文化的重要组成部分，不仅指公安机关业余文化生活的表现形式，而且是公安机关在长期的警政建设和警务实践过程中形成的具有警察职业特点的物质成果、群体意识、价值观念、精神风貌、行为规范、规章制度和管理模式等因素的总和。公安文化内涵丰富，既有核心的精神层面，又有外在的表现形式，其核心是人民警察的世界观、人生观、价值观，外在表现是人民警察的精神风貌。坚持文化育警，就是借助公安文化强大的功能和作用，培养和树立广大民警的浩然正气、无畏勇气和昂扬士气，弘扬和传承民警队伍的团队精神、战斗精神，建设和谐警营，切实提升公安队伍的整体素质和战斗力。要充分发挥公安文化对警队价值取向的“导航仪”作用，通过公安文化自身的塑造功能来引导警队的价值取向，形成具有公安机关特点、适应形势发展步伐、符合人民群众诉求的主流价值观念，并随时修正警队成员在价值取向上与其产生的偏离或悖逆，使民警个体时刻保持“忠诚、为民”的政治本色；要充分发挥公安文化对公安工作的“发动机”作用，通过公安文化的激励功能，鼓励民警大胆追求自我价值的实现，让民警在和谐的环境中增强责任感、荣誉感、成就感以及主体意识、进取意识和争先意识，从而激发出自身潜能和工作热情，推动各项公安工作落到实处；要充分发挥公安文化对公安队伍的“造型师”作用，对内引导民警树立正确的世界观、人生观、价值观，对外宣传民警事迹、体现民警素养、展示民警风采，“内外兼修”塑造公安机关的良好形象；要充分发挥公安文化对警队的“黏合剂”作用，对警察群体形成一种无形的合力，使个体行为与公安机关奉行的价值观保持一致，逐渐形成强大集体观念和团队精神。

三、素质强警

在当前警力不可能大规模增加的情况下，教育训练是提高队伍素质、推进警力无增长改善的有效途径，必须置于基础性、全局性、先导性地位予以加强。一要突出领导干部能力培训。以各级领导干部为重点，通过专题培训、集中轮训、高校研修等方式，积极探索与发达地区合作培训的方式，切实加强对领导干部战略思维能力、创新思维能力、辩证思维能力的培训，进一步拓宽知识结构、培养战略思维与世界眼光，提升领导干部的政治理论素养以及解决新情况、新问题和棘手、难点问题的能力和水平，确保干部队伍的理论素养、知识结构、实际能力跟得上珠海科学发展的需要。二要突出基层民警实战训练。紧紧围绕公安工作的现实需要，着眼于岗位上最需要学习的知识、实战中最需要解决的问题，按照“教学场景”像“实战环境”、“教学场地”像“实战场所”、“教学方法”像“实战用法”的要求开展训练，着力提高民警的实战能力。特别是要有针对性地开展警务实战技能和战术训练，进一步增强民警自我保护意识和防护本领，减少无谓伤亡，这也是对广大民警最大的关爱和保护。三要突出群众工作能力训练。做好群众工作是我党的宝贵经验和政治优势，也是公安工作的基本方法和优良传统。当前，随着改革开放的深入，经济体制、利益格局、社会结构和思想观念发生了深刻变化，呈现出社会群体阶层多元化、社会意识多样化和社会价值差异化的特点，群众工作面临的环境越来越复杂、任务越来越艰巨。面对新情况、新问题，珠海公安必须始终坚持马克思主义的群众观点和党的群众路线，全面提高做好新形势下群众工作的能力和水平。要积极引导广大基层民警做马天民式的好警察，牢记崇高的为民情怀、培养高超的群众工作技能、深化和谐的警民关系，切实从群众关心的小事做起，真心服务群众、热心帮助群众，树立亲民、爱民、为民的良好民警形象，努力提升人民群众的满意度。要在继承和发扬传统群众工作方法的基础上，深入研究和把握新形势下群众工作的特点和规律，有针对性地加强对民警的教育训练，使广大民警能够善于综合运用法律、政策、经济、行政等手段和教育、服务、协商、疏导等办法，加强和改进群众工作，不断增强联系群众、宣传群众、发动群众、服务群众、化解矛盾的本领，使群众工作成为做好各项公安工作的有力保障。

四、规范治警

要坚持规范治警、从严治警，把狠抓制度执行落实摆在突出位置，积极探索加强内外监督的有效举措，逐步形成“制度必执行、违反必发现、发现必追究”的共识，强化制度的权威性，提高制度的执行力，确保思想不失控、管理不松懈、行为不越轨，保证队伍公正廉洁。一要创新完善监督制约机制。积极发挥法制部门的职能优势，深入研究法制部门与督察部门在日常执法监督中的衔接、法制部门与侦查部门在刑事案件办理中的监督衔接、法制部门与治安部门在行政案件办理中的监督衔接等问题，研究探索当前监督体制如何更好地发挥合力，形成更加全面、立体、高效的监督机制。要根据社会管理创新的要求，充分发挥信息技术在监督中的助推作用，进一步推行网上办案、网上审批、网上办证，最大限度地减少人为因素的干扰；积极推动执法执勤、行政审批、执法办案的实时、动态、同步监督，建立网上监督平台，对重要部位、关键环节的权力行使进行实时监控、全程监督。通过充分利用科技优势，加强资源共享和力量整合，建立起相互配合、运转协调、监督有力的监督制约机制，不断破解公安队伍监督管理的难题。二要严厉查处违法违纪案件和执法过错行为。要拿出“刮骨疗毒”的勇气和“壮士断腕”的魄力，严肃查处影响恶劣的大要案件，特别是对失职渎职、贪赃枉法、刑讯逼供、腐化堕落、执法乱作为、为黑恶势力充当“保护伞”、插手经营黄赌毒场所等案件，要依法严肃查处。要进一步加大对执法过错行为的追究力度，并使这项工作常态化、制度化，促进民警规范执法。三要严肃领导干部问责追责。对不落实政工、纪检、法制三个方面教育、管理责任的领导要强化责任追究，实施常态化问责。对队伍管理混乱，出现重大违纪问题和严重影响公安机关形象的执法过错问题的，要按照队伍管理问责制、执法过错责任追究制度和党风廉政责任制，严肃追究有关领导的责任。

五、绩效评警

严格管理既要规范民警行为、防止行为偏差，也要在队伍中树立正确的导向、激发干事热情。一方面，要在进一步构建科学公正的绩效评警机制上下功夫。要认真总结近年来开展绩效考核工作的成功经验，进一步构建完善“条块结合、以块为主、逐级考核”的绩效考核工作新机制，探索将全局尚未开展绩效考核工作的警种部门和民警全部纳入绩效考核范围，实现绩效考核与业务工作的双融合、双促进。尤其注重提高考核方案和指标设计的科学性、合理性，提升考核的公信力，真正做到以绩效评警。在此基础上，要切实强化考核结果的应用，在将考核结果与民警经济待遇、评先评优、提拔晋升挂钩的同时，进一步制定落实处罚措施，对个别纪律涣散、工作不努力、不思进取、长期在考核中排名较后的民警，要通过责令检查、通报批评、诫勉谈话等手段，促使其转化提高，真正让干事的人得到实惠，让落后的人得到警醒，在队伍中树立正确的导向，进一步激发队伍活力，强化队伍执行力，提升警务工作效能。另一方面，要进一步优化干部选拔任用机制，坚持“德才兼备、以德为先”的选人用人标准，加大竞争性选拔工作力度，提高选人用人的公信力，建设一支善于推动科学发展、促进社会和谐的高素质公安干部队伍，为珠海市公安事业发展提供坚强的组织保障和人才支持。

六、爱心惠警

公安工作任务繁重，民警的工作压力和职业风险问题非常突出，许多民警长期处于超负荷工作状态，为社会治安的持续稳定、人民群众的安居乐业作出了巨大的牺牲和奉献。坚持以警为本、爱心惠警是民本警务思想在警队管理中的具体体现，是增强警队凝聚力、向心力的重要举措。要从促进公安工作和队伍建设可持续发展的高度，充分认识加强关爱民警工作的重要性，坚持立足当前与着眼长远紧密结合、外部争取与内部挖潜紧密结合、物质改善与精神激励紧密结合，积极探索惠警爱警工作的新途径、新举措，因地制宜、竭尽所能地帮助解决民警思想问题和实际困难，持续提升民警满意度和幸福感，进一步激发广大民警献身公安事业的内在动力。一要更加注重维护民警身心健康。认真抓好民警体检制度的落实，研究建立民警健康状况预警制度，对民警工作强度过大、存在疾病征兆和隐患等情况的，做到早发现、早治疗、早防范；有计划地开展民警心理健康训练，提高对复杂情况的心理承受和应对能力，及时疏导缓解民警的心理压力，排遣心理障碍，化解不良情绪；通过科学配置和使用警力、改革勤务模式和勤务制度，使基层增员减负，广大民警及时得到休整，保持队伍旺盛的战斗力。二要更加注重解决民警的实际困难。进一步加强优抚慰问工作，继续开展春节、中秋节等重大节日的慰问活动，并逐步提高慰问金标准；充分发挥警察互助金的作用，加大对因公伤残、特困民警和公安英烈家属的帮扶力度。要想方设法帮助民警解决个人就医、子女就学、家属就业等方面的实际困难，努力消除民警的后顾之忧。三要更加注重向基层一线倾斜。按照“向基层倾斜、向普通民警倾斜”的原则，进一步建立向基层一线倾斜工作机制。在职级待遇方面，对长期在基层所队工作的民警要给予照顾倾斜；在警力配备方面，新增警力必须充实基层一线，市局机关各部门不得随意从基层借调警力；在立功受奖方面，要进一步提高基层民警所占的比例，激励引导民警向基层流动，最大限度地调动一切积极因素。

下　　编

实践
SHIJIAN TANSUO
探索

民本警务的实践探索

深化改革背景下的新探索、新路径与新取向，以民本的理念和改革的激情走出警务改革新路子

第五章
路径——科学实践的遵循

第一节　民本警务的工作方法

方法是人们一定的世界观原则在认识和实践过程中的运用。用什么样的方式方法来观察问题、思考问题和解决问题，直接关系到公安工作的科学化水平。马克思主义方法论中的唯物辩证法、矛盾分析法等为人们揭示了认识世界、改造世界的一般方法。在此基础上，基于对珠海公安现实状况的考量和多年实践经验的积累，实施民本警务战略应把握好以下工作方法：

一、顶层设计+底层设计

（一）顶层设计，本义是统筹考虑、统揽全局，在最高层次上寻求问题的解决之道，其字面含义是自高端开始的总体构想

所谓“不谋全局者、不足谋一域，不谋万世者、不足谋一时”，讲的就是观察问题、思考问题、解决问题要有顶层设计的理念。顶层设计理念在社会发展和管理领域的运用，就是要进行“战略管理”，即整体性、全局性、长远性、重大性目标的设定设计，包括战略目标的规划与设计、战略过程的组织与控制、战略决策的执行与实施。从珠海公安工作的角度来谈顶层设计，就是要将公安工作纳入全市的大局中来谋划、推进，要以宽广的视野，站在党委政府和全市公安机关的层面，从有利

于珠海经济社会发展和珠海公安工作长远发展的“大视角”来审视、谋划、推动、整合设计全局性的“顶层”工作。

（二）底层设计，相对于顶层设计而言，就是“基础、基层、细节”的设计和策划

公安工作点多、线长、面广，需要解决的基层基础课题众多，必须紧密联系实际，什么问题突出，就集中力量研究和解决什么问题，做到“一题一议、一事一议、一病一方”。底层设计的重心在基层一线，要立足公安基层基础工作的层面，从提升基层战斗力、打牢公安工作根基出发，充分调动基层民警的工作积极性，发挥基层首创精神和基层单位战斗堡垒作用，完善基层的警务资源配置和警务运行机制，解决好诸如社区警务优化升级、治安问题末端处置、巡控力量整体激活、不稳定因素源头管控、基层建设综合保障等基础性问题。

二、“借脑”思考+“借口”说话

（一）“借脑”思考，就是集民智、聚民力，借力集体智慧，推动公安工作

要积极探索建立全警参与、民众支持、民意导向的科学决策机制，不断提高公安决策的民主化、科学化水平。要善于学习借鉴国外、港澳台地区、兄弟城市经验，积极开展与科研机构、高等院校的深度合作，借助它们的先进理念和研究方法，联合开展重点课题研究，力求在公安工作调研的深度和广度上有新的突破。要拓宽“借脑”思考的广度和深度，不论是纵向的还是横向的，无论是内部的还是外部的，无论是专家学者的还是普通民众的，都应当认真学习借鉴。

（二）“借口”说话，就是借助第三方部门人士之口，为公安机关说好话、树形象，为公安工作鼓与呼，赢取人民群众对公安工作的认可、理解与支持，形成全社会都支持公安工作，共治、共赢、共享社会平安稳定成果的良好氛围

从警察公共关系建设的角度来看，不仅要借领导、各种媒体的口来说话、说好话，还要广泛借助权威部门人士、社会知名人士、人大代表、政协委员、警务监督员、普通群众和行业协会组织、企事业单位等

来为公安机关说好话，积极主动地引导第三方宣传公安工作，为公安工作提供意见和建议。事实证明，第三方的一句话，往往胜过公安机关自己的一百句、一千句夸夸其谈的话，同时还更具有公信力和可信度。

三、网上网下相结合+境内境外相结合

（一）网上与网下相结合，就是要统筹好网上、网下两个领域，构建现实社会与虚拟社会有机结合的“防控网”

虚实结合，是新时期对公安工作的要求。现实社会的含义不言而喻，而虚拟社会则是人们在计算机互联网络中展开活动、相互作用形成的社会关系体系。虚拟社会的形成和发展，为人类生存和发展提供了新的空间，改变了社会结构、生存方式、活动方式和思维的社会基础，形成了与现实社会并存的社会存在的新形式，形成了虚拟的生活方式和思维方式。虚拟社会具有崭新的社会形态特征，它在为人类带来无穷好处的同时，也对现实社会造成了巨大冲击，虚拟社会已成为敌对势力对我国进行政治扩张、文化侵略、意识形态渗透、恶意炒作、非法组织活动的“桥头堡”、主阵地和重要平台，给公安工作带来了无尽的挑战。虚拟社会匿名、开放、快捷、高度自治的特点决定了对其管控的难度。如何引导虚拟社会自律、解决管理前端缺失、改善网络舆情引导方式、提升虚拟社会违法犯罪打击力度等问题已成为虚拟社会管控的一大课题。因此，在社会分化为现实社会与虚拟社会的新形势下，要把虚拟社会与现实社会作为一个整体来管理，既要加强对传统现实社会领域的管控，严打各类现实社会的违法犯罪活动，又要必须高度重视虚拟社会管理，重点解决好网络安全、网络犯罪、网络舆情应对等难点、热点问题。

（二）境内与境外相结合，就是要统筹好境内、境外两块工作，构建境内与境外紧密衔接的“管控网”

珠海作为改革开放的窗口，处于“一国两制”的交会点和对敌斗争的最前沿，表现出与其他地区不同的特点，主要体现在以下几个方面：一是近年来澳门博彩业迅猛发展，大量刑事、治安案件“澳门结怨，珠海解决”，特别是由追索赌债引发的非法拘禁和绑架案件频频发生，占珠海市同类案件的一半以上，珠海公安对此应有应对良策。二是

为推动落实“一国两制”，在粤港澳警务合作框架下，珠海公安应积极主动地策应港澳治安，经常性地开展有针对性的专项行动，并按要求直接协助港澳警方侦破案件。同时，珠港澳警务合作领域也应逐步扩大。三是口岸型、旅游型城市带来庞大流动人口，造成巨大治安压力。珠海市有国家一类口岸 8 个；二类口岸 6 个，其中的拱北口岸已成为全国第一大陆路口岸；年出入境人数已超 1 亿人次，约占全国出入境总数的 1/4，且有大批澳门居民过境居住和消费，治安环境异常复杂。四是珠海横琴新区的特殊定位以及《珠海市横琴新区管理条例》的实施，带来了许多前所未有的新问题。内地、香港、澳门“三个法域”的法律将在横琴新区的相关领域交融，境内外警务与法律合作的课题会逐渐增多。因此，珠海特殊的地缘条件与政治需要，决定了珠海公安必须承担特殊的政治任务和社会责任，必须坚持境内工作与境外工作的有机结合，既要全力做好境内各项治安管控工作，做到守土有责，确保辖区稳定，又要积极策应周边，找准警务协作的交会点，扩大治安防控的延伸面，不断深化与相邻地区尤其是澳门地区的警务交流合作，全力维护国家安全和珠澳两地的繁荣稳定。

四、遵循规律+遵守规矩

（一）遵循规律，就是把握规律、运用规律，一切按规律办事

规律是事物之间的必然联系，决定着事物发展的必然趋向，不以人们的意志为转移，它总是以其客观性、必然性支配着我们、发挥着作用。因此，公安工作要遵循规律，不能违背规律。珠海公安既要克服墨守成规、不思进取，又要避免任何与法律精神、执法宗旨和公安工作客观规律相背离的标新立异；要科学把握规律的特殊性与普遍性，坚持传统与现代相结合、理论与实践相结合，积极探寻、掌握、发掘公安工作基本规律在信息化、动态化社会管理环境下的新内涵，进一步推动公安工作的科学发展。

（二）遵守规矩，就是要按规矩办事

“守规矩”的本质是“守纪律”。规为圆、矩为方，不以规矩，无以成方圆，规矩成就方圆。公安机关是武装性质的治安行政与刑事司法

力量，实行的是半军事化管理的体制，公安队伍既是一支讲规矩的警队，又是一支忠于党、忠于国家、忠于人民、忠于法律的纪律化队伍。因此，遵守规矩是基本的要求，大到服从命令、听从指挥，小到礼貌礼节等问题都要讲规矩，按照规矩办事。对于队伍管理而言，就是要严明工作纪律，严格执行上级的命令和要求，做到令行禁止、雷厉风行，不断提升公安工作的执行力。对于执法者而言，就是要严格依照法律办事，做到公正、文明、廉洁执法，充分彰显公安机关在维护法纪方面的严肃性与权威性。具体到每一位民警，就是要时刻做到严格遵守法律法规、职业道德、职业规范、职业纪律，不以权谋私、不触碰红线、不越雷池半步。

五、转变观念+转变作风

（一）转变观念，就是要突破传统的思维定式，解放思想、摆脱束缚、铲除羁绊、创新思维

观念是人们在实践中形成的对事物的认识和态度，具有主观性、实践性、历史性和发展性的特点。观念决定思路、思路决定出路，没有正确的思想观念，就不会有正确的工作思路和行动。“远飞者当换其新羽、善筑者先清其旧基。”转变观念，就是要运用观念的发展性特点，摒弃落后、陈旧、不合时宜的观念，确立正确的符合时代发展要求的新观念。只有转变观念，才能实现“穷则变、变则通、通则久”。对于新时期珠海公安机关而言，要着力做到以下“五个转变”：一是因应服务经济社会发展大局的需要，要“跳出公安论公安”，主动将公安工作摆在党委政府的层面和经济社会发展大局中来谋划，推动珠海公安工作全面协调可持续发展。二是因应服务型政府建设的需要，实现从以管理控制为主向管理与服务并重转变，努力建设服务型公安。三是因应法治公安建设的现实需要，实现从“重实体、轻程序”向实体与程序两手抓转变，着力提高公安机关执法办案的质量和水平；既强调“严格、公正、规范”执法，又注重“理性、平和、文明”执法，实现执法目的与执法方式的有机统一，法律效果、社会效果和政治效果的有机结合。四是因应现代警务机制建设的需要，实现从传统警务作战模式向科技

战、信息战、合成战等现代警务模式转变，推动警务工作转型升级，提升警务工作的现代化水平。五是因应警力资源科学化管理的需要，实现从追求增编扩员向警力无增长改善转变，提升警队的凝聚力、战斗力和执行力。

（二）转变作风，就是要破除歪风，弘扬正气，树立警队良好形象，擦亮珠海公安品牌

在警队作风建设中，领导作风和机关作风直接关系到整个警队的风气和精神风貌，好的领导作风和机关作风能够起到很好的示范引领作用，从而带出良好的警风和风清气正的队伍。相反，如果领导作风和机关作风不过硬，必然造成上行下效，影响整个警队建设。为此，要切实把领导作风和警队作风建设抓紧抓好、抓出成效。对于警察个体而言，公安民警的作风问题事关警队形象，决定公安事业的成败，必须在解放思想中转变作风、在服务群众中转变作风、在廉洁从警中转变作风、在狠抓落实中转变作风。在实践中，务必做到“六要、六不要”，即对待业务数据和工作汇报“要真不要假”，坚持实事求是、求真务实的作风，做到如实立案、如实汇报；对待自身职责和分派任务“要勤不要懒”，坚持勤勉实干、服务大局的作风，做到真功勤干、虚功实干；对待队伍管理和公安民警“要严不要松”，坚持严格要求、严格管理的作风，做到从严治警、规范管理；对待日常警务开支“要俭不要奢”，坚持艰苦奋斗、勤俭节约的作风，做到开源节流、不铺张浪费；对待工作和生活的态度“要进不要退”，坚持好学上进、干事创业的作风，做到积极进取、力争上游；对待辖区群众“要诚不要虚”，坚持依靠群众、真诚为民的作风，密切联系群众，关心群众疾苦，倾听群众呼声，为群众排忧解难。对于各级公安领导干部而言，必须努力实现“四个转变”，即思想观念和思维方式的转变、领导素质和知识结构的转变、工作思路和工作指导的转变、领导方式和精神面貌的转变；必须长期经受住“四个考验”，即执政考验、改革开放考验、市场经济考验和外部环境考验；坚决防止“四个危险”，即精神懈怠的危险、能力不足的危险、脱离群众的危险和消极腐败的危险。

六、“零容忍”+“零懈怠”

（一）坚持“零容忍”

正所谓“坚忍为性，容忍为度”。容忍，反映的是人们对外界事物的耐受性和心理承受能力。人们常说，“人的容忍是有限度的”，说明了人的容忍度是由其主观意志所控制的，是一种主观能动的、可控的行为。“零容忍”，顾名思义就是零度容忍，即不能容忍。民本警务工作中的“零容忍”，就是以不能容忍的姿态打击犯罪和整治乱源，其理论依据是1982年美国政治学家詹姆斯·威尔逊和犯罪学家乔治·凯琳提出的“破窗理论”。该理论指出，轻微的违法行为与严重的犯罪行为有着重要的联系。而“零容忍”打击犯罪，正是一种有效合理的修补“破窗”的策略。因此，在实践中，无论是群众反映强烈、深恶痛绝的严重犯罪案件和治安突出问题，还是轻微的违法犯罪行为以及与群众息息相关的小隐患、小矛盾、小纠纷、小案件、小事件等问题，务必坚持“零容忍”的要求，通过公安机关强有力、常态化、长效性的措施，坚决、彻底地解决。将“零容忍”要求应用到公安队伍管理方面，就是要坚守“严管就是关爱”的理念，对民警的违法乱纪行为，要坚决严肃查办、从严处理、绝不姑息。

（二）坚持“零懈怠”

懈怠有松懈懒散、怠慢不敬之意。“零懈怠”则可理解为不懈怠，是指对待工作和生活的态度十分积极进取，不敢有丝毫的松懈或怠慢。民本警务工作中的“零懈怠”，就是要求公安机关对于群众急需急盼的事，对于涉及民生、关系到广大人民群众根本利益的公安管理服务工作做到不懈怠。公安工作的特殊性、复杂性和艰巨性，决定了公安民警需要长期超负荷、超常态地高速运转，如此下来或多或少会存在一定的惰性和疲态，表现在社会管理与服务工作中就是不积极、不主动、不作为，导致群众不满意、有怨言，甚至出现警务投诉及涉警信访案（事）件增多的情况。这其中，虽然有日常工作任务重、压力大等客观方面的原因，但说到底还是民警个人主观认识上的问题，即没有把群众的事当作自己的事，没有真正做到想群众所想、急群众所急。为此，应树立群众利益无小事的理念，通过积极主动作为和创新为民服务，树立公安机关的良好形象，进一步密切警民鱼水关系。

第二节　民本警务的路径选择

路径决定方向，是事关事物发展演变过程的决定性问题。在实践探索中，必须解决路径选择问题，从而克服盲目性和随意性。民本警务的路径选择，应以马克思主义方法论、善治理论和人民主体论的基本原理为指导，坚持实事求是、一切从实际出发，立足各地的历史人文特征、社会经济发展状况、地域治安特点，遵循警务工作的基本规律，探寻各具特色的民本警务改革创新之路。在此，从共性的角度提出以下路径。

一、培育民本警务理念与警察职业文化

思想是行动的指南，也是行动力。而思想的升华与固化就形成了具有一定指导意义与富有特殊表现形式的理念。作为一种警务变革，民本警务必须有一个共同的理解和共同的目的，才能产生一致的行动。因此，要把理念培育和“忠诚”“为民”教育摆到全部公安工作和队伍建设的核心位置，使民本警务理念成为人民警察的共同意志、价值追求和道德血液，内化于心、外化于行，固化为民本警务的思想基础，从而生成民本警务行为自觉的先导和强大驱动力的源泉，使公安工作和队伍建设更加突出以民本理念为指导，激发民本警务改革发展的内生动力。要把警察职业精神与警察伦理文化作为民本警务建设的重要组成部分，使警察个体能够正确处理其与警察组织及管理服务对象之间的关系，牢记公平正义的警察职业精神和廉洁奉公的职业操守，不断提升自身的道德修养、职业素养、文化素质和民本情怀。

二、建立民意导向的警务运行机制

民意即“公共意志”。以民意为导向，就是使警务工作符合人民群众共同的、普遍的思想或愿望。坚持民意导向是民本警务有别于传统警

务建构及警务运行方式的重要特点之一，也是实现警务运行民本化和科学化的必要路径选择。作为重大的警务改革举措，推行民本警务只有一个目的，就是回应人民的强烈期待、尊重人民的意愿诉求，把警务工作的重心和人民群众的期待与要求紧密对接。为此，要在机制建设上下功夫，积极推动建立公众参与、民意导向、社会监督的警务工作长效机制，规范完善民意收集、整理、分析、研判的程序、手段与方法，畅通民意表达、诉求的渠道与途径，建立民意研判成果运用及辅助警务决策、引导警务行动，以人民的共同意志、愿景和利益诉求来谋划设计和支撑推动警务工作。要在科学评价上下功夫，建立完善科学合理的警务评价体系，建立健全监督、评价和考核警察队伍与警务效能的警务运行机制，探索建设民意测评中心，加大“安全感”“满意度”指标在考核中的比例权重，引导警务部门将警务资源和警务重心放到群众平安、幸福与发展上，提升公安工作科学化水平。

三、营造安民保民的社会治安环境

警察是安全与秩序的建立者与维护者，维护正常有序的公共治安秩序，营造安全稳定的社会生活、生产环境是警务工作的首要职能。当前，社会转型阵痛加剧，各种社会矛盾、社会问题层出不穷，衍生和演化出诸多公共危机与社会风险因素，对人民群众的根本利益及社会的和谐与安定构成潜在危害。在此种社会背景下，对警察职能与任务范围的准确界定往往存在一定的困难，行政干预、取缔、强制等警察权的运用面临着职权边界的限制与瓶颈阻塞。公安机关应当因应形势变化，从公共利益的角度出发，以“零容忍”的要求，切实承担起神圣的政治责任，发挥行政先锋角色作用，适时发动各种非直接干预措施，解决好那些不得不关注、不能不干预，但囿于自身职能限制又不能直接行使警察干预权的诸多社会问题与社会矛盾。通过运用宪法及法律赋予的“宣示性”职权，有效管控公共危机，主动协调、支援协助、建议促请相关职能部门及早介入社会问题与社会矛盾的处置，及时消除隐患，防止其发展演变为恶性治安事件，保障好人民群众的利益，维护好社会的和谐与安定，通过警察权的理性、适度扩张与延伸，体现公安机关的责任担当与民本警务精神。

四、开展亲民惠民的警察公共服务

“满意度”是人民群众对公安机关打击违法犯罪、执法服务、队伍建设等警务工作的总体评价。“服务行政”是提升“满意度”的重要途径。实施民本警务，要求以“零懈怠”的态度，努力探寻公众意志与警务活动的“最大公约数”，通过警务手段的创新打通服务群众的“最后一公里”。要积极拓展和延伸服务领域与服务职能，创新惠民服务的举措、方式、手段和载体，通过“量”的积累实现“质”的转变，充分体现警察服务的专业精神与品质，提升服务效率与效能。要重视为人民群众解决小案件、小问题、小纠纷、小矛盾和小困难，解决急事、难事、忧心事，从便民、利民、惠民的角度出发，积极回应和满足人民群众、社会组织和行政、事业、企业单位的服务需求，使警务工作过程成为服务经济社会发展、服务人民群众的过程。要始终坚持民意导向，以高质量的平安产品和高水平的服务手段实现警察维护社会秩序、社会稳定和社会服务的法定职能。

五、推行人性化的执法方式

执法是警察的主要职能。执法工作中贯彻民本警务理念就是要体现理性、平和、文明、规范的执法要求，努力让人民群众在每一起司法案件中都感受到公平正义，彰显执法公信力。要创新执法方式，重视执法过程的人道主义与人文关怀，推行柔性化与人性化执法、协商式与恢复性执法等新型执法工作模式。同时，还应重视发挥法制教育、矛盾化解、心理调适等手段在执法工作中的作用，以非直接干预措施循序介入调处各类矛盾纠纷，逐步取代过去简单、粗暴的强制性执法干预方式，引导案（事）件当事人采取合法、理性、平和的方式争取正当权益，最大限度地减少执法争议和矛盾纠纷。要认真贯彻落实宽严相济的刑事政策，最大限度地增加社会和谐因素，减少不和谐因素，实现法律效果与社会效果的有机统一。

六、全方位尊重民权和保障民生

警察权的行使与人民权益的保障息息相关，尊重和保障人民权益是公安机关依宪法精神不可规避的责任。实施民本警务要求一切警察行为和警务活动都必须以维护和保障最广大人民群众的根本利益为出发点和落脚点，既要充分尊重和保障人民群众依法享有的各种法定权益，如程序权、平等权、知情权、人身权、财产权、监督权等，又要广泛保障人民群众在不妨害社会秩序与公共利益前提下的其他合法权益，如受益权、环境权、发展权和人格自由、人性尊严的权益等。因此，正本清源，有效增强人民警察的民本、民权、民生意识，大力提升警队形象及执法服务品质，以公平正义的法治精神和科学规范的行权要求全方位尊重和保障人民权益，是实施民本警务的核心要求。

七、实施人道主义的警务关怀与救济

警务关怀与救济是指公安机关在警务工作领域对社会弱势群体和特殊人群实施的人文关注与温暖帮助，旨在注重人的价值、促进社会和谐、减少消极因素和治安隐患。警务关怀与救济是一个相对较新的时代命题，也是新形势下对警务工作提出的新要求。过去，警察只是机械式地依法、依规、依程序办事，缺乏应有的人性化关怀和救济行动，警察的公众形象较为威严、冷漠，缺少亲和力。随着社会的发展进步，倡导尊重人的主体性和个体差异，追求人的社会价值与个体价值的统一，对社会弱势群体和特殊人群的关怀与救济，已成为政府和社会各界普遍关注的问题。因而，警务关怀与救济自然而然地成为民本警务的题中之意。在警务活动过程中，应切实重视对未成年人、被性侵妇女、家暴受害人等的保护与帮扶，对失踪人员的查找，对社会流浪人员、交通事故人员的先期救助，对犯罪被害人和见义勇为伤亡人员的关怀与抚慰，对刑满释放人员、吸毒人员、精神病人等特殊人群的帮教与关注等，充分体现民本警务的人文关怀。

八、打造和谐民主的警务共同体

警务共同体是指由警察、社会组织和社区群众围绕社区治安事务而缔结的相对稳定的新型警民伙伴关系和互助形式。警务共同体是一种建立在开放、参与、民主、合作、共赢基础上的警务运行模式，是开展社区警务工作的有效载体与抓手。在社区实施民本警务，必须使社区民警、社会组织、社区群众对社区治安事务拥有共同目标、共同精神、共同需求和共同责任；必须在价值追求、价值体现和价值认同上，形成警民利益或命运共同体，形成责任共担、互利共赢、互动互助、民主和谐的警民伙伴关系，才能实现共同的治安利益。当前，“平安建设”与“幸福建设”成为政府施政的重要载体，这为推动警务共同体模式提供了良好的平台与契机。因此，公安机关要抓住机遇、借力造势，通过警务前移、警力下沉、和谐警民关系建设、警务法制宣传与教育、治安防范知识普及、警务开放与互动，大力推行警务民主，使社区群众对警务工作拥有更多的知情权、参与权、表达权、监督权与评价权，根据社区的类型、特点，打造各具特色的社区警务共同体，实现社区的警务自治和社区群众的自我警务。

九、形成多元主体的治安治理格局

社会化治安治理是指由公安机关、社会组织、社区群众等参与主体共同管理与解决社会治安事务的过程。社会化治安治理强调参与主体的多元性、合作性与和谐性，治理方式的服务性而非管理性。从社会治安管理到社会化治安治理是一种警务变革。实践证明，建立“警察指导、社会自治、行业自律”的社会化治安治理模式，实现警察职能的转型，是实施民本警务的重要途径。因此，应积极培育、建设和规范各种公共安全领域的社会组织、行业协会等多元社会管理主体，推动其承接由警察机关委托授权和转移分离的部分服务性、辅助性的非执法管理职权，并在政策、机制和制度上探索建立与社会组织、行业协会的沟通合作平台，切实发挥它们在社会治安治理中的协同、自治、自律、互助作用，从而形成警察有序管理服务与社会组织自治、行业协会自律多轨并行的社会化治安治理格局。同时，要大力整合优化社会管理资源，推动政府在社区治安事务、人民调解、社区矫正、社区戒毒、安置帮教、保安服务等领域扩大购买服务范围，加强大型商业演出、文体会展活动安保工作的市场化运作机制建设，大力培育与推动社会组织志愿型、自治型、保险式、契约化、职业化等多种形式的社会治安辅助力量体系建设，构建多元、完善的治安防控社会化、民本化长效机制。

十、制定科学有效的警务公共政策

警务公共政策是警察机关为解决公共治安问题，维护公共秩序，实现公共利益，经由决策过程所选择和制定的行政规范、规定、命令、规划或方案。警务公共政策具有利益相关性的属性，它的制定必然涉及以利益为核心的价值分配。因此，制定警务公共政策应着眼于最广大人民群众的切身利益与需求，立足于服务和保障民生的高度，从人民群众反映最强烈的问题和社会发展最突出的矛盾入手，加强顶层设计，主动纳入各级党委政府的决策部署中进行谋划制定。要顺应民心、尊重民意、凝聚民智，建立公众参与、科学分析、民主决策的警务公共政策决策机制；树立警务决策的公共利益取向，着眼于将有限的警务资源投向解决群众最为关切的社会治安与公共服务问题上，着力做好重大问题的前瞻性、对策性研究工作，破解长期影响和制约警务工作有效开展的瓶颈性问题，务求从根本上解决好各类治安热点、难点和焦点问题。警务公共政策的制定与实施，应当体现依法行政的原则，对于历史遗留问题、区域治安问题以及特殊领域问题，必须在尊重警务工作客观规律的前提下，按照科学的原则进行具体操作，采取灵活、规范、有效的政策与对策，实现制定与实施警务公共政策的科学化。

十一、强化民本警务运行的科技支撑

强化科技支撑，不断提升民本警务运行的科技含量，促进各级公安机关警务效能的全面跃升。以推动构建民本警务信息化平台为抓手，把基础信息采集作为“大数据警务云”建设的首要任务，努力把“口袋信息”、文字信息转化为数据信息，加大执法办案类信息的采集录入力度。对管理服务类信息做到随采随传。加大视频全覆盖工程建设力度，拓展吸纳社会行业信息数据的范围渠道。强力支撑大数据警务云计算应用，突破业务警种信息“孤岛”，实现内部数据的全面整合。突破数据标准多样化局限，实现入库信息的规范统一。强力推动执法办案、管理防范、社会信息及互联网信息四大类数据的标准化处理。完善警情数据运行模式，推进指挥调度平台进行数字化升级改造，定期将警情数据推送各级公安机关。创新警情主导下的“微警务”，各警种对警情数据分析研判后及时推送宣传部门，利用微博、微信等新媒体实时发布多发性犯罪特点和防范措施，提高人民群众的防范意识。完善问题数据运行模式，推进问题数据“民意云”建设，将民本警务平台、警务回访、公安信访、法制审核、网上涉警舆情等监督渠道中群众投诉举报的问题统一整合，全面准确地分析、研判、查找队伍和执法中存在的问题，动态反馈，及时处理。

第六章
力行——创新求变的成效

党的十八大以来，“民意”“民生”“平安”“法治”已成为各级政府部门普遍关注的热点问题。在经济特区三十多年的发展实践中，珠海公安立足改革开放和对敌斗争“两个前沿”的区位实际，秉承“敢为人先、先行先试”的改革精神，紧跟时代步伐，顺应人民群众对公共安全、司法公正、权益保障的新期待，深入推进民本警务战略，倾力于关注民意、保障民安、维护民权、服务民生，全面提升维护平安稳定、促进公平正义、服务人民群众的能力和水平，全力推进和服务“平安珠海”“法治珠海”“幸福珠海”建设，在公安改革、打击犯罪、社会治理、服务民众、队伍建设等诸多领域都取得了可喜成绩，为珠海新一轮大发展营造了更加和谐稳定的社会环境。

第一节　深化平安创建　社会安全感全面增强

创建“平安珠海”是推动珠海经济发展新跨越、社会管理上水平、发展环境大提升的重要举措。珠海公安紧密结合实际，扎实推进平安珠海创建工作，努力为珠海经济社会科学发展营造良好环境。在 2015 年中国社会科学院发布的《公共服务蓝皮书》中，珠海市公共安全满意度排名全国第六。在 2015 年华南理工大学政府绩效评价中心发布的《2014 年度广东省法治政府绩效满意度报告》中，珠海市社会治安指标得分位列全省第一，被誉为广东省最有安全感的城市。

一、公安主业：打击成效更加凸显

（一）党政统筹“全民打”，营造高压态势

主动深化平安珠海创建工作，推动形成了由市、区主要领导任领导小组组长，市公安局局长、公安分局局长任办公室主任，各相关职能部门齐抓共管的市、区两级平安创建工作格局，创新建立了党政统筹、公安主力、部门联动、社会参与、专项驱动的严打整治常态机制，集结全市党政机关、行政司法以及社会各界的资源和力量，综合运用情报导侦、侦审一体、打防同步、点面结合、集群作战的战术手段，始终保持对各类违法犯罪活动的严打高压态势。同时，依托珠海市平安指数工作机制，全面落实预警、督导、问责制度，全面强化各级政府和公安机关的捆绑联动作用，重点围绕城乡结合部、城中旧村等治安重点地区，推动基层党委政府整合资源，实施社会治安综合治理，从源头上消除各类治安隐患，以区域稳定确保全市社会大局长治久安。

（二）主动发现“源头打”，维护社会安全

主动应对当前严峻的反恐形势，立足珠海毗邻港澳、海岛多、海岸线长的反恐实际，积极争取党委政府的支持，将市反恐协调小组升格为由市政府牵头、相关部门参与的珠海市反恐怖工作领导小组，并成立专业反恐支队投入独立运作，在全省率先推动市边防支队主官进市局党委班子、各边防大队主官进分局党委班子，定期召开全市反恐怖领导小组联席会议，各区、各部门狠抓各项反恐工作措施落实，初步构建了上下一心、齐抓共管的全市“大反恐”工作格局。在此基础上，全面强化以“主动发现”为核心的侦查实战能力建设，以局长“一号令”形式出台“三核查”工作机制，确保第一时间发现线索、第一时间排查管控，为案件侦破赢得第一手情报和宝贵的破案时机。明确涉恐情报信息归口制度，在全国首创“全链条”打击恐怖活动工作机制，综合运用 SIS 等情报平台分析研判，深挖幕后人员和幕后组织，在公安部、广东省公安厅的统筹指挥下，多地协作，合成作战，成功侦破本地和外地多起涉恐案件，其中相关反恐专案得到孟建柱同志的充分肯定，并被公安部评为全国首起“全链条”打击精品案例，有力地维护了地区稳定和国家安全。

（三）科技支撑“精确打”，提升破案效能

在各分局成立合成作战及情报信息研判中心，通过科技信息手段，整合各项警务资源，打破部门壁垒，实现刑侦、技侦、网侦、图侦“四侦”无缝衔接，有效提升基层打击犯罪工作效能。运用大数据思维，依托情报信息系统，创新信息化、动态化治安环境打击犯罪新机制。尤其是自创电信诈骗案件的数据收集串并分析系统，首创打击电信诈骗犯罪资金流两线联查技战法，创立“数据到案”“数据到人”的新战法和新机制，实现了对电信诈骗犯罪全链条的分析研判与精确打击。2014 年以来，共侦破全国各地电信诈骗案件 4600 余起，破获部督香港“8·12”和“4·30”专案等一批跨国电信诈骗案件，连续两年打击电信诈骗犯罪综合绩效考核排名全省第一，被公安部确定为全国两个打击治理电信网络新型违法犯罪研判中心之一，在推动传统侦查模式向信息化、集约化转变方面迈出了坚实的步伐。2015 年，珠海市公安局破案、刑拘、逮捕、移送起诉数比 2011 年分别上升了 25.7%、51.6%、44.2% 和 89.7%；珠海市在广东省公安厅组织开展的“六大专项”和“3+2”专项打击整治考核中，始终位列优秀等次。

案例 1

跨境追凶：侦破“8·12”专案实战方略

2015 年 8 月，香港警方向公安部通报了犯罪分子使用虚拟改号电话冒充中央驻港机构和内地政法机关工作人员诈骗香港居民案件的相关情况。鉴于珠海公安近年来在打击跨境电信诈骗案件中积累了丰富的经验，同时已获取了跨境电信诈骗团伙相关信息的情况，公安部特指派广东省公安厅与珠海市公安局组成“8·12”专案联合工作组协助香港警方开展侦破工作，并决定由广东、北京、上海市公安机关成立联合工作组远赴印尼实施跨境打击。10 月 20 日，在公安部的统一部署和指挥协调下，广东省警方联手印尼及我国香港、台湾地区警方，对位于印尼巴厘岛的窝点采取收网行动。与此同时，根据境外工作组反馈的信息，境内专案组延伸侦查、同步行动，先后在深圳、福建等口岸地区抓获相关在逃人员。11月10日，珠海市公安局配合广东省公安厅，在公安部、外交部、民航局和南方航空公司的组织、协调、支持下，组织警力远赴印尼雅加达，首创包机将39名大陆籍犯罪嫌疑人押解回国，接受我国司法机关的审查、起诉，打出了中国警察的声威。本次境内外警方的联合行动，共捣毁电信诈骗窝点8个，抓获涉及广东省案件的犯罪嫌疑人90名（其中大陆居民83名、台湾居民7名），并对70名在逃人员进行了追捕，核破内地和香港案件共2947起，涉案金额达2271万元。

“8·12”专案是近年来打击跨境电信诈骗犯罪的精品案例，也是自2015年6月公安部试行地方公安机关办理跨国案件扁平化对接机制并确定珠海市为首批试点城市以来，珠海市公安局直接派出警力参与的首个公安部跨境执法联合行动。基于对近年打击跨国电信诈骗犯罪的实践经验的积累和固化，珠海市公安局自创了“用大数据理论收集电信流数据，即时检索涉案线路来源，分析追查犯罪团伙电话组窝点相关信息，关联发现嫌疑人网络特征”的技战法，真正实现了人口信息资源——→情报产品——→打击成果的有效转化。

话单充值倒查，国际信令追溯。在跨国电信案件中，犯罪嫌疑人利用网络改号电话冒充国家机关工作人员与事主通话并取得信任后，为了便于指挥事主到银行转账，往往会使用所冒充的国家机关所在地归属的手机号码与事主保持联系，实现虚拟改号，冒充领导或国家执法部门实施诈骗。因此，首先，应对该类号码的通话记录等进行倒查，进而关联出团伙成员的个人身份等信息。其次，应充分发挥电子信息的分析研判优势，利用国际端口局的信令记录清单，综合分析研判犯罪嫌疑人可能用于作案的通信工具，进而深挖案件的相关线索。

相关视频跟踪，境内抓捕取证。跨国电信诈骗案件的犯罪嫌疑人如在国内实施赃款转移，必然会在各银行网点留下相关痕迹，对此应及时排查案件中涉案账号的国内取款或转账地点，快速调取取款点银行的录像资料，确定嫌疑人的人数和基本外貌特征后，扩展调取现场辐射范围内的公安及社会视频录像，为进一步认定嫌疑人的身份及扩线抓捕创造战机。另外，跨国电信诈骗案件的犯罪地在境外，要想在犯罪团伙作案时抓现行，就必须安排侦查组赴境外才可实施，如此不但耗费巨大且受限于犯罪地所在国的法律规定，在押解及取证上均存在巨大困难。对此，应针对跨国电信诈骗犯罪团伙的大部分电话组成员是境内人员，必须定期回国办理签证这一特点，充分发挥我国境内网上追逃、出入境边控等手段实施境内抓捕。

个人账号关联，同行人员碰撞。跨国电信诈骗案件中出现在侦查视线内的各级涉案账号一般是犯罪团伙专用于转移分拆赃款的非本人账号，且资金进出量巨大，有明显的识别特征。对此，应在循线查清各级涉案账号的交易流水的基础上，重点对有非转移分拆特征的个别对手账号进行分析追踪，从中找出如电话组成员的个人生活用账号、订票点旅行社等代收费用账号、第三方支付平台交易账号、网络虚拟电话二级运营商代收费用账号等重点对象。跨国电信诈骗犯罪团伙还有一个重要特点，即其电话组成员均是国内招募，且由小组头目分批带到境外参与作案，该类人员的出入境带有明显的组织性，一旦能通过银行或电信关联出个别人员身份，则可通过调取该人员的出入境记录及其多次出入境同时段内的出入境人员信息数据，结合航班、旅业等的同行、同住人员的信息进行汇总整理，推导出犯罪团伙的其他成员身份。

案例 2

“4·30”专案：中国警察名扬海外

2016 年 3 月 25 日，珠海市公安局在公安部和广东省公安厅的组织指挥下，在马来西亚展开跨国统一收网行动，一举抓获电信诈骗犯罪嫌疑人 117 人（包括 52 名台湾籍犯罪嫌疑人），成功侦破公安部“4·30”专案（广东省公安厅“飓风3号”专案），破获全国“冒充公检法”和“冒充国内电商”类电信诈骗案件 100 余宗，涉案金额达 1000 余万元人民币，缴获涉案银行卡、电脑、语音网关等赃物一大批。此次赴马来西亚的跨国统一收网行动是珠海市公安局对打击跨国电信网络诈骗新模式的一次重要实践，也是对珠海市公安局打击跨国犯罪工作效能和水平的一次全面检验。4 月 30 日 23 时许，经过珠海市公安局 200 余名民警及武警官兵连续奋战 21 小时，成功将 97 名涉案犯罪嫌疑人（包括 32 名台湾籍犯罪嫌疑人）押解回珠海市公安局。经连日审查，97 名犯罪嫌疑人全部承认实施了诈骗犯罪，初步梳理查清有明确事主的案件 178 宗，涉案金额 1500 余万元人民币，涉及全国 26 个省市。

深度研判、悉心经营，确保抓捕到位。2016 年 3 月，珠海市公安局深入贯彻落实国务院和广东省人民政府打击治理电信网络新型违法犯罪部际联席会议精神，按照公安部和广东省公安厅的工作部署，通过对已掌握的海量数据进行分析研判，以跨国电信诈骗犯罪线索为重点，梳理出一批设在马来西亚的电信诈骗窝点，涉及全国“冒充公检法”和“冒充国内电商”类电信诈骗案件 100 余宗，涉案金额达 1000 余万元人民币。在公安部、广东省公安厅和我国驻马来西亚大使馆的组织协调下，珠海市公安局联手马来西亚警方对设在吉隆坡、雪兰莪、森美兰、柔佛、槟城 5 个城市的电信诈骗窝点展开统一收网行动，共抓获犯罪嫌疑人 117 人（大陆籍犯罪嫌疑人 65 人、台湾籍犯罪嫌疑人 52 人），缴获涉案银行卡、电脑、语音网关等赃物一大批。

不辱使命、高度戒备，确保押解到位。“4·30”专案犯罪嫌疑人押解行动是广东省历史上规模最大、人数最多、意义特别重大的一次跨国押解行动。由于案情重大，加上专案侦办恰逢“5·20”敏感期，国内外媒体密切关注，从某种程度上说，事关政治大局，涉及国家形象。按照上级部署，珠海市公安局制定了科学周密的押解工作方案，共派出押解及沿途保卫、后勤保障等民警近200人，调派指挥、押解、警戒、保障、宣传、通信等车辆20余辆。在押解行动中，全体民警纪律严明，警容严整，精神抖擞，严格落实押解工作要求，顺利完成了押解任务，展现出了特区民警的良好形象，赢得了国内各级领导和马来西亚同行的一致好评。5月2日，广东省公安厅发来嘉奖令，充分肯定了该案的侦破："再次体现了珠海公安敢打硬仗、能打大仗、善打胜仗的优良作风"，"案件侦破速度之快、一次性抓获台湾籍犯罪嫌疑人之多都刷新了纪录，而且标志着广东省公安机关打击跨国电信网络诈骗犯罪专业化水平以及跨国（境）警务合作水平达到新的高度"。5月13日，国务委员、公安部部长郭声琨签署嘉奖令，对该案的成功侦破并将97名电信诈骗犯罪嫌疑人顺利押解回国予以通令嘉奖，认为此举为有效遏制境外电信诈骗犯罪活动作出了突出贡献。

细化分工、全面审查，确保案件侦办到位。一是圆满完成收押，确保绝对安全。4月28日，珠海市公安局充分借鉴北京警方的收押经验，连夜研究拟定了《"飓风3号"行动案审监管工作方案》，成立专责领导小组、明确各项收押具体措施。4月30日，珠海市公安局提前完成监室的内部调整，组织看守所开展安全大检查，清理违禁物品，维修监室设施，消除安全隐患，全面筛查关押台湾籍犯罪人员监室的同监室人员，确保秩序稳定。二是加快讯问进度，力争每日都有突破。5月3日下午，局领导召集各讯问小组以及法制、监管等部门负责人召开案件审查推进会，听取了各讯问小组的工作汇报，研究和解决工作中遇到的困难和问题，要求各讯问小组加快工作进度，克服各种困难，尽快查清案情，摸清组织架构，确保案不漏人、人不漏罪。三是各部门协调配合，全面推进专案侦办工作。在市委政法委的统筹指导协调下，珠海市公安局与市委宣传部、市委统战部、市检察院、市中级法院、市司法局、市卫计局等单位全面建立协作机制，各部门相应成立了“4·30”专案组，全面有序开展“4·30”专案侦办工作。

“4·30”专案的成功侦破及97名涉案犯罪嫌疑人的跨国押解，对今后提升珠海市公安局乃至全国警方打击跨国犯罪工作效能和水平，尤其是台湾籍犯罪嫌疑人的遣返问题提供了重要借鉴，也对我国警方在东南亚国家乃至更大范围内打击跨国电信诈骗犯罪产生了重要而深远的影响。

案例3

香洲分局探索建立一体化合成作战工作机制

2015年年初，为提升基层综合业务工作及破案攻坚能力，适应新形势下打击犯罪和服务市民的需要，珠海市公安局香洲公安分局以“情报主导、资源融合、服务实战、发挥实效”为原则，迅速组建了情报研判及合成作战中心。该中心以警务需求为导向，通过科技信息手段，整合各项警务资源，打破部门壁垒，实现刑侦、技侦、网侦、图侦“四侦”的无缝衔接，打造一个情报引领，多警种、多资源融合，服务全局并为领导提供决策参谋意见的综合实战部门。自2015年3月26日起运作9个月内，共提供各类破案线索263条（同比上升315.6%），侦查办案部门通过该中心分析研判形成的线索共抓获犯罪嫌疑人340人（同比上升421.2%），并根据线索刑事拘留328人、监视居住4人、取保候审2人、行政拘留11人、治安罚款6人、其他处置3人，破获各类刑事案件4892宗（同比上升613.3%）、治安案件126宗，成功侦破“5·13”贩卖毒品案、“5·12”故意伤害案、系列QQ木马盗窃案等大要案件。

打破横纵壁垒，形成尖刀优势。随着社会经济和科技的发展，各类案件的犯罪手法增多，侦破的难度不断加大，仅靠刑侦大队单兵作战难以完成。该中心集中各相关警种的优秀人才，建立统一指挥运作机制，将各技术手段捆绑使用，形成尖刀优势，服务侦查破案工作。同时，为避免出现部门之间各自为战，导致资源内耗的现象，该中心以资源共享集成为核心，以警务需求为导向，通过科技信息手段，整合各项警务资源，将刑侦、技侦、网侦、图侦“四侦”无缝衔接，整合专业警种手段和数据资源优势，打造成一体化兵团式的战斗实体。另外，该中心积极争取相关部门牵头对各业务部门资源系统、使用权限进行统计梳理，在充分考虑实战部门实际需求的基础上，重新定级定密，打破层级、职级权限设置，开放资源权限，真正实现信息系统保障基层合成作战现实需求，为打击犯罪、处置紧急重大事件、警力调度提供有力保障。

打破理念禁锢，打造创新机制。该中心强调主动式工作理念，抛弃传统拼警力、拼体力的案后被动式的“汗水警务”模式，突破传统“条对条”、“块对块”的分流模式，对传统警务业务流程进行完善改造，精心打造警情研判分析、定期联席会商、值班应急响应、线索流转推进、信息采集奖惩等五大工作机制，实现24小时全天候负责全分局所有案件，成为既能破大案又能管小案的“大脑”中枢。

打破时空阻碍，实现合成作业。该中心坚持贯彻“大案同步上、小案及时上”的运作模式，负责对警情、案（事）件、重点人员、情报信息的即时分析研判。上级下达的紧急指令以及八类重特大案件，综合运用各种资源和手段，汇聚各类信息，即时开展动态研判，锁定犯罪嫌疑人，迅速将成果转化为现实破案力，凸显时效性。在侦破“5·12”故意伤害案过程中，通过合成作战，仅用10余个小时便成功将涉嫌持刀砍人的犯罪嫌疑人唐某均抓获归案。另外，该中心通过每周小结、每月总结治安形势分析，以研判分析、预警防控“双轨制”，利用大数据实施警务预测，及时调整派出所巡防警力、社会面群防群治等控防资源的警力布置，精确打击和有效预防各种犯罪活动的发生，实现预警防控。该中心通过对警情的分析研判，发现辖区人流较多的商场、广场的停车场先后发生数起盗窃车内财物案件，通过分析作案手段、作案时间、作案地点及犯罪嫌疑人的外貌特征，确定为同一伙犯罪嫌疑人所为，该中心加强分析，根据掌握的信息，摸清了该团伙的犯罪习惯，有效预判该团伙的作案时间及作案地段。侦查办案部门据此有针对性地部署便衣民警进行伏击，成功打掉一伙利用汽车干扰器盗窃车内财物的犯罪团伙，抓获4名犯罪嫌疑人及1名销赃人员，带破相关案件9宗，涉案金额达4万多元人民币，有效阻止了该类犯罪的蔓延，并迅速消除了社会影响。

二、立体防控：治安防范更加严密

（一）打造“大巡控”工作格局

将推进“大巡控”工作列为珠海市公安局“1号工程”，推动建立“以派出所为主，多警种及群防群治力量参与”的常态化巡逻防控机制，推动警力下沉一线，严格落实机关民警常态化巡逻、“五长”（市局局长、分局局长、巡警支队长、巡警大队长、派出所所长）带班巡逻、巡警交警联合执法、社区民警常态化巡逻等机制。实行分级布警、等级响应、分类叠加，对要害重点部位、案件高发部位、治安复杂部位、人流密集部位和交通拥堵部位实现“必巡必管”，最大限度地提高路面“见警率”和“管事率”，切实保证巡逻防控实效。

（二）构建“全方位”应急处突机制

推进巡警视频情报可视化平台建设，建立健全市局、分局、派出所三个层面的情报研判架构，实时监测治安态势，及时发布预警，完善智能实战勤务指挥体系，实现重大案（事）件可视化、扁平化指挥，全面提升应急处突工作效能。在此基础上，充分发挥公安机关作为反恐主力军的职能作用，在全省率先启动公安与武警联勤以及动中备勤巡逻工作，以公交站、码头、口岸等暴恐活动高风险“点”为核心，全力打造1分钟核心处置控制圈、3分钟中心区处置控制圈、5分钟一般区域处置控制圈和7分钟环市区封控处置控制圈的“1357”反恐处突及社会面防控快速响应机制。

（三）完善“全覆盖”陆海治安管控模式

根据珠海毗邻港澳、海岸线长、海岛众多，反恐反偷渡难度大的实际需要，制定完善公安、边防合成作战工作机制，明确联勤工作规范和应急预案，推动海关等部门视频监控与公安机关联网，在横琴岛等重点区域建设“电子围栏”，形成了公安、边防密切合作、无缝对接的联勤作战模式。主动加强与澳门警方的沟通协作，推行“点对点”联勤协作机制，联手开展海域治安问题整治，全面加强以环澳周边海域为重点的“全覆盖”陆海治安管控，最大限度地压缩偷渡违法犯罪的空间，维护边境稳定和国家安全。

（四）织密“六张网”立体化治安防控体系

全力推进街面巡逻防控网、社区村庄防控网、行业场所防控网、跨区域警务协作网、虚拟社会防控网和技术视频防控网等“六张网”建设。全面加强出租屋管理，启动出租屋视频加门禁系统建设，“旅业式”出租屋入住人员全面实施网上自助申报。全市旅馆业安装完成门禁提醒和前台校验系统。圆满完成“三联村居”“技防村居”建设任务。深入推进全市视频监控系统建设，全力打造“公安和社会视频专网，监控报警和社会图像资源共享平台”，通过网络互联形成了省、市、区际三道治安卡口防线、三防结合体系、四级视频报警监控中心，实现了“一点布控、全网响应”以及全市监控系统与路面警力全天候24小时联动，进一步强化了全市立体化治安防控体系的力度和密度。自2012年以来，全市违法犯罪警情持续下降，其中2015年全市110接报违法犯罪警情比2011年下降9.11%，珠海市始终保持为珠三角地区发案最少、社会秩序最好的城市之一。

案例4

织密天网：全方位提升社会治安防控水平

为进一步完善社会治安防控体系，珠海公安把准脉搏，理清思路，结合珠海口岸城市、旅游城市的特点，推动全市公安工作由“打击为主、兼顾防范”向“防范为主、重点打击”转变，由“全面打击”向“全面防范”转变，全方位提升社会治安防控水平，努力增强社会安全感。

突出“基础支撑”，强化治安要素管控。创新实有人口、实有房屋信息“双采集”手段，健全完善“以证管人、以屋管人、以业管人”流动人口服务管理体系。加快建设实有人口基础信息库，推动建立以公民身份证号码为唯一代码、统一共享的全市人口基础信息库，探索信息主导的实有人口管理模式。推动建立覆盖全社会的公共信用信息管理系统，探索建立违法犯罪人员“黑名单”制度。强化行业场所管理，督促场所经营业主落实管理责任、从业人员守法经营，督促落实登记、查验和可疑线索报告制度。推进民爆作业现场“安全眼”工程建设，加强危爆物品的源头控制、定点销售、流向控制、实名登记。将寄递物流企业纳入特种行业管理，加快寄递物流信息管理系统建设，全程监控实名登记和开箱验视制度的落实情况，有效防范和严厉打击利用寄递物流渠道实施违法犯罪行为。大力推广应用重点单位安保信息系统、来访登记系统、从业人员登记信息系统、加油站散装汽油实名销售信息管理系统，科学确定治安保卫重点单位等级和安全防范标准，形成珠海内保安防标准体系。推动“网安云”建设，合理布设 WiFi 采集设备，全面开展上网场所、无线上网和固网出口等数据采集和网络虚拟社会人员信息采集。依托网络安全综治考核平台，利用等保工具箱等软件设施，督促重要信息系统和重点网站依法落实等级保护制度。推进建设市局一级互联网监控中心，加强网上发现、研判、处置和执法，促进网络环境的持续净化。

突出“织密网络”，强化多方参与防控。完善统一指挥“动中备勤”、联勤武警、巡控责任区民警、交警、机关巡逻警力，联动作战、高效处置的“135”快速反应机制，加强全市 14 个治安卡点建设，完善卡口布控查缉和全城封锁查控机制。推动企事业单位建设视频监控、电脑报警等防范设施，推行警企联席会议制度，实行“一重点单位一责任民警”联防联控模式。加快推进公交安全员队伍组建工作，进一步加强公交车站、码头、机场、口岸等重点部位的巡逻检查，严格落实安检制度等防护措施，严防发生针对公共交通工具的袭击破坏案（事）件。在全市主要道路、交叉路口、人员密集区域和要害部位、案件高发区域、治安复杂场所主要出入口、公共交通工具以及治安卡点布建公共视频监控设施，加快公共视频联网建设。组建市局、分局两级图侦机构，优化视频监控综合管理队伍，统筹开展视频图像深度加工、数据挖掘、疑难视频图像处理等高端应用，提升视频智能防控和数据防控能力。

突出“以打促防”，强化重点地区整治。加强市局、分局打击专业队建设，提升专业队攻坚能力，对涉暴恐黑恶犯罪要清源断流，对侵财类犯罪要打深打透，对涉黄赌毒犯罪要打大打狠。同时，要定期分析刑事犯罪活动的规律特点，指导基层精确布警防控。针对网络电信诈骗等智能化犯罪，不断探索信息化背景下的侦查工作新模式，将网侦、图侦、技侦、刑侦等技术手段捆绑使用，合成作战。坚持积极作为、主动进攻，充分依托现代科技侦查手段和大数据平台，提取分析网络海量数据，重点对网络电信诈骗、网络非法集资等犯罪嫌疑人的作案手法、联系电话、通信方式、银行账号等信息进行串并，综合研判、并案侦查，深度打击高智能犯罪。深化“平安指数”的引领作用，整体研判、动态监测社会治安形势，对“挂红”和“挂橙”的重点区域开展有针对性的清理整治，营造高压态势，挤压违法犯罪人员的活动空间。推动落实消防安全主体责任，常态化推进重点地区火灾隐患整治，全力压减社会安全指标之万人火灾事故死亡率。加强道路交通违法整治，严管重点车辆，严查交通违法行为，深入推进“双禁”行动，全力压减社会安全指数之万人交通事故死亡率。

突出“运行保障”，强化防控运行机制建设。积极推动警辅人员管理立法，优化警辅队伍管理制度，使警辅人员经费纳入市区财政保障，实现派出所民警与辅警的配备比例达到1：2。做好派出所基础设施、技防设备、警用装备的立项规划，把有关经费纳入年度财政预算。加大经费投入力度，保障派出所和社区的专项经费。积极争取地方党委政府的支持，加大对基础设施建设、村居社区警务经费的投入。深入基层所队调研，及早配齐配足巡逻防控装备和执法装备，为基层一线防控工作提供保障。建设流动警务室，前移防控阵地。加快建设珠海公安大数据中心，研究制定全市警务云建设标准，全力打造珠海特色的警务云平台；升级重构警综平台，综合警情处置、执法办理、治安管理、监督考核等全部业务，将其打造成集基础信息采录、综合应用于一体的工作平台，实现信息高度共享、业务条块融合和工作任务精准推送。组织梳理、升级和完善各类业务应用系统，加快在建系统的建设步伐，强化数据应用平台支撑。坚持信息主导警务工作，用好用活各类信息系统，进一步加强信息采集、录入和综合应用，促进社会治安精细化管理、精确化打击、精准化防控。加快推进市局、分局合成作战中心建设，构建多位一体的防控打击整治衔接机制。整合技侦、网侦、图侦资源，深化情报定期分析研判机制，健全完善情报指挥联动机制。进一步深化珠港澳、珠中江和与新疆的警务协作，完善警务联动协作机制，提升区域警务联动协作水平。将社会治安防控体系建设进展情况、工作成效及亮点作为年度考核的重要内容，围绕补齐社会安全指数“短板”中心任务，调整对市局相关部门、各分局和派出所有关防范和基础工作的考核分值，重点考核违法犯罪警情。研究出台市局社会治安防控体系建设成效考核办法，充分发挥考核指挥棒的作用。定期督导检查社会治安防控体系建设进度、成效，对推进工作不主动、防控效果不明显的，坚决问责追责，以严格督察倒逼工作的落实。

案例5

技防村居：以技促防建设幸福家园

珠海市公安局深入践行“民本警务”战略，以推进技防村居建设为抓手，积极推动农村技防设施建设，全面提升了农村社会治安防控水平，为推进“幸福村居”建设打牢了平安和谐基石。

加强组织领导，形成工作合力。牵头成立由局领导挂帅的领导小组，多次召开专门会议专题研究工作方案、部署推进工作。深入基层调研和指导技防村居建设，现场协调解决工作中碰到的难题。同时，各公安分局也参照市局做法，成立相应的领导小组，落实牵头机构和工作人员，制定具体推进方案，细化工作责任分工和进度时限。

确定建设标准，因地制宜推进。在前期大量调研的基础上将“技防村居”建设划分了三个等级：达标型、优秀型、示范型，为基层开展“技防村居”建设提供了参考依据。同时，还制定了《村居公共场所视频监控系统建设技术标准》，确保了村居技防设施建设更加科学合理。2015 年，珠海市在一百多个村居完成了“技防村居”建设任务，进一步完善了农村治安防控体系建设。

多方统筹资金，落实经费保障。紧密结合市委市政府有关平安珠海、幸福珠海建设的重大决策部署，积极主动出面协调市幸福村居办和市平安办，将“技防村居”建设纳入全市幸福村居和平安建设当中，争取政策、资金支持，其中 2013—2015 年共争取专项建设资金近 1000 万元。同时，各公安分局、派出所也积极争取同级党委政府的支持，加强与区、镇综治办和幸福村居办以及试点村委会的沟通协调，不断拓宽建设资金来源渠道。此外，许多单位和广大人民群众也按照“谁受益、谁出资”的原则，自愿出资参与和配合“技防村居”建设。

坚持人技结合，确保建设成效。在“技防村居”推进过程中，各级公安机关领导和基层民警深入群众，坚持以符合人民群众需求为原则，加强与技防企业的合作，结合农村实际创新研究推广一些符合农村需要的、经济实用的技防产品，让村民花最少的钱实现最大限度的平安。例如，金湾区三灶派出所在辖区村居推广出租屋智能门禁系统，既加强了防范效果，又提高了公安机关人口信息采集效率。

随着“技防村居”建设的不断深入，广大群众深切感受到了“技防村居”建设带来的新变化。社会治安整体防控能力明显提升，辖区案件发生量明显减少，村民安全感和满意度明显增强。例如，金湾公安分局 2015 年通过“技防村居”建设的视频监控系统协助破案共计 152 宗，抓获犯罪嫌疑人 118 人，打掉犯罪团伙 31 个（据统计，该分局每破 5 宗案件，就有 1 宗要利用视频监控信息；每抓获 10 个犯罪嫌疑人，就有 1 个要利用视频监控信息），特别是破获了一大批重大现行案件。高栏港派出所辖区的飞沙村，摩托车盗窃案件一直居高不下，群众意见很大，随着公安视频监控的安装以及村委在公共区域加装了视频监控摄像头后，村居的重点单位和主要出入口基本实现了视频监控全覆盖，摩托车被盗案件几乎灭迹，群众拍手称好，对公安工作给予了充分的肯定。

案例 6

三联村居：联防联动夯实平安基石

珠海市公安局把“三联村居”建设与立体化治安创建工作有机结合起来，统筹考虑公共安全和社会治安要求，科学制定考核指标，纳入“百局千所”立体化治安示范单位创建工作考核体系，力求取得社会效益最大化。

“三联村居”包括“十户联保、小组联防、村村联动”。

“十户联保”工作，即由住所相邻的若干住户（一般10户，也可以10户以上或10户以下）组成一个联保单元，并由村民推选联保户长，签订“十户联保”协议书，开展看家护院、治安巡防、互帮互助等工作，户长还担任联保小组综治信访维稳安全信息员、纠纷排查调处工作调解员，负责本组村民矛盾纠纷排调工作，掌握本组区域内的综治信访维稳及安全生产情况，并与村委会及派出所沟通。“小组联防”工作，即签订“十户联保”协议书的两个或两个以上邻近的联保单元组成的联保小组签订联防协议书，开展小组联防活动，并由各联保小组推选出志愿巡逻员，组织志愿巡逻员参与村居的巡逻防范。“村村联动”工作，即各村与周边村和临近企业签订联动协议书，加强区域治安巡防，一旦发生突发治安、刑事案件，互通信息，快速反应，形成围堵犯罪分子的天罗地网。

“三联村居”建设有效加强了警民关系，通过积极沟通协调，与区、镇、村居两委在治安联防工作上达成了高度共识，得到了充分的支持和配合；在走访辖区居民宣传发动工作中，拉近了与群众的距离，树立了公安机关的正面形象，使群众对社会治安立体化防控体系建设和公安工作有了更深入的了解。联动巡控有效净化了社会治安环境。志愿巡逻员、综治队伍充分发挥联动巡控优势，协助公安机关查处各类治安案件，社会治安环境有效管控得到明显改善。截至2015年年底，通过三年的村居建设，全市204个村居已全面完成了重点部位建立治安防控建设，共推选户（楼）长8821人，发展志愿巡逻员3032人，签订“十户联保”协议书110910户，组建联防小组4637个，落实村村联动区域482个，圆满完成了“三联村居”三年建设工作目标。

三、主动作为：社会大局更加稳定

（一）强化日常维稳，服务全市大局

全面落实重大事项风险评估、敏感时期每日排查和重点问题专题排查制度，创新建立分类分级应急处置机制，各分局还结合工作实际，因地制宜创建“2+3”维稳处突工作机制、重大敏感期维稳安保“T·N”工作模型等一批维稳工作机制，主动配合党委政府严格落实各项稳控工作措施，从源头上化解各类不稳定因素。全市连续6年保持较大以上群体性事件预警率100%，群体性事件苗头持续下降，确保了珠海市社会治安大局持续平稳。

（二）借力地缘优势，维护区域稳定

成立珠海市公安局警务合作办公室，全面落实公安部办理跨国案件扁平化对接机制试点工作，统筹推进跨境、跨区域警务协作。着眼珠中江经济一体化、珠澳同城化的发展大局，建立了珠中江常态化联席会议制度，积极推进情报交流协作、执法办案联勤协作和应急指挥联动等区域警务协作，实现全方位、多角度、深层次的警务联动，先后侦破“蓝箭”涉枪专案、“9·11”特大跨国电信诈骗案等一批大要案件，为珠江口西岸经济社会平稳较快发展创造了和谐稳定的社会治安环境。以“澳门·珠海警务论坛”为平台，主动协同澳门警方，定期组织交流与互访，落实珠澳口岸警务合作机制，常态化推进线索协查、情报交流、移送犯罪嫌疑人等机制，联手开展治安专项整治，全面提升打击跨境犯罪工作效能。2014年，首次以地市级指挥平台承担国家级安保指挥任务，圆满完成了澳门回归十五周年庆典安保任务，实现了上级机关明确的“五个绝不发生”和“稳定、祥和”的工作目标。

（三）实行虚实结合，维护网络安全

在全国首创网络综合治理新机制，将信息网络安全纳入社会治安综合治理考核内容范畴，建立市公安局、市信息办等35个单位参与的珠海市信息网络安全应急处置机制，成功处置多起政府网站被攻击事件。建成网吧三级管理平台，落实上网实名登记制度，加强了全市公众上网场所的监管；督促落实网络安全技术措施，完善安全管理制度，加强了全市重要信息系统的等级保护。充分发挥网络“决策参谋、打防助手、舆情阵地、服务平台”作用，全力推进“网上追踪”和“网下查人”紧密结合的网上维稳、涉网案件查办等网安工作警种合成打防机制，构建完善了网安部门主导、多警种共同参与、网上网下协调联动的虚拟社会防控格局。

（四）推进常态治理，强化安全监管

创新大型群众性活动安保模式，落实安全主体责任，严格安全许可和报备制度，做好安全风险评估，大力开展安全监管和指导，确保了国际航空航天展览、国际马戏节等重大活动安保任务的绝对安全。探索推进民爆物品“安全眼”项目，实现对民爆物品的全流程监管。在全市推广消防安全“网格化”管理模式和重点单位“户籍化”管理制度，推动成立全市消防安全委员会，将重点地区火灾隐患纳入各级党委政府重点工作，珠海消防三级监管工作机制和网格化动态监管模式，得到公安部领导的高度肯定，广东省公安厅在珠海召开现场会并向全省推广。运用特区立法，在全国范围内较早地在城市主城区全面禁止摩托车、电动自行车上路行驶，常态化开展“双禁”整治行动，有力维护了全市交通秩序，珠海成为全省交通事故死亡人数最少的城市之一，并始终保持全国城市道路畅通工程一等管理水平。

案例 7

香洲分局构建“2+3”维稳处突新机制

在全球化、信息化趋势加快和国内经济转轨、社会转型的关键时期，由各种社会矛盾所引发的社会危机事件频繁发生，已经成为影响当代社会发展和生活秩序的重要社会现象。党的十八大指出，“当前我国发展仍处于可以大有所为的重要战略机遇期，世情、国情、党情继续发生深刻变化，面临的发展机遇和风险挑战前所未有”，并要求围绕构建中国特色社会主义社会管理体系，“加快形成源头治理、动态管理、应急处置相结合的社会管理机制”。珠海市公安局香洲分局因应时势，探索建立“2+3”维稳应急处突工作机制，有力策应和维护了全市社会政治治安大局。

所谓“2”，即建立两支队伍（特勤大队和反恐处突专业大队）；所谓“3”，即建立与两支队伍相配套的三套机制（特勤大队工作机制、防恐处突专业大队工作机制和警力紧急集结工作机制）。“2+3”维稳应急处突工作机制的精髓要义在于，对外联合相关政府职能部门，通过双跨任职、建章立制等举措聚合维稳处突力量；对内打破警种部门壁垒，科学配备警力，再造工作流程，全面抢抓先机，使警务资源的配置更加高效合理。

明确指挥权限，确保步调合一。突发事件的不可回避性以及应急管理的急迫性，要求必要时采取非常规、非程序性决策，这就决定了现场处置的指挥权必须高度集中，以保证指挥链畅通和政令统一。“2+3”维稳应急处突工作机制的成功要素之一，正在于积极争取党委政府的支持，较为超前地采取领导双跨的任职方式，由公安部门领导同时兼任其他部门的相应职位，实现对多条应急处突战线的同步指挥，确保应急处突战时相关部门步调一致、高度协同。

突出协调联动，多元立体处置。机制的有效性必须有所依托才能保证落地和延续，并通过法治化、制度化的手段明确各职能部门的职责，以实现高效协调联动。这其中也包括了警务工作，在现代条件下，危机警务已成为诸警种在不同局域、不同战线的整体协作和立体处置。正因如此，“2+3”维稳应急处突工作机制的整体设计突出了政府部门之间、警种之间的协调联动，致力于推动形成包括市信访、维稳、武警等部门，指挥中心、治安、网警、派出所等警种在内的权责明晰、运行灵活、统一高效的应急处突工作体系。当然，“2+3”维稳应急处突工作机制还处于健全发展之中，理想的社会危机事件应对处置模型应该是涵盖全社会力量的共同体，并按照科学设置的路径运行。因此，各部门、多警种、多元社会力量互动的整体化以及多种警务方式的混合化，构建面向社会的开放型体系，将是我国应急处突工作未来的发展方向。

搭建指挥体系，精准布局控局。防恐处突和应急处置的特殊性要求必须具备高超的指挥调度能力，不断健全指挥模式，力争对紧急警务行动的开局、控局做到准确运筹，以保证闻警而动、应令而行，实现协同增效，这就是建立“2+3”维稳应急处突工作机制的出发点。与此同时，应急处突是一个纷繁复杂的警务问题，要考虑的问题方方面面，该工作机制十分注重制度建设，相关工作方案和指引从简切入、以简驭繁。特别是工作流程力求清晰简化，最大限度地减少了指挥层级，确保了警务组织的顺畅高效，应急响应时间大为缩短，切实提高了处置效能。

案例 8

斗门分局探索“T·N”维稳安保新模式

当前，面对社会矛盾凸显、刑事犯罪高发的严峻形势，敏感期维稳安保工作，已经成为公安机关履行维护社会政治稳定的重要职责，也成为公安机关极其重要的常态化警务活动，珠海市公安局斗门分局在总结近年来维稳工作经验的基础上，探索构建了“重大敏感期维稳安保‘T·N’工作模型”，协调推动了区、镇两级政府职能部门以及公安各警种扎实开展维稳安保工作，形成了“党委主导、政府主管、部门主责、公安主力”的维稳安保作战新格局。

“T·N”工作模型是一个系统工程，以敏感日期为节点，以实施步骤为主线，其中“T”代表敏感期，“N”代表天数，“T–N”即为各警种在敏感期前 N 天所开展的各项维稳安保工作，“T+N”即为各警种在敏感期后 N 天所开展的各项维稳安保工作。“T·N”工作模型分为 8 个模块，分别是：“T–15”成立专班模块、“T–14”统一排查模块、“T–10”分析研判模块、“T–8”推动政府模块、“T–5”明确措施模块、“T–0”落实稳控模块、“T+1”督导检查模块和“T+N”总结工作模块。通过构建起结构科学、条理清晰、运行合理的工作模式，确保了该项工作具有好操作、可复制、易推广的特性。

“T-15”：在敏感期开始前15天，分局成立以局长为组长的维稳安保工作领导小组，抽调指挥中心、国保、治安、网安、法监等单位民警组成敏感期维稳安保工作专班，明确一名分管局领导统筹协调和具体指挥，专班办公室设在国保大队。

“T-14”：在敏感期开始前14天，工作专班启动统一排查工作。一是工作专班向各派出所下发排查通知及排查表，要求派出所与镇（街）协调联系；二是各派出所根据排查情况，填表并由单位一把手审核确认后，上报工作专班，存档备查；三是工作专班对上报材料进行综合汇总、评估和分级分类，按照不稳定隐患级别分类处置。

“T-10”：在敏感期开始前10天，分局领导小组召集工作专班研究，针对派出所排查上报的结果，逐一进行细致的分析，研判确定重点部位和重点人员，明确各警种工作任务和职责。

“T-8”：在敏感期开始前8天，工作专班形成书面报告，向区委和区政法委主要领导报告不稳定隐患排查情况、提出化解稳控工作建议、建议暂停可能引发突发事件的项目等。

“T-5”：在敏感期开始前5天，由区委主要领导牵头，召集各镇（街）、职能部门召开区级维稳安保专题工作会议，明确五方面任务：一是明确稳控重点部位和重点人员；二是部署稳控措施；三是镇（街）和职能部门暂停相关敏感项目；四是成立应急处突组和劝返工作组；五是明确敏感期信息报送纪律。

“T-1”：从敏感期开始前一天，责任单位全面落实稳控措施，严格实行每天滚动排查和每天“零”报告制度，派出所积极配合当地党委政府，认真落实各项稳控工作。

“T+1”：敏感期开始第二天至敏感期结束，由区政法委牵头，公安法监部门配合，形成联合督导检查工作组，到各镇

(街)和派出所检查督导维稳工作开展情况，查漏补缺，确保万无一失。

“T+N”：敏感期结束，工作专班认真总结维稳安保工作，对工作成效显著的单位和个人提出表扬，对工作落实不到位、造成严重后果的单位和个人进行问责。

斗门分局的重大敏感期维稳安保“T·N”工作模型不仅推动了敏感期维稳警务活动的规范化，而且形成了敏感期公安机关作战整体合力，同时提升了公安机关对职能部门维稳工作的拉动力。自“T·N”工作模型运行以来，斗门区在敏感期间到省进京上访的数据为零，发生社会影响恶劣事件的数据为零，发生大规模群体性事件的数据为零。2014年村（居）“两委”换届选举期间，通过运行“T·N”工作模型，共排查不稳定部位405个，化解不稳定隐患156个，稳控进京上访53人次。

四、科技支撑：警务工作更加高效

（一）抢占技术高地

成立由“一把手”负责的珠海市公安局科学技术委员会，统筹协调全局科技强警和信息化建设应用工作。全面启动“432”技术强警工程（即针对刑侦、技侦、网侦、图侦4个警种，用3年时间，投入2亿元资金推进技术强警），相继与公安部物证鉴定中心和第一研究所签署战略合作协议，与澳门司法警察局签订刑事技术工作合作框架协议，全力抢占警务创新高地。与此同时，按照“基础全承载、系统全覆盖、应用全方位”的要求，加快推进公安科技信息化建设，2015年，全局基层所队以上机关公安网接入率达100%，百名民警的公安网联网计算机保有量达105台，主要公共场所社会治安视频监控率达100%，全局警情、案件、事件等基本业务信息100%网上审批，非密级公文100%网上流转，非涉密警务信息和办事指南100%在珠海公安互联网站公开，珠海成为全省公安应用系统最多的城市，实现了对各警种、各部门业务的全覆盖。2013年，珠海市公安局信息中心以全省第一、全国第六的成绩，被评为全国 19 个地市级（含副省级市）公安机关一级信息中心之一。

（二）打造科技品牌

珠海市社会治安视频监控系统（二期）建设项目通过验收，800M 数字集群系统投入实战运用，警用地理信息平台通过公安部验收，珠海成为全国警用地理信息基础平台示范城市，全市可视化社会治安防控平台日趋完善，有力地支撑了一线实战。大力推进指挥中心、情报信息中心一体化运作，创新研发了具有珠海特色的“4S 系列”情报信息系统，即珠海刑警超级情报系统（SIS 系统）、可视化采集分析系统（VIS 系统）、情报服务超市系统（MIS 系统）和数据巡检系统（DIS 系统）。其中，2013 年 SIS 系统的加盟城市或单位达到了 294 个，覆盖全国 29 个省、自治区、直辖市，成为全国公安机关第一个网上作战平台。在此基础上，启动大数据中心建设，充分运用跨界理念和大数据技术，推动 SIS、VIS、MIS、DIS 系统的继承发展、深度融合和再造重构，全力打造“S+”情报应用生态系统。承建广东省公安厅牵头的跨省“云+”情报信息共享平台，为基层实战单位和一线民警提供数据和情报服务，被公安部誉为“具有广东特色的新一代情报应用平台”。

（三）深化科技应用

以信息化建设为抓手，强化科技应用，全面深化指挥调度、基层基础、侦查技术、情报分析、服务社会、队伍管理“六大应用体系”建设，进一步发挥科技支撑实战效能，全面提升警务工作效率。其中，深化指挥中心平台建设应用，全力打造智能化、实战型指挥中心，实现了智能化决策支持、扁平化高效指挥、综合化信息管理，大幅提升了珠海市公安机关的快速反应、突发事件处置和抢险救灾能力。2012 年至 2015 年，珠海市公安局 110 报警服务台直接指挥破获现行案件 755 宗，抓获犯罪嫌疑人 1120 人，帮助求助危难群众 9327 人。深化 SIS 系统建设应用，以海量数据为支撑，创新了“模糊手机落地排查”等 7 大类 40 多个网上作战新战法，形成了跨省市多边协作、战法交流、协同指挥的打击流窜犯罪新途径，打击效能倍增，命案、涉枪案件等大要案件的破案率逐年上升，破案耗时和全市百宗刑事案件办案经费大幅缩减。

创新推进以反恐为核心的大型安保工作模式，在第十届珠海国际航展人数、交通流量、停车场车辆比上一届分别上升 74.2%、47.4% 和 192.1%的困难局面下，建立以 PGIS 为基础、以 800M 数字集群和视频、卡口、信息资源整合为依托的可视化、智能化安保指挥平台，全警动员，迎难而上，实现了航展安保“绝对安全、基本顺畅”的工作目标。2014 年 11 月，中央电视台《新闻直播间》以“安保亦打‘科技牌’”为题，对珠海市公安局的航展安保工作进行了专题报道。

案例 9

开放、协调、共赢：打造“S+”情报新生态

“S+”情报应用生态系统是以开放、协同、共赢为愿景，对珠海现有情报应用品牌 SIS、VIS、MIS 和 DIS 的继承发展、深度融合和再造重构。“S”是系统各工具集的首个英文字母，“+”表示“升级、融合、可扩展”。“S+”情报应用生态系统主要包括 Spicilegium（数据采集）、Searcher（信息搜索）、Seeker（情报探索）、Service（情报服务）、Spection（数据巡检）五大工具集。其中，Spicilegium 是一个高度灵活开放的数据采集工具集，现有可视化情报采集、电子笔录、案件标准化、手机信息采集等工具；Searcher 是一个跨区域的全文检索工具集，可一键搜索 1100 亿条数据；Seeker 是一个专门用于数据挖掘的情报分析工具集，现有可视化关联分析、话单分析、银行交易分析等工具；Service 是一个类似“淘宝”的情报服务交互平台，民警通过平台获取情报服务就像网上购物一样简单；Spection 是一个通用型数据管理工具集，可以从数据、业务、时空三个维度对数据质量进行巡检。“S+”情报应用生态系统的开发，是经济全球化、社会信息化时代背景下，珠海公安坚定不移地走科技强警之路，以信息化助推公安社会管理创新和情报应用分析的典范。其中，SIS 系统的加盟城市

或单位达到了197个，覆盖全国25个省、自治区、直辖市，成为全国公安机关第一个网上作战平台，得到了孟建柱、郭声琨同志的充分肯定。

形成了情报应用的“珠海体系”。“S+”紧紧围绕“数据资源、人力资源、应用工具”情报生产三要素，完成了情报应用体系构建。Spicilegium提供情报信息来源；Spection保障数据完整、准确、鲜活；Searcher实现海量数据全文检索；Seeker实现数据增值应用；Service调节情报资源配置，优化情报运行机制。

打造了合作共赢的“珠海样本”。“S+”充分运用和实践“互利共赢”的理念。参照“WTO”，建立“自主、公开、平等、互利”信息共享原则，打破信息壁垒；引入“市场化”情报资源调节模式，实现“人人为我，我为人人”协作共赢。

创造了“互联网+”的“珠海经验”。“S+”借鉴“众创众筹”、“以用户体验为中心”等互联网思维，突破地域限制和行政管理框架，以“低成本、易推广、高效益”为特征，秉承“便捷、实用、易用、好用”定位，为全国公安机关创新情报运作模式和情报应用新常态提供经验。

案例10

智能、实时、可视：构筑科技安保新平台

社会公共安全是公安工作的重点，保障人群密集的大型公众活动公共安全属重中之重。大型活动安保合成作战指挥平台（科技安保平台）是珠海市公安局研发的针对大型活动安保工作的合成化作战指挥平台，该平台融合了警用地理信息、视频监控、800兆数字集群、视频卡口、移动警务、微信、二维码、证件识别、人像识别等多种技术手段，实现了大型安保活动中信息获取实时化、指挥调度可视化、交通指挥智能化。彻

底改变了过去现场数据靠估计、现场态势凭经验判断的模式，用翔实的数据支撑起了大型安保活动指挥调度工作，为群众参加各类大型活动保驾护航。

信息获取实时化。平台基于警用地理信息系统，集成了大量大型活动相关的地图和数据，可以在平台上实时看到各个入口的人、车数据及其变化情况。平台根据人流量和停车场饱和度进行实时计算，入场人流量过大或停车场饱和度超过预警线后实时预警，指挥人员可根据实际情况对人员、车辆进行重新疏导。另外，对封闭式的大型活动，在人员入口处设置核查通道，实现对入场人群无遗漏的身份核验，通过对接，实现实时比对，及时发现在逃、涉恐涉暴、涉稳、有犯罪前科人员，在入口处就将高危人群排除在外，对重点人员重点实时监控，有力地净化了现场环境、震慑了犯罪分子，保证了活动区域的绝对安全。

指挥调度可视化。平台可以直观展示现场警力部署方案。在地图上突出显示不同分组的责任区域划分，通过平台可以看到所有室外警力的实时位置，指挥部能在地图上对预先划分好的各个安保组进行点击通话，实现可视化指挥。可在地图上直观地识别出离开责任区的民警个人信息和所在位置，还能生成越界民警情况统计表，为督查部门更好地开展大型活动警务督查工作提供有力支持。

交通指挥智能化。通过该平台可以对进出活动区域、进出珠海以及主要道路的交通情况进行分别监测和实时统计分析，形成流量波状图，便于交警掌握其变化规律，适时调整交通组织方案，为交通疏导提供有力的数据支持。通过平台强大的海量数据统计分析功能，可以对大型活动期间人员入场情况、人员入场规律、车辆来源地、交通压力变化情况进行统计分析，通过对大量数据的集中展现和分析，为大型活动安保提供有指导意义的参考数据。

平台启用后，首先在第十届中国国际航空航天博览会中发挥了突出的作用。2014 年 11 月 11 日至 16 日，第十届中国国际航空航天博览会在珠海市成功举行，大型活动安保合成作战指挥平台 6 天时间内核验人员 42 万余人，比中处置重点人员 1214 人，经现场核实，抓获网上在逃人员、吸毒人员各 3 名，发现冒用他人证件人员 151 名，收缴假证 35 张，有效地过滤了危险人群，并对潜在的高危人群起到了有力的震慑作用，确保了航展现场的绝对安全。平台指挥停放车辆 13.6 万余辆，辅助交警实时调整交通组织方案，实现了展区交通基本顺畅的目标。通过该平台的海量数据统计分析，珠海市公安局制作了航展数据分析报告，对本届航展进行了全方位的分析，在人、车、事、物等各方面提供了翔实的数据，根据数据分析，对下一届航展的组织安排提出了多项有建设性的建议，提交给了航展组委会。

第二节　创新社会治理　群众满意度全面提升

警务工作的社会化，是现代社会共治模式建构下的必然趋势。提升社会治理、公共服务水平是公安机关的努力方向。珠海公安坚持把人民群众满不满意作为衡量和检验公安工作的根本标准，大力推动社会治安治理工作，不断优化行政管理服务，初步形成了警民协同、社会共治的社会治理格局。自 2012 年以来，在珠海市机关事业单位年终考评（由白皮书考评、万人评政府、转作风提效能专项考评组成）中，珠海市公安局从以往的后进单位上升到前五名的先进单位，2013 年、2014 年的综合考评成绩进一步跃升到同类考评单位的第 2 名，是全市唯一一个连续四年荣获先进的单位，公安工作成效得到党委、政府和社会各界的充分肯定。

一、综合治理：补齐社会治安稳定的“短板”

（一）尊重民意

建立完善民意收集、研判、反馈和整改工作机制，创造性地在珠海市公安局绩效考核体系中，突出民本导向，引入公众评价，加大群众安全感、满意度定期测评的考核权重，将“安全感和满意度”“打击违法犯罪”“治安防控”作为辖区分局和派出所的三大核心指标，并通过电话访谈、短信访问、入户问卷调查、服务器评价等手段，广泛征集民意，让人民群众直接对各级公安机关评分，切实引导全市公安机关以民意导向推进各项警务工作，打防并举、标本兼治，努力解决群众关切的小案件、小申诉、小举报、小投诉和小求助等“五小”问题。

（二）善用民力

积极推动政府通过购买服务等方式，引进支持社会组织积极参与预防犯罪、社会救助、纠纷调解等社会治安综合治理工作，充分发挥社会组织协同政府完善社会管理和服务的积极功能，积极推动全市宾馆酒店、剧毒化学品、洗浴按摩、再生资源回收、保安服务、技术防范、道路交通安全、消防安全等公共安全和治安管理领域行业组织规范化运作，适时适度向其转移和分离部分服务性、辅助性、非执法性社会管理职能，多元化社会治理格局初步形成。推动全市见义勇为协会实体化运作，在全省率先向见义勇为者实施专项拨款，每年由市、区两级财政拨付见义勇为奖励和保障专项资金共 1200 万元，进一步扩大奖励范围、放宽奖励条件、提高奖励标准，充分调动了社会各界参与社会治安工作的积极性和主动性。2014 年，在第十一届“昆仑奖”全国十大见义勇为英雄司机评选活动中，珠海荣获见义勇为“城市奖”殊荣。2015 年，全市共评定见义勇为人员 95 人，进一步弘扬了社会正气。借鉴新加坡警务经验，倡导成立“志愿警察”队伍，招募 376 名志愿警察，并积极开展“志愿警察”活动，珠海“志愿警察”品牌逐渐深入人心。主动服务全市“幸福村居”建设，深入推进“村居警官”工程，选派 431 名社区民警进驻 317 个村居担任“村居警官”，建立健全警务联系村务工作机制，推动社区警务与基层社会治理协同融合，夯实了公安基层基础，补齐了社会治安稳定的“短板”。

（三）激发合力

2014 年 11 月 1 日，首创以平安指数为核心的平安创建动态考核体系，珠海成为全国首个以镇街为单位每天在市主流媒体发布综合平安状况量化指标的城市，市民可以像通过 PM2.5 指数了解空气污染程度一样，通过“平安指数”实时、简单、直观地了解珠海市各区平安状况。以此为基础，建立完善集研判、预警、督办、问责、宣传、考核于一体的“平安指数”工作配套机制，推动基层党委政府与各级公安机关形成平安创建的捆绑合力，推动建立辖区社会治安分析研判和治安重点地区综合治理长效机制，全市社会治理效能显著提升，得到了中央电视台、新华社、法制日报以及中国政府网、人民网等数十家境内外媒体的持续聚焦，广大网民纷纷转载、点赞。2015 年，全市违法犯罪警情同比 2014 年下降 17.18%，是珠海市近 10 年来违法犯罪下降之最。

案例 11

“平安指数”：小指数撬动平安建设大杠杆

2014 年 11 月 1 日，珠海市“平安指数”正式通过珠海特区报、珠江晚报对外发布，珠海成为全国首个每日发布镇街平安状况量化指数的城市。“平安指数”的内容包含万人违法犯罪警情数、万人消防警情数、万人交通警情数 3 项。根据每个镇街每天上述 3 项指标的综合得分，分“蓝、黄、橙、红”进行四色预警，分别表明优秀、良好、平稳、较差 4 种平安状况，对红色预警的地区还进行相关平安提示。“平安指数”发布的数据不仅有综合观察评价分数，更有具体到 3 个项目的数值和在综合观察评价基础上给出的平安提示，一方面可以对公众提供安全防范指导，提醒日常生活工作中需要注意的情况；另一方面人民群众可通过相关显性指标监督地方政府的社会治安综合治理工作。与此同时，为进一步提高“平安指数”平台的便捷性，2014 年 12 月 1 日，“平安指数”微信客户端正式启用，市民能够像通过 PM2.5 数值直接了解空气污染程度一样，通过“平安指数”实时、简单、直观地了解到珠海市各区平安状况，从而使得生活、出行安全感得以大幅度提升。

多点延伸，深化“平安指数”应用。在“平安指数”的机制应用方面，将“平安指数”与省、市平安办重点推进的创建“平安镇街”项目有机结合，借助市平安办平台，在全市范围内建立了以各区、镇（街）党委政府为主体，各相关职能部门积极参与，集研判、预警、督办、问责、宣传“五位一体”的“平安指数”工作机制。在“平安指数”的拓展应用方面，与政法机关情报信息指挥平台等相关信息系统相结合，分区域显示平安状况，服务“平安建设”工作；将“平安指数”纳入全市电子地理信息系统（GIS）后，公众通过互联网、手机、移动终端等点击web地图，即可查询区域实时平安指数和了解过去平安状况。此外，也可拓展应用“平安二维码”等信息化手段，在电视、电台、导航软件等媒介上公布，为群众提供资讯和生活便利的同时宣传平安建设。在“平安指数”的绩效应用方面，“平安指数”是平安建设目标的具体化。从微观上看，每一个指标及其数值要求具体客观，构成清晰可辨的努力目标；从宏观上看，“平安指数”的指标体系综合构成一个全方位的目标要求。基于“平安指数”的上述功能，要争取将“平安指数”纳入社会治安综合治理考核，充分调动各级、各部门参与“全民创安”的积极性，努力提升珠海“平安指数”。

多措并举，完善平安创建机制。提供量化指标，推动“平安建设”工作绩效提升。开展“平安指数”的研究与应用，能够深入了解社会公众心理期望值和承受能力、“平安指数”各构成指标之间的相关性，政府职能部门能够利用“平安指数”的提前预警功能，定期准确分析评估社会平安状况和态势，及时预警关系民生领域的问题。提供合理平台，凝聚全民创安共识。“平安指数”就像是珠海各区、各镇街平安状况的体检表，使得人民群众对全市平安状况的知情权得以实现。群众可以根据“平安指数”的变化，监督当地党委政府整治工作的落实情况，并积极参与居住地村居组织的平安创建工作。提供有效途径，开创综治工作新局面。开展“平安指数”的研究与应用，能够及时发现综合治理工作中的薄弱环节，以“平安指数”的研究与应用为契机，将过去单一由政法综治部门牵头且难以推进的工作，在党委政府层面统筹协调、归口负责，推动形成全社会共建共享的“大平安”格局，开创多赢局面。提供反馈方式，促进“平安指数”民本化。市平安办和珠海市公安局每隔半年都会组织开展一次调查活动，通过问卷调查、电话采访、短信反馈等多种方式进行一次平安民意调查。根据调查结果反映出来的情况，对“平安指数”进行完善，确保“平安指数”能够随时契合当前社会的主流标准及人民群众的认知、习惯和需求，使得“平安指数”更加“接地气”。

实效惠民，共享平安幸福城市。自“平安指数”发布以来，珠海市各级地方党委政府高度重视，有针对性地加大辖区社会治安综合治理力度和投入，全市治安状况持续好转，2015年，全市违法犯罪总警情同比下降17.2%，是珠海市近十年来违法犯罪总警情下降之最。对此，新华社、中央电视台、人民日报等各大媒体进行了专题采访报道。“平安指数”被媒体誉为“珠海社区‘安危录’”“指向政务公开的标尺”“影响珠海市民幸福感的重要因素”。华南理工大学公共政策研究院分析师雷辉在《南方日报》上发表评论文章，对“平安指数”给予了高度评价，称“平安指数”的发布是对“议程设置理论”的主动运用，是对现有公共部门激励机制的补充和完善，是基于大数据的科学管理。“平安指数”的发布，取得了良好的社会效果，被称为辖区平安状况的体检表和平安创建的指挥棒，对引导和推动全市平安建设起到了很好的促进作用。在广东省公安厅举办的首届“平安广东杯”粤警创新大赛中，“平安指数”发布应用机制项目一举夺得金牌。

案例 12

横琴分局打造“警民伙伴关系”

为有效应对横琴和澳门深度融合背景下的警务工作新挑战，横琴公安分局积极借鉴港澳及新加坡的警务工作经验，紧扣“治安治理能力现代化”和民本警务战略，全面实施警民伙伴关系计划。

“面对面”，打造警民互动体验新平台。在横琴新家园内建成横琴警民互动体验馆，设有宣传展示区、自助服务区、互动体验区、警务议事台和警务广场等五大功能分区，通过体验馆展现横琴公安工作成果，展示公安机关执法为民形象；提供各类自助服务，前移服务群众窗口，以及搭建警民议事平台，全面建成平安宣传防范基地。体验馆每周定期开放，先后接待社区群众、学生 900 余人，2015 年 4 月 12 日珠海电视台对横琴中学开展的消防教育活动进行了报道。通过体验馆这个载体，使警务工作更加贴近群众需求，服务形式更加灵活多样，警民关系更加亲密和谐。

“手拉手”，建立治安治理激励新机制。建立举报违法犯罪线索奖励机制。推动成立横琴新区公共秩序协会，设立专项奖励基金，发动群众举报治安、交通、涉稳、反恐、禁毒以及其他领域的违法犯罪线索，查实后给予专门奖励，有效调动社会力量参与社会治安治理的积极性，拓展和延伸公安基层基础工作的广度和深度。建立“志愿+补贴”的社区治安防范机制。采取政府提供补贴、群众自愿参与的“补贴+志愿”的形式，由辖区每个自然村推荐 2 人作为“治安志愿者”，开展社区巡逻防控，并充分发挥“治安志愿者”对本村熟悉的优势，参与对本村村民矛盾纠纷的排查化解，带动村民开展群防群治社会治安综合治理工作。

“心连心”，拓宽警民实时沟通新渠道。由社区民警建立社区群众和服务对象微信群，以此加强警民联络，听取、回应群众的意见和建议，及时发布提示信息，实时指导群众开展安全生产和治安防范工作，为群众提供最优质服务。2015 年 5 月 12 日，民警利用“荷塘社区警民伙伴”微信群，成功帮助一名雨夜走失的老人找到了家人。2015 年 11 月 1 日，民警再次利用警民伙伴微信平台，成功营救出两名深夜登山迷路的澳门游客。此举得到社区群众和新闻媒体的好评，央广网、《南方都市报》、《珠江晚报》等媒体对此进行了报道。

“肩并肩”，推出服务项目建设新模式。把横琴新区总投资超过 3000 亿元的近百个重点建设项目作为公安机关警务服务项目，推出“项目警务制”，建立项目警务台账，指定民警对项目从落地、建设到建成使用，全程开展跟踪服务。一是公布权力清单。全面梳理行政许可事项等行政审批事项，将公安机关的权力清单和权力运行流程图汇总公布，努力创建与港澳、国际接轨的国际化、法治化营商环境。二是建立企业和建设单位安全防范指导机制。责任民警定期不定期地深入到各重点项目工地，指导建设施工单位查补治安防范和消防等安全生产漏洞，完善治安防范和安全生产措施，及时解决突出治安问题。三是建立矛盾纠纷排查化解机制。为有效化解项目建设过程中的劳资纠纷等不稳定因素，推动相关部门建立按比例向企业提存工资保证金的欠薪保障机制、企业内部调解纠纷机制、拖欠农民工工资线索举报奖励机制，依法保护各方合法权益。

通过实施警民伙伴关系计划，在警务实战中取得了明显的成效，实现了在经济高速发展的背景下“发案少、秩序好、社会稳定、群众满意”。一是违法犯罪警情、侵财类警情同比大幅下降。2014 年度辖区共接违法犯罪警情 1268 起，侵财类警情 590 起，同比分别下降 10.7%和 8.8%。二是建设领域的不稳定因素大幅下降。2015 年辖区涉及工程款纠纷、工资纠纷等矛盾纠纷 96 起，涉及 941 人次，涉及金额 1.2915 亿元，同比分别下降 25%、59.9%、4.8%。连续三年保持了信访维稳工作“三无”的目标。三是群众安全感、满意度名列前茅。在市局组织的测评中，横琴分局群众满意度总体得分及群众安全感、满意度、警情回访、窗口服务等单项得分均位居全市各分局之首。

案例 13

“志愿警察”：小梦想助力社会治理大和谐

珠海市香洲公安分局在全市公安机关改革创先的总体框架下，因应“适应人民警察和警务辅助人员管理的新挑战，完善队伍正规化建设新制度”改革方向，充分借鉴和转化国外社会治理先进经验，创造性地引入“志愿服务”理念，于2015 年 4 月成立了“香洲志愿警察”队伍，在国内较早试水、率先破题，为广大怀揣“警察梦”的人民群众提供实现的平台。迄今，香洲志愿警察出勤时间累计已达 1 万余小时，志愿服务品牌逐渐深入人心，队伍日益发展壮大，展示了旺盛的生命力。

多方支持共创。分局成立“志愿警察”活动领导小组，领导小组下设“志愿警察”办公室，挂靠在香洲分局巡警大队。研究制定《香洲分局“志愿警察”活动工作方案》，多次召开动员部署会议，全面推进“志愿警察大队”创建工作。积极争取香洲区委、区政府的大力支持，与区志愿者协会密切沟通协调，将志愿警察纳入区志愿者队伍共同管理，为“志愿警察”机制的实施提供保障，形成了“公安牵头、警民参与、齐抓共创”的良好工作局面。香洲区义工联将对优秀义工实行的积分入学、积分入户等奖励和保障同样对志愿警察开放。2014 年 10 月，分局采用媒体发布和社会动员相结合的方式展开了“香洲分局志愿警察”招募宣传活动。为切实发挥“志愿警察”的效能，甄选综合素质较高的 113 名人员成为首批志愿警察。2015 年 4 月 19 日上午，分局隆重举行了香洲志愿警察大队成立暨授旗仪式，香洲区及香洲公安分局领导向 8 名志愿警察代表颁发了“志愿警察”聘书，并向志愿警察大队授旗，“香洲分局志愿警察大队”正式组建并由此启程。

规范勤务管理。香洲分局志愿警察大队第一批共 113 名志愿警察（其中男 89 人，女 24 人），对应分局 7 个陆地派出所下设前山、翠香、梅华等 7 个中队，每个中队由 15～17 人组成，已推选出的 1 名大队长和 7 名中队长均由“志愿警察”担任。为科学管理，提高效率，香洲分局制定了《志愿警察工作方案》等一系列工作制度规定。目前，香洲分局已招募第二批志愿警察 87 人，经过培训后即将参与志愿警察工作。来自市公安局警察训练支队的教官对志愿警察进行了培训，介绍了志愿警察的职责、安全防范知识等理论知识，并开展实战训练。为加强管理，志愿警察由派出所统筹安排工作。队员执勤统一配备服装、腰带、警棍和自卫用喷雾器等装备，结合社区警务实际及巡逻执勤活动规律，按“就近安排，统筹调剂”的原则，在派出所民警的带领下开展巡逻、社区警务、防范宣传等工作。2015 年 6 月，分局再次投入 3 万余元为志愿警察购置了夏装。

警民携手共建。辛勤工作、乐于奉献的 113 名志愿警察为各派出所带来了一股新风与活力。工作中，志愿警察们认真向派出所民警学习警务专业知识，积极报名参与派出所接处警、巡逻、大型活动安保、纠纷调解、防范宣传等工作，得到了群众的一致好评。志愿警察大队大队长陈活畴是一家公司的总经理，他将自己的一架无人机无偿提供给分局使用。南溪中队的中队长黄建清是一名退休教师，他做事认真、有丰富的谈判经验，许多民警称他为“金牌调解员”。黄建清参与了数起居民纠纷的调解，许多理不清的家务事在他手里得到了圆满解决。南溪中队的康权飞是特种兵出身，生活、工作在高栏港南水，业余时间在南溪当志愿警察，两地相差百里地，乘坐公交车超过2小时，然而头三个月他在派出所的出勤时间达到了201个小时，他的热情与决心可见一斑。擅长英语的东风中队志愿警察荆淑红与民警调解了一起外国人与餐厅之间的纠纷，消除了双方的误会。

搭建连心桥梁。“志愿警察”制度搭建起市民与警察群体之间的沟通桥梁，为构建和谐警民关系创造了良好条件。朝阳中队的林千章是一名律师，他在一篇感悟《零米警营》中写道：“成为一名志愿警察，我心中从此多了一份责任与使命。没有刀光剑影，不见戎马钢枪。祥和安泰，百姓乐业，却是我们共同的梦想！”梅华中队的志愿警察郭少智在心得中写道：“我深深地体会到当一名人民警察是多么不容易，为跟进办理案件，经常要通宵工作，严重地透支体力和精力。每当我遇到我的邻居梅华所副所长李钢通宵达旦值班，拖着疲惫的身体下班回家，我心中肃然起敬！”许多志愿警察均表示，通过近距离接触派出所，对警察这份职业提高了认同感。香洲志愿警察队伍中还有不少来自媒体的人员，珠海电视台的主持人及记者主动参与珠海市公安局的活动，为警队传播正能量。很多派出所的民警说，看到志愿警察们无私奉献的精神、高涨的工作热情，非常感动，并受到了鼓舞和感染，民警们同样会以更高的积极性投入到工作中。

弘扬社会正气。对志愿警察队伍中涌现出的先进典型与好人好事，香洲分局通过媒体开展专访、追踪报道等宣传活动，大力宣扬他们的感人事迹和高尚品质，拓宽渠道广泛宣传、弘扬正气，充分发挥了“志愿警察”在全社会中的示范、引领、激励作用。自珠海志愿警察队伍组建以来，《人民公安报》、《南方日报》、《珠江晚报》、珠海电视台、央广网、新浪网等主流媒体纷纷进行了宣传报道，好评如潮。珠海特区报社采访中心时政新闻部主任付洪军对香洲分局开展的志愿警察工作给予了高度评价，他认为，香洲公安组建志愿警察队伍是创新之举，体现了经济特区“特”的创新精神，体现了珠海精神文明建设的成果；志愿警察们凭着各自的爱心参与警务，践行着关爱他人的善举，一定会感动每一个珠海市民和游客，成为珠海一道亮丽的风景线。珠海电视台《阳光政务》栏目编导刘红杰认为，志愿警察是城市治安管理的一种重要的辅助力量。香洲志愿警察工作的开展是一种创新社会管理的良好尝试，将来必定大有可为。

案例 14

“村居警官”：小警官服务基层治理大民生

2015 年 3 月以来，珠海市公安局在市委、市政府的重视支持下，在全市范围内大力实施“村居警官”工程，将警务与村居事务有机结合起来，适度延伸社区警务的触角，开拓了践行民本警务的新模式。

“村居警官”工程“三步走”。“第一步”是成立领导机构和工作专班。为切实加强“村居警官”工程实施工作的组织领导，成立了珠海市实施“村居警官”工程领导小组，公安机关成立了市局、分局、派出所三级工作专班。“第二步”是配齐配强社区民警，实现“村居警官”全覆盖。通过对社区民警状况的调研分析，配齐配强社区民警，确保每个村居有一名或多名民警担任“村居警官”，积极推动“村居警官”进入村居领导班子，实现“村居警官”驻村居工作的全覆盖。截至 2015 年 12 月，共有 431 名“村居警官”进驻了全市 317 个村居，实现了公安民警进驻村居全覆盖，其中 231 名“村居警官”进入了村居领导班子。“第三步”是分类实施，突出工作重点。根据村居的实际情况，把村居分为重点村居和非重点村居两类（社会矛盾或治安问题突出、组织涣散的村居为重点村居，其他村居为非重点村居），采取不同的实施模式，突出不同的工作重点。截至 2015 年 12 月，全市共确定了 21 个村居作为首批实施“村居警官”工程的重点村居（选派“村居警官”26人）。

社区综合治理效果佳。深化社区警务工作，夯实公安基层基础。实施“村居警官”工程，将警务与村居事务有机结合起来，实现了社区警务“扎根基层、服务基层”这一本质属性的真正回归。为确保“村居警官”工程顺利实施，遴选工作能力强、会做群众工作的民警担任“村居警官”，社区民警队伍整体素质得到了较大提升，进一步优化了社区民警队伍。推进村居社会治理，促进幸福村居建设。“村居警官”进驻村居并进入村居领导班子，可以对村居组织建设及时发表意见，参与村居事务的决策，为幸福村居建设和村居社会治理出谋划策。例如，斗门分局从强化基层治理出发，创新该区实施治保主任委任制。提升村居治安防控水平，推进“平安村居”建设。以“三联村居”和“技防村居”建设为抓手，整合村居群防群治力量，实施村居治安联防联控，全力打造村居立体化治安防控体系。截至2015年12月，全市共有204个村居圆满完成“三联村居”建设任务；2015年新增22个村居着手开展“技防村居”建设，累计新建摄像机494台；全市安装（正常运行）门禁加视频系统共575套。同时，抓好治安问题突出村居的重点整治。例如，针对前山街道翠微社区治安秩序差，该社区“村居警官”实行AB岗工作机制，确保每天都有民警到社区开展工作，对社区“涉黄”违法犯罪活动加大打击力度，进一步净化社会面。

二、转变作风：畅通服务群众“最后一公里”

（一）行政审批“精简化”

按照“最高效率、最短时限”的要求，进一步减少办事环节、缩短办事时间，提高办事效率，全局行政审批事项在多年审批制度改革的基础上又删减了40.5%，事项办理总时限减少了34%，全局119项业务进驻市政府网上办事大厅，服务事项网上办理率达到90%以上。主动转变思维模式和权力运行方式，建立“证明清单”机制，按照“没有法律依据的证明一律取消、市公安机关各单位间相互出具的能够通过内部查询获取的证明一律取消、可以通过与其他政府部门及组织机构的数据交换获取的证明一律取消”的“三个一律”原则，对全局各类证明进行全面梳理和主动取消，共取消、附条件取消群众到公安机关办事需提供的证明共27项，将证明管理工作纳入法治公安建设框架，进一步规范与简化了公安机关的行政管理工作。

（二）窗口建设“标准化”

对职责权力清单进行梳理，编印珠海公安机关权力清单，并予以公开。同时，在原警务规范化建设的基础上，重新统一制定了民警工作姓名牌，全面开展亮身份、亮职责、亮工作“三亮”活动，切实加强对全局民警履行岗位职责的监督。组织编印全局窗口服务工作规范手册，完善预约服务制度，在全局窗口实行工作日下午延长半小时下班，周三中午设立“党员志愿服务岗”，在公安机关窗口全面推行使用双屏电脑，让办事群众同步了解办事流程和进展；建立和推行志愿者参与服务辅助性工作，使用统一式样的服务台牌，放置统一式样的意见箱，配置服务评价器，现场接受办事群众的监督评价，倒逼民警主动规范服务行为、提高服务质量。

（三）公共服务“多样化”

主动回应“大数据”时代的群众需求，深入发掘、自主创新“人无我有，人有我优”的便民利民服务措施。在全国首创出入境“一证办”便民措施和自助办证一体机，实现了“由您提供给我”到“我替您做好”的转变，荣获全省公安机关首届“粤警创新大赛”金奖，得到公安部、广东省公安厅的高度肯定并在全省推广。治安部门相继推出了户籍业务容缺办理、“POS机缴费+速递”等多项惠民举措，较好地解决了服务群众“最后一公里”问题。交警部门深化科技应用，创新服务手段，全力打造“360”车管服务新模式，实现了让“服务大厅更宽、服务更广、群众更满意”的工作目标。2015年，珠海市车管服务大厅在中央国家机关工委《紫光阁》杂志社、中国行政体制改革研究会、人民网、中国政府网共同举办的“行政服务大厅典型案例展示”活动中，荣获全国“百优”称号。

案例 15

出入境便民服务智能化系统：让数据多跑腿，让群众少跑路

珠海市公安局出入境管理部门因应人民群众日益增长的需求，依托科技支撑，大胆变革传统行政方式、传统办证模式，优化便民利民措施，落实“阳光警务”，在全国率先推出了以“一证办”和自助办证“一体机”为核心的出入境便民服务智能化系统，闯出了一条独具特色、富有成效的自主创新之路，得到了公安部、省公安厅的充分肯定和广大市民、社会各界的高度评价，并在全国推广。

以民意为导向，让服务贴民心。出入境管理属于中央事权，办证流程、业务系统都有明确的规范标准，由于证件种类多、办证事由杂，申请人普遍反映存在准备资料难、填表难、排队难等“三难”问题，一直以来成为困扰办证群众的顽症。2013 年，珠海市公安局出入境管理部门针对上述“三难”问题深入调研，提出了在现有法律政策框架和技术条件下建设“一证办”系统的工作思路，即首次申请或换补发出入境证件，申请人只需交验身份证即可完成办证申请流程。2013 年 5 月 8 日，“一证办”系统正式上线使用，市民办理出入境证件率先享受到了“由您提供给我”向“我替您做好”的根本性转变。“一证办”解决了办理出入境证件的“三难”问题，但市民反映的办证耗时长、办证大厅长期拥堵等问题仍然突出。民意就是导向，问题提供方向，2013 年年底出入境管理支队再次大胆创新，提出了研发涵盖持证人再次申请往来港澳签注自助办证“一体机”的设想。2014 年年初，自助办证“一体机”正式启用。“一体机”涵盖了护照、往来港澳通行证、往来台湾通行证的办理等相关业务，实现了预受理、自助缴费、信息查询、办理再次签注等多项自助功能。申请电子往来港澳再次签注，还可以由设备提供自动审批、自动制证、自动发证

“一站式”自助服务。

以科技为支撑，让数据全流转。由于“一证办”系统和“一体机”均属全国首创，没有现成可借鉴的模块，涉及与公安部签证信息系统、省厅大集中系统、珠海市常住人口信息系统等多个系统的数据共享问题，功能模块多、办证业务系统整合难度大，同时要在不影响日常办证业务的情况下获得涉及四大系统审核、认证权限，技术难度非常大。借鉴“一证办”系统的研发经验，“一体机”在完成与全国证件库、出入境办证业务“大集中”系统、全国人口库无缝对接的基础上，自行研发对应接口，实现了自助设备与叫号系统对接，并解决了指纹采集仪、摄像机、电子签名板、POS 机、条码扫描仪等硬件设备的冲突问题，实现了各种硬件在系统流程中的自动驱动，顺利通过了“广东公安便民服务自助申报系统”论证会专家组论证评审，2014 年年初正式投入试用。同年 5 月，该系统以广东省启动电子往来港澳通行证为契机，立刻进行升级改造，实现了续签（本式或卡式证通行证的续签，包括个人旅游、探亲、商务签注）、申请（首次办理、换补发证件的申请人可以先在自助机上预填个人信息、采集指纹、领取办理号）、缴费（缴交办证业务费用）、制卡（申请人持电子通行证办理续签业务，只需将卡插入自助机，即可自动擦写生成新的签注）、查询（查询正在办理的相关业务信息）、预约（预约未来 10 个工作日的具体办证日期、时间段和办证点）等业务的一体化自助操作。

以增效为目标，让群众更满意。以“一证办”和“一体机”为核心的出入境便民服务智能化系统的启用，显现了上佳的应用效能和社会效果：一是窗口办证能力大幅提高。系统的预受理功能，实现了受理信息采集工作前移及自动化提取，在有效避免了以往因人工操作而难以避免的工作误差的同时，减少了办理业务的耗时。二是群众办证更加省心省力。将过去诸多不同环节的工作集中到一台设备上完成，有效消除了群众办证常排队、排长队和跑多次、多跑路的无尽烦恼。三是群众办证更加自主灵活。系统中设有预约服务和24小时办证服务功能，彻底打破了传统受理工作中的时间限制。“一证办”带来的变革是全程一证办理，整个办理过程公开、透明，更好地体现了“阳光警务”的内涵。出入境便民服务智能化系统的推出，其便民性和首创性引发了全国范围内的报道热潮，成为媒体和网友的热议话题。国内外主流媒体均在主要版面加以报道、转载及评论，认为政府部门推出这种“贴近民生的服务越多越好”，便民举措实现了“由您提供给我”变为“我替您做好”，“是开创转作风、提效能新阶段的拓荒之举”，“是市公安局民本警务战略实施下的新成效，为转作风、提效能注入了科技创新的新内涵”。网友们纷纷在新浪、腾讯等微博上对珠海推出的举措点赞，认为这是珠海政府机关从群众利益出发，为民减负的举措，是一件贴近民生的大事，值得其他部门或其他地方政府效仿。公安部出入境管理局局长郑百岗在珠海考察时指出，这一系统极好地匹配了国家出入境管理工作的电子化进程，是出入境办证环节上的重大突破，代表了出入境证件管理的发展方向，此模式完全可在全国其他地方复制、推广。

案例16

网上车管所：“360”让车管服务到家

珠海市公安交警部门主动转变服务理念，拓展工作视野，深化科技应用，创新服务方式，全力打造“360”车管服务新模式（“3”是指从车管服务高度、宽度和精度三个方面创新服务理念；“6”是指网上办、上门办、加班办、当场办、“一证办”、及时办等六项创新型服务措施；“0”是指通过“零距离”贴心服务，打造和谐警民关系），探索“服务到家”的车管服务创新之路，实现了“让大厅更宽、服务更广、群众更满意”的目标。

“3”理念顺应民意。随着珠海市机动车、驾驶人保有量的持续快速增加，目前全市机动车保有量高达44.3万辆、驾驶人总数已超过67万人。据统计，仅2015年前10个月，珠海市新车上牌多达72991辆，驾驶证初学者增加报名8.5万人，服务窗口接办业务量达到120万人次，平均每个工作日受理各项车驾管业务多达5529宗，公安车管服务已经成为当前密切联系群众的民生服务之一。为积极应对群众对车管服务日益增长的需求，珠海市公安交警部门着力从车管服务高度、宽度和精度三方面创新服务理念，努力实现车管服务效能的最大化。一是坚持自我加压，提升车管服务高度。公安交警部门主动把车管服务提升到争创全国一流行政服务窗口的高度，强力推进车管服务创新，并在总结提炼车管服务民生特点的基础上，响亮提出了“车行千里，您在我心”的车管核心服务理念。二是坚持民意主导，拓展车管服务宽度。提出了“让数据多跑路、让群众少跑腿”“群众下班我上班”等新时期车管窗口服务理念，着力拓宽车管服务渠道，将窗口服务向网络延伸、向群众休息时段延伸、向偏远地区延伸，让车管便捷服务惠及更多群众。三是坚持以人为本，增强车管服务精度。为积极回应民生关切，公安交警部门在学习借鉴企业先进服务理念的基础上，一方面，专门针对上班族等不同群体，提出了“专门订制、精确服务”车管服务创新理念；另一方面，契合当前“互联网+”时代特点，推出了“网上车管所，全天候服务”的新时期车管服务模式，着力提升车管服务的精细化水平。

“6”服务回应关切。轻点鼠标，21项业务轻松网上办。公安交警部门打破了传统“上门取号”的方式，开通了“网上车管所”，市民只需在家中轻点鼠标，即可轻松完成车驾管全部业务的网上预约，还可随时了解自己车辆检验、报废、违法和驾驶证年审换证等信息。通过网上预约服务，节省了排队等候时间和出行成本，也方便了车管部门合理分配办事警力和资源，提高了整体服务能力和水平。目前，大厅办事人员日平均业务办理量从每人 80 宗提高到每人 100 多宗，比以前平均提高了 20%以上，以往车管服务窗口排长队等候情况也基本得到杜绝。

坐享家中，13 项业务服务上门办。2015 年 1 月，公安交警部门与 EMS 联合推出驾驶证期满换证送证到家服务。珠海户籍且持有珠海驾驶证的市民，只要登录“网上车管所”申请办理驾驶证期满换证业务，在 5 个工作日内即可足不出户，轻松享受期满换证送证到家服务。仅此一项便民措施，每年就让 8 万余名期满换证的驾驶人不用到车管所就可以轻松办理业务，既缓解了窗口服务压力，也减少了社会运营成本。自该项措施推出以来，已办理上门服务 21359 宗，得到市民群众的高度认可。

告别拥挤，节日假日主动加班办。公安交警部门在严格落实延时服务措施的同时，还自 2014 年 10 月起实行节假日加班工作制，每周六和重大节日期间，专门在人民东路 238 号开辟车管业务综合服务大厅为群众提供办理驾驶证期满换证、驾驶证补领以及机动车 6 年内免检核发合格标志等业务。截至 2015 年 10 月，已为群众办理各项车驾管业务 16785 宗。“没想到车管所春节时间都在加班”，“工作人员牺牲自己休息时间，让群众办事很方便，心里很满意”，作风的转变和便捷的服务让前来办事的群众赞不绝口。

精简程序，八成业务实现当场办。公安交警部门对车驾管主要业务流程进行调整优化，加快资料流转速度和工作效率，将 14 项驾驶证类业务和 17 项机动车类业务的办事时限从法定的 1 至 2 个工作日缩短至当场或半个小时内办结，涵盖了 80%的车驾管主要业务，大大节省了群众的办证时间。另外，公安交警部门开发了医疗机构驾驶人体检系统，并实现了与全市备案医院的数据联网，解决了驾驶人在医院和车管部门之间往返奔波之苦。

温馨告知，提醒市民业务及时办。为方便广大市民及时掌握机动车和驾驶证状态信息，珠海交警车管部门先后推出了驾驶证逾期年检等12项短信告知服务，深受群众欢迎。自短信服务开通以来，驾驶人注销、机动车未检验等情况大幅减少，与2013年同期相比，2014年驾驶证因逾期办理被注销数量下降89%，逾期未检验车辆下降72%。2015年，公安交通部门充分利用微信、网上车管所等信息发布平台以及报纸、广播等媒体，加大了公告提醒力度，全市机动车和驾驶人逾期换证、逾期年审等情况进一步减少。

整合资源，车辆年检当场“一证办”。公安交警部门着力提升信息化应用水平，秉承“让数据多跑路、让群众少跑腿”服务理念，在全国率先推出机动车年检业务“一证办”便民措施，群众在办理车辆年检及机动车6年内免检核发合格标志等业务时，车辆交强险、车船税等数据将直接传输至交警系统平台，只需带上行驶证就可当场办理，让车主们真正享受到了方便、快捷的优质便民服务。

“0”距离贴心服务。公安交警部门通过实施上述三项创新服务理念和六项服务举措，主动回应了人民群众对车管服务的新需求、新期待，实现了车管服务由“网下”向“网上”拓展、由“面对面”向“键对键”延伸，让人民群众切身感受到了“零距离”贴心服务，公安车管服务已经成为构建新时期和谐警民关系的重要桥梁纽带。随着群众对车管服务满意度的日渐提升，相关信访投诉已经由2010年以前年均45宗减少至5宗以内，并且经查证全部属于无效信访投诉。如今这里的每一个窗口、每一处细节无不彰显出“车行千里，您在我心”的车管核心服务理念，让前来办事的群众倍感温暖。

三、全警公关：警民和谐良性互动“零距离”

（一）构建全警公关新格局

成立独立运作的珠海市公安局公共关系及宣传办公室（新闻办公室），健全“一人两员”（即新闻发言人、警察公共关系联络员和网评员）制度，全力推进“全警公关、全程公关、全面公关”的立体化警察公共关系格局。建立警察公共关系和新闻舆论宣传统筹、内外宣传统筹，传统媒体和新媒体融合、警察公关传播和管理融合的“两统筹两融合”工作体制，科学把握新闻宣传与舆情、内宣与外宣、警民与警媒、常态与例外的四种关系，以民意收集、反馈和工作改进为导向，铺设沟通管道、畅顺沟通路径，形成内外部沟通的有效机制。全局公关能力、宣传策划能力和敏感舆情应对能力全面提升。2015 年，中国人民公安大学、人民公安报社、中国警察网相继与珠海市公安局合作设立了警察公共关系创新工作站、编辑部、采编室，市局舆情部门成为中国警察网舆情智库成员单位，在全国首创成立了珠海市公安局警察公共关系研究所，形成了集自主创新、智库支持、理论研究和实践探索于一体的公关工作优势。2015 年，全局刊发正面报道 7688 篇，比 2012 年增长 236.46%，其中中央级媒体报道 1732 篇。

（二）打造融媒体公关新平台

积极探索创新，将新媒体和传统媒体融合形成珠海公安融媒体，建立同步策划、联合采编、统筹发布、滚动策应的工作模式，全力打造公安微博、微信、微视、客户端——“三微一端”的新媒体矩阵。“珠海公安微博”的“粉丝”300 万，2013 年入选国家行政学院评选的“全国百强党政机构微博”；“珠海公安微信”集群关注人数突破 50 万，在人民日报组织的评选中位列全国百强，2015 年珠海公安率先在全市进驻今日头条客户端，从全国政务头条号中脱颖而出获得“最具影响力公安头条号”；“珠海交警微信”获评广东十大最具影响力政务微信公众号。珠海市公安局以民警爱民模范事迹为原型的微电影《社区警事》《鱼缸碎了，鱼儿活了》相继获得 5 项国际、国内大奖。珠海公安在全国率先开展视频直播警务活动，全面研究并植入新型舆情策源地及传播平台，利用“弹幕”等新传播形式开展警务发布和舆论引导。在深入研究移动互联传播及舆情规律的基础上，总结探索出“5MP6”舆情应对工作新机制，创新提出“5M”舆情处置原则，以及以四维研判、灰度引导、控制下发布、代入式回应、靶向清除、蓝海植入为要素的“P6”舆情应对前沿技战法，有效因应了时代发展要求，取得了良好的社会效果和法律效果。2013 年以来，共成功处置重点涉警舆情 120 余起。

（三）架设警民互通新支点

把文化作为驱动力，以“民本情、警察魂、文艺范、草根心”为抓手，在警察公共关系工作中创作文化精品，释放文化情怀，在传达信息、建立信任的同时，打动人、感染人，引发公众的情感共鸣。把“铸忠诚警魂、造为民警队”珠海公安核心价值理念贯穿舆论宣传和公关活动的始终，打造“指尖上的警民对话”向社会释放公安机关贴近民意的强烈意愿，以文化手段推树珠海公安“忠诚、为民、勇敢、智慧”的气质特征，打造警察“网红”，《女神与女汉子》《名叫国庆的民警国庆在干啥》《这一刻》《惊心动魄 8 小时》等作品取得了良好的传播效果，组织珠海老年艺术团组建防诈骗文艺小分队自编自导自演，广受社区街坊喜爱，《每周一招》《案例说法》《影像纪实》等栏目受到网友热捧，纷纷点赞珠海公安“有才有趣，有人情有温度”。

（四）培育品牌特色新样本

常态化开展“走进警营”活动，邀请市民代表、学生代表和澳门居民走进警营，“零距离”感受公安工作和警营生活，依托全市 6 个主题安全教育馆和警察训练基地组织市民开展“互动体验活动”，强化警民互动网上融合，打造“接地气”的网络公关活动。在《社区民警工作规范》中明确赋予社区民警公共关系工作职责，积极推动“社区警察公共关系活动”，2015 年全局开展公关活动 339 场次。针对珠海毗邻港澳的特殊区位特点，加强与香港培领社会服务联会、狮子会，澳门海星中学、澳门街坊会等港澳组织的沟通交流，借鉴新港澳警察公共关系经验重点培育一批警民共建的品牌，借鉴新加坡经验组建“珠海志愿警察”，借鉴香港经验组建“青少年警队”，借鉴澳门经验实施“警民伙伴关系”计划，现已成为新时期珠海警察公共关系建设的新载体和品牌。

案例 17

全警公关　全民互动　开创现代警察公共关系新格局

珠海市公安局秉承特区改革创新精神，以实施民本警务战略为契机，积极探索构建具有时代特征、珠海特色、公安特点的现代警察公共关系工作体系，全局上下的公关意识、宣传意识、舆情意识得到较大提高，媒体工作能力和警察公关能力明显增强，开创了“新闻办公室主导谋划、部门警种主动组织、正面宣传百花齐放、敏感舆情科学应对”的工作格局，良好的警察公共关系已成为珠海公安科学发展的有力支撑。

全警公关，构建“大宣传”工作格局。一是构建完善“大宣传”组织架构。从全国范围来看，珠海在推进警察公共关系建设方面起步较早、成效明显。早在 2002 年 7 月，就正式成立了珠海市公安局指挥中心宣传及公共关系科；2007 年 10 月，改名为公共关系及宣传科；2013 年 10 月，正式改名为公共关系及宣传办公室，专职负责警察公共关系建设。以此为基础，市局又相继组建了市局、分局、派出所三级架构的新闻发言人及其团队，全局专（兼）职从事警察公共关系工作的人数将近 600 人。同时，还组建了新闻通讯员、网评员团队。这些专业队伍分布在各基层，工作中互为犄角、联动出击，效能倍增，大大促进了全局上下公关意识的提升。二是构建完善民意主导警务机制。一方面，通过定期开展“阳光警务”活动、爱民实践活动、警营开放日活动等，向人大代表、政协委员、社会知名人士、网络民意领袖以及广大群众通报警情、社情，广泛听取群众的意见和建议，将“民意主导警务”理念贯彻落实到具体的警务实践中，力争在每一项公安工作中体现民意主导，践行民本警务，通过切实解决老百姓反映的热点问题，抓好服务质量和工作效率，以实实在在的服务成效赢取群众的信任和口碑。另一方面，将珠海公安“铸忠诚警魂、造为民警队”的核心价值观融入到为人民服务的工作中去，明确了社区警务警察公共关系职责，将警察公共关系建设进一步向村镇、向社区延伸。运用“互联网+警务”的思维，对网络问政平台和网上警务服务进行提炼提升和整体形象包装，创新开展“指尖上的工程”，使全局每一名民警都参与到公共关系建设中来，力争把与公众的每一次接触都创造成一个成功的公关案例。三是构建完善绩效考核机制。落实全局警察公共关系工作责任制，将开展警察公共关系工作纳入各单位考核体系，以报刊和电台报道、处置涉警舆情和开展警民互动活动等项目为考核内容，实行季度量化考核，真正将此项工作与各单位绩效考核挂钩，责任到人，并将宣传成绩作为民警提拔任用的参考依据，有效激发了民警投身宣传工作的积极性。

全媒体支撑，塑造警队良好形象。一是注重策划，推出精品。推出“珠海警察形象宣传片”，向公众展示了警察的专业素质和为民服务的理念，树立了良好的警察形象。加强内外宣传统筹协调，建立完善发掘、树立正面典型的工作机制，增强先进典型的感染力和亲和力，策划制作的《国庆我在岗》《这一刻》《女神与女汉子》等宣传作品，取得了良好的传播效果。尤其是今年以来，紧紧围绕全市公安改革创先中心任务，以珠海市被确定为全国公安改革综合试点市，市局向社会公开推出“10+1”改革惠民项目等为题，精心组织、深度策划，中央电视台、新华网、《南方日报》、《人民公安报》等国内主流媒体对市局改革创先工作进行了集中报道。二是深度挖掘，多维展示。围绕全局深化实施民本警务战略过程中，涌现出来的全国公安机关爱民模范集体——金海滩派出所，陈球忠、杨华清等队伍先进典型开展策划宣传，相关采访报道相继登上了央视网、央广网、人民公安报等媒体平台；根据公安队伍中爱民事迹制作的微电影，大力弘扬人民警察为人民的价值追求，社会反响十分热烈。与此同时，积极争取上级支持，着力构建长期稳定的警媒合作关系。近期，人民公安报社广东记者站珠海采编室、中国警察网广东珠海公安专栏编辑部在市局挂牌，搭建起了宣传展示珠海公安最权威专业的媒体平台。三是创新载体，深度融合。加强公安新媒体平台建设，实行传统媒体、新媒体一体化运作，建立同步策划、联合采编、统筹发布、滚动策应的工作模式，与重量级网络媒体建立信息直通渠道和协同发布机制，做强珠海公安政务网站、微博、微信，用新媒体传播理念策划制作宣传节目，常态化开展微调查、微征集、微讨论等网上警民互动活动，调动广大网民关心、支持和参与公安工作。市局新媒体平台推出大量原创网络作品，《每周一招》《案例说法》《影像纪实》《微信主持人》等自创栏目的阅读量已上千万。

全局联动，科学应对涉警舆情。一是通过舆情反馈有效引导警务。充分发挥舆情作为警务工作“晴雨表”的作用，主动收集警情、案件线索、群众对公安机关工作的意见或建议、近期网民关注的治安交通热点等信息，及时向相关部门反馈。建立舆情通报制度，定期梳理分析舆情特点、态势，通过舆情反馈有效引导警务。进一步完善快速应对网络舆情的工作机制，掌握舆论引导话语权，迅速、稳妥处置好重大涉警舆情事件，实现舆情处置由事后干预向事前预防转化，工作性质由被动向主动转变。二是建立涉警舆情快速处置机制。树立舆情处置工作“一盘棋”思想，实行全警联动，快速灵活处置。落实对舆情常态监控，对媒体和论坛、博客、微博、QQ 群等网络平台的 24 小时巡查，注意对敏感信息的研判、跟踪、督促、办理、反馈。根据负面舆情处置化解有“黄金四小时”最佳应对时段、24 小时关键处置期的规律，制定舆情应对预案。三是健全舆情预警研判体系。打造全局舆情研判体系，遇重大涉警、涉治安案（事）件舆情，及时召开舆情研判会，迅速制定应对措施。抽调业务骨干成立舆情专班，每日收集舆情信息，及时研判，评估舆情发展的趋势，提出引导对策，为局领导决策提供参考。另外，始终加强对全局三级新闻发言人队伍的实战演练和培训，提升全员舆情处置能力。

全民互动，构建和谐警民关系。一是紧贴基层，助推警务公关活动百花齐放。策划组织共建共创活动、走进警营体验式的公共关系活动，让群众亲身参与、感受公安工作。抓住每年的重要时间节点，统筹规划各单位、各警种开展警务公关。利用“110接处警宣传日”、“3·28”交通安全宣传日、“5·15”经济犯罪防范宣传日、“6·26”国际禁毒日、“119消防安全宣传日”与市民群众互动，营造“人民公安人民爱，人民公安爱人民”的和谐氛围，争取市民群众的理解与支持。二是创新形式，拓展警民互动融合新途径。探索网上网下联动新模式，密切与高校学生、社会媒体和网络舆论代表联系，通过组织新媒体交流会等多种方式，加强与各新媒体团体合作与交流，并建立长效合作机制。健全警媒沟通协调机制，完善警方与新闻媒体、网络名人互信、互助、互动、互惠的良好合作关系。开展体验警务工作成果互动，主动邀请市民群众走进警营，近距离了解公安改革创新成果。充分发挥主题场馆的现场体验效应，引导大众体验和学习综合应急安防知识。目前，珠海市在横琴、金湾、斗门共建有3个体验中心，这些场馆成为民众体验、参与案件情景再现、应急逃生、交通标志问答等互动活动的重要平台。三是立足珠海，辐射港澳，探索珠港澳警察公共关系互动新领域。加强与港澳社会组织沟通、交流与合作，探索搭建珠港澳警察公共关系合作新平台。香港培领社会服务联会、九龙城区少年警讯，澳门街坊联合总会等相关组织及全国人大代表先后到珠海市公安局考察交流。2014年，市局创建了珠海青少年警队组织及志愿警察队伍，成为新时期珠海警察公共关系建设的新载体。

案例 18

“5MP6”舆情应对工作新机制

截至 2015 年年底，我国网民突破 6.88 亿，随着移动互联网和自媒体的迅猛发展，已进入“全民媒体”的时代。珠海市公安局在深入研究移动互联传播及舆情规律的基础上，总结探索出“5MP6”舆情应对工作新机制；创新提出“5M”舆情处置原则，以及以四维研判、灰度引导、控制下发布、代入式回应、靶向清除、蓝海植入为要素的“P6”舆情应对技战法，有效因应了时代发展要求，取得了良好的社会效果和法律效果。2013 年以来，共成功处置重点涉警舆情 120 余起。

“5M”舆情处置原则。“5M”，即“四戒一做”。“四戒”是指开展危机公关时要力戒“蛮、瞒、满、慢”，“一做”是指要有担当，要“BE A MAN”。所谓“蛮”，是指在舆情处置过程中没有就社会关切的焦点进行应对，反而催生新的质疑舆论。所以，要有的放矢、有理有据，不可“蛮”来。所谓“瞒”，是指在舆情处置过程中对案（事）件事实掌握不清就急于公布，导致工作被动，加速形成舆情高峰。所以，要公开透明、唯实至上，切忌“瞒”天过海。所谓“满”，是指舆情处置及信息发布过于匆忙，定论太早、说话过满，与真实情况存在出入，造成舆情反转，继而引发社会舆论不满，导致事态进一步恶化。所以，要谨慎客观、留有余地，不宜发声过“满”。所谓“慢”，是指对舆情敏感度不高、预判能力不强，没有及时回应社会关切，最终导致舆情爆发。所以，要主动发声、抢占先机，避免因“慢”误事。同时，在“四戒”的基础上，要强化担当意识，要“BE A MAN”，秉承对法律负责、对民意负责的态度，有真汉子的担当，不推卸责任、不撂挑子，发现错误要勇于承担，从而赢得信任，树立公信力。

“P6”舆情应对技战法。根据当前的情况发展，对原有的涉警舆情工作理念和方法做重新认识和解构。例如，舆情应对黄金期表现出多刻度、多节点特征，出现前置黄金期、多重黄金期及多个黄金点；仅仅快速发布已无法完全满足社会关切，要讲究“时效度”；“有图有真相”已不完全适用；舆情发酵已从事件整体发酵进化为标签式发酵；除民众舆论场和官方、媒体舆论场外，出现“事件利益方潜舆论场”，其舆论导向作用不容忽视；相比以往本地化特点，舆情呈现出“电商舆情”特征，具有区域爆发、全国辐射、形成连锁效应等特点，需要总部统筹、地区协作、采集数据后，开展统筹应对及区域应对。

珠海公安提出“舆情棱镜”的概念，即从折射看舆情的走势、从反射看舆情的背景，多角度观察，看舆情的内涵和态势，结合当前新媒体+智能手机下的执法困境，珠海公安提出“P6”舆情应对技战法。

“P1”：四维研判。对舆情的研判分为四个维度进行。分别为：背景研判，即将舆情事件放在当前的社会大背景下审视，分析单一舆情事件在社会大背景、时间等因素下的关联影响。舆情事件受背景的影响，对于舆情处置要综合考虑舆情背景、舆情与舆情之间的关联，进行重点、领域、地区的阶段性分析。G点研判，即在研判舆情事件大小、性质的同时，要更加注重关键标签、新闻兴趣点的舆情发酵效应，如“暴力”“血腥”“边缘”等舆情爆点关键词。判例研判，即建立舆情判例电子档案，将个案与个案、结构与结构进行参照比对。反射研判，即设定个体舆情的感知器（终端）、传导器（传播路径）、中枢（发酵节点）、效应（爆发程度）。在“九中女职员被割喉事件”“斗门‘假警察’倒卖器官谣言”等多宗舆情的处置工作中，珠海市公安局利用四维研判迅速确定舆情的应对方式，成功在短时间内消除了可能的负面影响。

“P2”：灰度引导。利用真相与网传信息的重合区，发布信息，封堵想象空间。舆情处置时，进行由A到B再到C的一个过渡性引导，避免激化、避免极端、避免失控。在“珠海华发商都地下停车场抢小孩”事件中，由于珠海市公安局在发布信息时灵活运用灰度引导技巧，就事件现场处置情况及时进行通报，使舆情快速平息，未引发二次炒作。

“P3”：控制下发布。通过设计时间节点、地域范围、发布形式、传播路径、策应措施开展舆情应对工作，使信息既发布到位又不蔓延失控，全程处于可掌控状态。在“澳门科大女研究生珠海被杀”“澳门居民称在拱北被打毒针”等舆情事件中，珠海市公安局使用“控制下发布”技战法与澳门警方进行“联合发布、区域应对”“分割处置、合作应对”，将跨境敏感舆情成功化解。

“P4”：代入式回应。借鉴仿生学、心理学原理，使用设置议题、设置场景等方式，创造同理心，创新设计“五问五答”，通过设定话题，从态度、事实、结果、焦点、善后五个方面对舆论关注点进行释疑。在“景山公园抢劫案”舆情中，珠海市公安局成功消除了舆论对社会治安的质疑。创造拟态环境，使用“情景式带入”发布形式对公众心理进行疏导，如针对“禁摩禁电”引发的执法冲突，设置交警和摩托车车主对话的场景，从各自立场出发，使受众形成代入感，用接地气、贴民心的大白话对“双禁”工作的必要性和合法性进行普及，得到网友的广泛认同。

“P5”：靶向消除。以法律威慑的手段和公关转化的技巧，针对具体的舆情要素开展精准工作，开展关系转化和舆情善后。珠海市公安局运用“靶向消除”技战法，通过对发布“珠海夜归的你要小心，犯罪集团到珠海”谣言的微信运营者进行依法处理，改良了珠海新媒体法治生态环境；在“沈晕晕”舆情中，通过采用舆情善后技巧成功将“沈晕晕”转化为珠海警队的支持者；通过公关技巧妥善化解了首届中国国际马戏节“亚洲动物保护组织抗议冲突”事件，避免了可能造成的国际影响。

“P6”：蓝海植入。对新型信息策源地、新传播平台主动介入。珠海公安已在全国率先进行警务视频直播，受到网友的广泛关注及好评。目前，珠海市公安局已整合资源进驻分答、映客等新型舆情策源地，抢占话语权、占领舆论高地。同时，该局积极运用弹幕、语音、交互技术等新颖、直观、参与性强的信息发布形式回应群众关切，开展舆论引导。

“5MP6”舆情应对工作体系在珠海市公安局舆论引导、舆情应对工作中发挥了积极的作用，但在当前这个移动互联网时代，舆情“黑天鹅”效应凸显，策源地多、爆发速度快、影响范围广，给舆情应对工作带来新的挑战。珠海市公安局将不断探索舆情应对前沿技巧，完善“舆情警务”理念，以舆情、民意引领警务工作的改进和调整，用舆情反哺侦查，大众问题大众解决，探索设立议事开放平台；健全社会面舆情工作网络，增强舆论引导力、传播力，掌握网络信息及科技发展趋势，抢滩移动互联网传播新平台，通过建立舆情大数据库对舆情发酵、传播进行精准预测。同时，试水智能舆情，借助VR、人工智能、数据海等前沿技术手段进行虚拟现场发布、自动网评引导、拟真舆情培训，更为有效地提升全警应对舆情的水平。

案例19

指尖上的警民对话

随着社会的发展和科技的进步，特别是网络和电子信息技术日新月异，我们已踏入全面拥抱互联网的时代。截至2014年年底，我国网民已达6.49亿，手机网民达5.57亿，网民中使用手机上网的人群占86%；珠海市网民在2013年已达120多万人，珠海公安微博粉丝290余万，微信用户3万多，80%以上的群众通过手机移动端在微博、微信、QQ等网上政务平台上与珠海市公安局互动，每年群众在网上与珠海市公安局互动信息6万多条次，2014年珠海市公安局共收到网上办事申请2.5万多项，人们已经习惯网络参与政务、网上办理事务，通过指尖的滑动实现“指尖上的政民对话”。随着互联网政务的普及，群众对公安机关的网上服务不断提出新的更高的要求，公安机关必须主动提升网络问政和网上服务能力，通过“指尖上的工程”，聚力各类网络问政平台，聚焦互联网和手机移动端，进一步深化政务信息公开、网络舆情收集、网民信息办理、网上办事大厅、网上警察公关等工作，让群众通过“指尖滑动”就可以便捷地获取资讯、反映问题、办理事项、获得服务，让公安机关通过网络更好地发出声音、传递关切、塑造形象。

警务信息网上公开。针对互联网警务大趋势，进一步深化警务信息公开、网民信息反馈工作，让群众通过指尖轻击就可以便捷地获取警务信息和获取警务帮助。通过珠海公安互联网站、微博、微信等网络问政平台公开办事指南、警务资讯、通知通告等警务信息6500多条，其中微博2300余条、微信1200余则；接收网民咨询、举报、投诉等业务信息3600余条，收到网友评论21000多条，信息转发36000多次。制定网民信息办理工作规范、组建网络问政工作微信群，建立网民信息归口办理和限时办结机制等措施，提升网上工作效率。依法处理依政府信息申请公开信息10件，办结市政府转办的网络问政17宗。较好地做到了信息公开及时、事项办理高效，切实帮助网民解决了实际问题，受到了群众的好评。

警察形象网上树立。围绕树立珠海公安良好形象，加强正面宣传策划和媒体融合，与人民、腾讯等重量级网络媒体建立信息直通渠道，与中新社建立协同发布机制，召开珠海公安新媒体发展座谈会，密切与本土网络媒体、网络大V的联络；成立珠海公安视频图片工作站，做强“警务微信集群”，现已开通综合类、报警类、交管类、安防类等7个警务微信；通过各大网站及自媒体发布宣传稿1700余条，公安微博、微信开办《每周一招》《案例说法》栏目（已出64期），微信推出《影像纪实》，用新媒体传播理念策划制作了一批高质量、正能量的警务宣传作品，取得了良好的社会效果。利用新媒体传播特点，创新策划了《张强局长对网友的祝福视频》《国庆我在岗》《这一刻》《女神与女汉子》《争分夺秒8小时》等专题宣传；制作了《社区警事》微电影，在公安部“我奉献，我快乐”微电影大赛、珠海市“文明珠海”微电影大赛和中国国际（杭州）微电影节中相继获奖。

警民互动网上融合。围绕提升群众满意度、建设和谐警民关系，着力打造“接地气”“贴民心”的网络公关活动。“珠海公安”微博、微信平台共举办了45次互动交流活动（10次意见征集、7次微调查、8次在线交流活动、8次微直播、10次微活动），参与网民达200多万人次，总阅读量达860余万人次。珠海公安新媒体平台以“微现场”“微专题”等方式直播、报道“青少年警队夏令营”“110主体宣传日”等警察公共关系活动，与网友积极互动，参与网友达800余万人次，得到网友一致“点赞”；线上线下活动同步开展，全面助力警民关系建设，在扩大珠海公安新媒体平台影响力和群众好感度的基础上，使社会各界通过网络渠道可以实时、深入地了解和理解公安工作。

涉警舆情网上应对。树立“舆情就是警情”的理念，建立各部门舆情联动工作机制，规范舆情收集研判制度、处置工作流程，出现舆情事件后能迅速启动，协同作战，科学应对，共应对涉警舆情53起，有效维护了社会平稳和队伍形象。主动应对了“香洲小学生上学途中失踪”“涉恐分子抵珠海”“澳门女大学生珠海被杀”等舆情，及时发布事实真相，消除了公众的恐慌情绪，稳定民心，引导媒体客观报道、网民公正评价。重大舆情发生频率下降，舆情响应速度提高、平息间隔缩短。舆情工作由事后干预向事前预防转化，由被动向主动转变，舆情预防与处置能力不断提升。

政务服务网上办理。进一步研发功能，创新微信服务领域，实现交通重点区域实时路况查询、案件办理信息公开平台、网上报警、重大活动身份认证预约服务及交通、出入境业务在线查询办理等 17 项政务服务功能。一般情况下，群众只需关注珠海公安新媒体平台即可足不出户实现警务信息获取和自助查询办理。推进全局完善网上办事大厅，共有 71 项行政审批事项和 48 项社会服务事项进入市网上办事大厅，2014 年市局网上办事大厅通过互联网收到申请 25534 项，网上办结率为 88.12%，大幅超出市提出的 50%的指标，在全市 35 家进驻单位中排名第五。

第三节　建设法治公安　执法公信力全面彰显

随着社会的发展进步和国家法制化进程的加快，公民合法权益保障的问题已日益受到社会各界的高度关注。珠海公安坚持法治引领、执法为民的理念，将法治公安建设作为新形势下深化公安改革创新、推进民本警务战略的重要举措，积极探索法治引领公安工作新模式，建立完善公安执法权力运行机制，构建完善执法办案制度体系、执法管理监督体系、执法培训保障体系，强化法治公安顶层设计，深入推进执法规范化建设，全力打造法治公安，努力让人民群众在每一项执法活动、每一起案件办理中都能感受到社会的公平正义。在 2015 年度广东省公安机关执法质量考评中，珠海市公安局排名全省第三，4 个分局被评为优秀，优秀数量和占比均排名全省第一；在珠海市政府举办的 2015 年度全市依法行政考评中，珠海市公安局以满分的成绩排名全市第一。

一、顶层设计：以法治引领警务

（一）科学谋划法治公安建设

珠海市公安局以法治公安建设为重点，运用法治思维和法治方式深化改革创新，于 2014 年 8 月率先提出了法治公安建设的战略构想，将传统意义的公安法制工作提升至“法治公安”建设高度，推进公安机关法治化进程。2015 年 4 月，开创性地提出了“法治引领”理念，制定印发了《珠海市公安局推进法治公安建设工作意见》《珠海市公安局打造法治引领新模式推进法治公安建设工作规划（2015—2017 年）》《珠海市公安局推进执法规范化建设工作方案》，进一步明确了法治公安建设的路径规划，着力加强法治公安主体建设、法治公安能力建设、法治公安管理体系建设和法治公安文化建设，推动全市公安工作在法治的轨道上实现科学发展。同时，明确市局、分局以及各部门主要领导是推进法治公安建设的第一责任人，将法治公安建设纳入执法质量考评体系，每季度对各单位推进法治公安建设情况实施考核，确保法治公安建设的各项任务有序推进。

（二）推动公安立法和制度建设

按照重大改革举措立法先行、于法有据的思路，牢固树立良法善治理念，用好用足珠海经济特区立法权和较大市立法权，充分利用政府规章、行政授权等方式，从加强权益保障、规范社会组织、加强治安管理等层面出发，积极参与起草、修订涉及公安执法工作的地方法规和规章，制定与法律实施相配套的、有利于规范执法活动的规章制度，积极推动出台了《珠海经济特区消防条例》《珠海经济特区道路交通安全管理条例》《珠海经济特区见义勇为人员奖励和保障条例》《珠海经济特区养犬管理条例》等一批地方法规，同时将《公共安全技术防范管理条例》《警务辅助人员管理条例》等纳入政府立法重点项目，从推动公安立法的层面进一步强化了公安机关的执法保障。推动珠海市人大在全国率先以地方立法形式出台《珠海经济特区行政执法与刑事司法衔接工作条例》，大力推进“两法衔接”工作，被评为“2015 年珠海社会治理创新最佳案例”，全国人大常委会调研组给予了“开创全国工作先河”的高度评价。同时，在珠海市委、市政府的大力支持下，推行各级公安领导在城管、交通等部门兼职制度，在市公安局、分局治安部门增设配合城管执法相关大队、中队，推动警察权向城市管理、环境保护、食品安全管理等民生安全领域的合法适度延伸，促进和保障相关政府部门依法开展社会管理工作。

案例 20

推动出台珠海经济特区行政执法与刑事司法衔接工作条例

为了完善行政执法与刑事司法衔接工作机制，促进严格执法和公正司法，珠海市公安局积极推动出台《珠海经济特区行政执法与刑事司法衔接工作条例》（以下简称《条例》）。《条例》的出台，有利于人民法院、人民检察院、公安机关、行政执法机关、监察机关、政府法制部门建立和完善信息共享、案情通报和案件移送机制，及时研究衔接工作中遇到的问题。

《条例》所称的行政执法与刑事司法衔接工作，是指行政执法机关将行政执法过程中发现的涉嫌犯罪案件依法移送公安机关，人民法院、人民检察院、公安机关对刑事司法过程中发现的需要给予行政处罚的案件建议行政执法机关处理的办案工作机制。

《条例》对案件移送、法律责任和工作监督等有关行政执法与刑事司法衔接的关键性问题作了进一步明确。特别是对行政执法机关及其工作人员应当向公安机关移送的案件不移送的情形，明确了主管监督机关，以及需要承担的法律责任。例如，行政执法机关及其工作人员违反《条例》相关规定，对应当向公安机关移送的案件不移送，由主管机关或者监察机关责令改正；拒不改正的，对负有直接责任的主管人员和其他直接责任人员给予处分；构成犯罪的，依法追究刑事责任。同时，列举了需要依法追究刑事责任的具体情形，如没有妥善保存与涉嫌犯罪案件有关的重要证据材料的，拒绝移交或者接收、隐藏、私分、销毁涉案物品的，等等。

《条例》还对行政执法与刑事司法衔接信息共享平台的搭建与应用问题作出了规定。要求行政执法机关、公安机关、人民检察院、人民法院、监察机关、政府法制部门应当加入行政执法与刑事司法衔接信息共享平台，实现案件的网上移送、网上受理、网上监督。

案例 21

见义勇为：立法促和谐，铁肩担道义

为了进一步弘扬社会正气，鼓励更多的人参与见义勇为事业，保障见义勇为人员合法权益，2013 年 12 月 13 日珠海市见义勇为协会正式成立。经过重新修订的《珠海经济特区见义勇为人员奖励和保障条例》（以下简称《条例》）和《珠海经济特区见义勇为人员奖励和保障条例实施办法》（以下简称《办法》）于 2014 年 9 月 1 日同步颁布实施，在 2014 年全国十大见义勇为英雄司机评选活动中，珠海市荣膺“全国见义勇为城市奖”，在全国、全省范围内产生了强烈的反响。

加强财政支持。珠海市在全省率先向见义勇为者实施专项拨款，2013 年起，每年由市、区两级财政拨付见义勇为奖励和保障专项资金共 1200 万元，由市见义勇为评审委员会统筹使用。同时，见义勇为协会也收到社会首批捐款 1907 万元。市见义勇为协会主要负责对见义勇为人员进行奖励和提供保障，保障主要是指对见义勇为牺牲人员家属及伤残人员的生活、康复治疗给予长期救助。

扩大奖励范围。新修订条例草案进一步扩大见义勇为奖励范围，放宽奖励限制、提高奖励标准。只要给见义勇为者“搭把手”，经认定后都能获得 1000 元至 5000 元的奖励。此条例一旦实施，无疑能够吸引更多的群众加入到见义勇为的大军之中。经过劳动鉴定部门认定完全丧失劳动能力、大部分丧失劳动能力、部分丧失劳动能力的见义勇为伤残人员，珠海市政府将给予高额的抚恤金；少部分丧失劳动能力的也将获得相应额度的抚恤金，并将跟进解决后续治疗以及低保等救

助保障。

大力宣传推广。珠海市公安局积极与珠海电视台、珠海特区报、珠江晚报、珠海电台等各大主流媒体协商，制定了见义勇为宣传计划，并形成了联动机制。参与制作见义勇为牺牲人员家属电视采访专题及《珠海110》《阳光政务》等电视电台节目8期，报纸宣传86期；开展现场咨询和宣讲会3次，及时有效全面地宣传突发见义勇为事迹。2014年9月1日新《条例》和《办法》颁布实施后，评定委员会办公室进一步加大了宣传力度，先后深入保安协会、保安公司、边防支队等单位进行贯彻落实《条例》和《办法》专题讲座，在人流密集的区域和部位张贴见义勇为宣传海报和宣传单共计8万张，在全市营造出参与见义勇为的良好社会氛围。为强化对重点人群的宣传力度，2015年4月中旬至5月中旬专门针对公安各分局进行上门培训，切实让每一位领导和民警熟练掌握见义勇为申报、举荐、调查流程，充分调动了社会辅助力量打击违法犯罪的积极性。

案例22

推行正面清单　清理证明乱象

为贯彻落实国务院办公厅《关于简化优化公共服务流程方便基层群众办事创业的通知》和公安部有关清理公安机关证明的指示精神，珠海市公安局在全面清理各类证明的基础上，坚持法治思维，探索建立“正面清单”长效管理机制，源头治理“证明乱象”，进一步增强人民群众对公安改革的获得感。

找准问题根源，理清工作思路。在社会信用体系尚未健全、公共管理与服务信息化滞后的条件下，群众办事需要开具各种证明成为一种常态，并衍生出“奇葩证明”等乱象。珠海市公安局尽管近年来不断推出便民利民措施，减少办事群众提供的证明，但仍未彻底走出“清理—减少—反弹”的怪圈。从外因来看，公民的基本信息长期处于分散、割据的碎片化状态，造成证明种类繁多；同时，其他政府部门和群众对公安机关开具的证明认可度普遍较高，一些不确定事项习惯性地依赖公安机关出具证明，加剧了公安机关证明的繁杂。从内因来看，由于公安机关承担的行政审批及公共服务职能较多，涉及的办事证明也相应繁多；具体的办事项目分散在各警种和窗口，公安机关对种类繁多的证明还缺乏规范的制度管理和机制保障。为此，珠海市公安局确立全面清理证明、简化优化办事程序以治标，运用法治思维、建立正面清单机制以治本的工作思路，推动“证明多”“证明繁”“办事难”问题的有效解决。为提高决策的合法性和科学性，市局专门邀请北京师范大学珠海分校、北京理工大学珠海学院及热心珠海公共事业的人大代表、政协委员进行集中研讨和意见征询，借力外部智库进行论证分析。

全面清理证明，简化办事环节。一是摸清底数，分类清理。以珠海市政府2015年公布的《珠海市公安局行政审批与政务服务事项清单》中的公共服务事项为主线，梳理出公安机关需要办事群众提供的各类证明共118种，涉及办事环节310项；以2013年1月1日为时间节点，梳理出对外开具的各类证明共55种。在摸清底数的基础上，对需要办事群众提供的证明分类确定清理原则：与群众日常生活密切相关的出入境、户政、交管等业务所需证明，确定了“没有法律依据的一律取消、本市公安机关各单位间可通过公安内部查询获取的证明一律取消、可以通过与其他单位数据交换获取的证明一律取消”的“三个一律”清理原则；攸关公共安全的危化物品管理、枪支弹药管理、消防管理等业务，在确保公共安全、依法严格管理的前提下，适度清理取消所需证明。对于公安机关对外开具的证明，按照“属于公安机关法定职权范围内应当开具的证明予以保留，以公安机关依法管理的信息为依据而可以开具的证明予以附条件保留，既无法定职权又无管理信息依据的证明一律不予开具”的原则进行清理。二是内外协同，大幅精简。证明清理是运用信息科技，“让数据跑腿”代替“让群众跑路”，将以往需要由群众在各部门之间往返开具的证明，转化为公安机关运用数据库进行查询、核查比对。为此，市公安局各警种之间相互开放查询权限，实现数据信息归集；多次与政府相关职能部门协调沟通，实现企事业单位登记、医疗、税务等信息的数据交换；对大量办事环节进行简化优化和流程再造。

从 2016 年 1 月 1 日起，珠海市公安局取消 74 种办事群众需要提供的证明，取消幅度为 62.7%；精简办事环节 161 个，精简率为 51.9%；取消公安机关对外开具的 28 项证明，保留 27 项证明，取消幅度为 50.9%，改革成果更广泛地惠及群众。

建立正面清单，依法长效治理。珠海市公安局经过反复论证，制定下发了《关于全面清理各类证明建立正面清单机制的通知》，将证明管理工作纳入法治公安建设的整体框架，探索长效管理机制。一是推出正面清单，划定行政管理权力边界。推出的证明正面清单明确了公安机关行政管理中的职权名称、法律依据、职权范围，划定了行政管理权力边界。清单中的每个项目明确相关法律依据，要求提供的每个证明都进行了合理性和必要性评估，以此明确公安机关能做什么、该做什么。同时，以政府规范性文件的形式向社会公布正面清单，既便于群众监督，防止公安机关不作为、乱作为，又倒逼公安机关依法行政，促进公安行政管理规范高效运行。二是设立准入制度，严控证明清理后反弹。建立新增证明审核审批制度，明确由法制督察部门主管，严控新增证明。对确因法律、政策调整或工作需要必须新增证明的，须经严格的法核、审批、公告流程方可增加，确保“依规审核、依规审批、依规公开”，主动接受社会监督。三是建立长效机制，实现规范治理。各业务受理单位迅速修订窗口办事指南，业务主管部门制定下发新增证明的审批流程和操作规范。建立动态调整机制，根据国家法律法规和政策调整，以公安机关“权力清单”“服务清单”为依据，结合工作实际，实行动态调整、梯次清理、适时发布。建立督导检查机制，要求珠海市各级公安机关不得擅自对外出具清单以外的证明或者要求群众提供已经取消的证明，对改革不彻底、违反规定随意新增证明、任意增设门槛的行为依法依规予以严肃追责。

二、主体建设：以素质提升能力

（一）强化“个性化”培训

在业务知识和法律知识培训上，坚持实时化、实战化、常态化，改变过去以法制和警训部门为主的培训方式，充分发挥各警种、各部门的主观能动作用，推动各单位制定符合自身执法实际的培训计划，定期自行开展内部培训。建立法制部门代训和单位内部轮岗机制，各警种、部门定期选派人员到本级法制部门跟班学习，促进自身法律素质的提升。在法律知识的学习上，鼓励民警参加各类在职学习、参加司法考试和高级执法资格考试，全局累计共有9000余人次通过基本级、中级、高级三种等级的考试，并获得相应的执法资格等级证书。同时，因应司法改革的时代潮流，定期组织民警开展法庭观摩，强力推进行政首长出庭应诉制度，健全完善主办侦查员制度，探索建立警检司法对接机制，全面提升以审判为中心的司法诉讼改革背景下的民警执法水平和能力。

（二）打造“高端化”智库

立足“打造法治引领新模式，推进法治公安建设”，深入开展局校合作，构建高端法治智库，将上级公安机关、公检法司、科研院校的专家、学者吸纳其中。相继与中国人民公安大学、清华大学法学院签署战略合作协议，为法治公安建设出谋划策，就法治公安建设的理论研究和实践展开全面合作。同时，邀请专家学者定期为民警授课，开拓民警视野，提升民警素质，打造了顶层设计与基层探索紧密结合、互动推进的新平台，建立了高等院校与实战部门协作共建、协同育人的新机制，开创了产学研用融合发展、协同创新互利共赢的新局面。

（三）邀请“第三方”顾问

2015年9月，制定下发了《珠海市公安局法律顾问工作规定》，明确了法律顾问工作的原则、组织管理、履行的八项主要职责、权利、义务以及聘用、任期、回避、考评、联席会议等相关内容。首批7位法律顾问分别为法学、社会学专家、学者和执业律师（部分为人大、政协代表）。同时，建立完善相关工作机制，全力为法律顾问创造良好的工作环境，明确规定法律顾问享有依据事实和法律独立提出法律意见、根据工作需要调研了解情况及查阅资料等权利，切实发挥法律顾问“智囊团”“助推器”“宣传者”“监督者”的作用，为市局重大行政决策、立法项目论证、重要规范性文件起草等各项法律事务出谋划策，进一步提升了全市公安机关依法决策、科学决策、民主决策的能力水平。

案例23

构建高端智库　强化战略支撑

为加强公安机关“四项建设”、推进珠海公安改革创先，结合省厅部署开展的“大轮训、大练兵、大比武”活动，珠海市公安局深入开展与中国人民公安大学、清华大学法学院、中国政法大学等院校的交流合作，积极构建高端智库、加强人才培养、强化战略支撑，打造了顶层设计与基层探索紧密结合、互动推进的新平台，建立了高等院校与实战部门协作共建、协同育人的新机制，开创了产学研用融合发展、协同创新互利共赢的新局面。

搭建高端智库，赢得战略支撑。加强与高等院校的交流合作是新时期加强警务高层次人才队伍建设的有效措施，也是建立法治化、社会化、智能化、国际化、科学化现代警务模式的有效途径。为此，珠海市公安局高度重视构建高端智库、寻求战略支撑工作，把握机遇，创造条件，积极作为，不断拓展校局之间的交流合作。2015 年 10 月 16 日，珠海市公安局立足“打造法治引领新模式，推进法治公安建设”，精心选择了在国际上享有盛誉的清华大学法学院作为合作对象，与该院签订了战略合作协议，是该院在全国范围内首次与地级市公安机关签署合作协议，双方将就法治公安建设的理论研究和实践展开全面合作。

丰富合作内容，创新合作方式。在人才培养方面，清华大学法学院每年为珠海市公安局举办培训班，并根据珠海市公安局民警训练工作需要，在训练课程开发、远程教育等方面提供支持，帮助珠海市公安局提升基层领导干部政治素质、业务能力和领导能力。在科研合作方面，联合设立清华大学法治公安建设珠海研究基地，采取委托研究、合作研究、专家咨询、专题论坛等方式共同开展科学研究，就重大科研课题开展联合申报，并围绕珠海市公安局实际工作中最关心的热点、难点问题开展专项课题立项调研工作。在提供智库服务方面，清华大学法学院组织专家为珠海市公安局提供社会调查、专题调研、决策咨询、项目评估、理论支撑等服务，为公安工作提供理论支撑和科技支持。同时，清华大学法学院在珠海市设立研究（实习）基地，选派教师、博士研究生、硕士研究生到基地开展实践调研，与清华大学法学院联合举办法治公安主题研讨会，指导珠海公安改革进程。

开展互动交流，合作成效明显。立足珠海法治公安建设实际，多渠道、多角度与高端智库开展互动交流，有力地促进了法治公安建设进程。2015 年 6 月 15 日，珠海市举办了全面深化公安改革、争创全国先进公安机关专家论证会，专门邀请了清华大学法学院副院长余凌云等专家学者出席论证会，就推进珠海公安改革创先的相关理论与实践问题进行了深入探讨、研究论证、把脉开方、出谋划策，提出了很多具有前瞻性、战略性、针对性的真知灼见，有力指导了珠海公安改革的顶层规划和设计。2015 年 10 月 11 日至 16 日，珠海市公安局组织 50 名法制部门领导和业务骨干在清华大学法学院举办了法治公安建设研修班，使参训人员深入理解了推进依法治国、建设法治公安的深刻内涵，有效增强了法治理念和法治意识，全面提升了运用法治思维和法治方式维护平安稳定、促进公平正义、服务人民群众、深化警务改革的能力和水平。2015 年 12 月 19 日至 20 日，珠海市公安局与中国政法大学法律实证研究中心、司法文明协同创新中心合作，在珠海成功举办了“侦查讯问中律师在场学术研讨会”，与会人员围绕因应刑事诉讼和律师执业形势的变革，推动侦查讯问时律师在场权的落实，进行热烈讨论，互相分享了课题心得和研究经验，对很多基础性、前沿性和前瞻性问题交换了看法，就扩大改革试点等实践问题达成了多项共识，成为珠海市公安局与清华大学法学院签订合作协议之后，又一次借助高等院校科研力量、凝聚专家学者智慧、推动公安法治建设的重要探索，开启了珠海市公安局与高等院校优势互补、合作共赢的新篇章。

案例 24

珠海市公安局出台法律顾问工作规定

为贯彻落实《中共中央关于全面深化改革若干重大问题的决定》关于“普遍建立法律顾问制度”的要求和珠海市委七届五次会议关于全面推进依法治市的部署，深入推进全市公安机关依法行政，加快法治公安建设，珠海市公安局根据《广东省政府法律顾问工作规定》和《珠海市人民政府法律顾问规则》，结合珠海市公安工作实际，研究制定了《珠海市公安局法律顾问工作规定》（以下简称《规定》）。《规定》的制定，进一步提升了全市公安机关依法决策、科学决策、民主决策的能力水平，推动了全市公安机关的执法规范化工作进程。

《规定》共17条，首先明确了珠海市公安局法律顾问工作的主管部门为市局、分局法制部门；法律顾问人员主要是公安机关法制部门，并根据工作需要，按照规定的程序采取聘请的方式吸收符合条件的法律专家和职业律师参与。《规定》要求法律顾问“要忠于事实和法律，坚持事前防范和事中控制法律风险为主、事后法律补救为辅的原则”。

《规定》明确了法律顾问应履行的八项主要职责，即为公安机关的重大决策提供法律意见；为公安机关立法和制定、审查重要规范性文件提供法律意见，参与研究、论证、评估等；受公安机关委托，在对外交往和重大项目谈判中从事合同起草、审查、咨询论证、风险评估，参与相关事务的谈判、磋商，审查以公安机关为一方当事人的合同；代理行政诉讼，参与行政复议、调解活动，处理非诉讼法律事务；参与研究和处理涉法的重大突发、群体性事件，重要的民警维权案件，重大涉警舆情；协助开展法律培训、普法宣传；了解、掌握、反映和研究相关领域学术发展动态和执法实践中的问题，及时向公安机关提供信息和工作建议，为公安执法工作提供专业指导和帮助；其他需要法律顾问参与的法律事务。

《规定》还明确了法律顾问享有依据事实和法律独立提出法律意见、根据工作需要调研了解情况及查阅资料、取得适当的服务报酬、申请提前解聘等权利，以及应当遵守的保密、廉洁、职业道德等义务，并明确了法律顾问的聘用、任期、解聘、回避、考评及联席会议等相关内容。

三、机制改革：以监督规范执法

（一）探索“两统一”案审模式

主动适应国家司法改革的新形势，按照“侦查继续、监督提前”的职能定位，成立了市局及分局两级案审监管部门，优化侦查权配置，健全案审、侦查、法制部门分工负责、紧密配合、互相制约的执法权力运行机制，全面推动案审机制改革，以此作为有效破解公安执法办案质量不高、执法监督不到位、深挖余罪不足等警务困局的破题之举，实现了公安机关侦查工作从抓人打击模式向证据证明模式的转变。先行探路刑事案件“统一审查、统一出口”的“两统一”珠海案审模式，确立了质量把关、审讯攻坚、深挖扩线三大主业以及执法监督、打防调研两大亮点，提前实现了公安部、广东省公安厅提出的“刑事案件统一审核、统一出口制度”的目标要求，有效地促进了全市公安机关打击效能的全面提升。

（二）构建“大监督”工作格局

制定出台《珠海市公安局关于深入贯彻党的十八届三中全会精神构建执法大监督工作格局的意见》《珠海市公安局执法联席会议工作规定》等规范性文件，推动市公安局、分局两级法制部门与督察部门合署办公，全面理顺法制、督察、政工、纪检监察、案审、审计、信访等部门的监督职责，促进各部门监督资源的共享、监督手段的综合运用，全方位推动内部执法监督权的科学配置和高效运行，率先构建完善具有珠海公安特色的“大监督”格局，初步实现了对执法办案和行政管理工作事前、事中、事后全方位监督。近年来，全局未发现因超期羁押、刑讯逼供、滥用职权违法办案、违法采取强制措施及违法实施查封、扣押、冻结、搜查等行为侵犯当事人合法权益而引起国家赔偿的案件。

（三）推行“全流程”执法监督

制定出台《珠海市公安局重大行政决策程序规定》，进一步规范市局重大行政决策行为，健全完善依法、科学、民主的行政决策机制，提高行政决策质量，有效防范和降低重大行政决策风险。制定下发《珠海市公安局内部工作人员过问、干预、插手案件登记管理和责任追究暂行办法》，统一了公安机关内部人员过问、干预、插手案件的具体情形，完善了记录后的调查处理流程，开创性地提出了各级领导干部和内部工作人员在正常指导监督和了解案件情况时应当主动避免实施的五种行为，同时就规范侦查工作中公安民警与案件当事人、律师、特殊关系人、中介组织、公司企业人员接触交往的相关问题作出明确和规范，进一步杜绝关系案、人情案和金钱案。在全局推广派驻法制员和法制副所长制度，全面完善办案质量终身负责制和错案责任倒查问责制等执法权力运行机制，打造覆盖执法办案全过程、全环节的监督链条。健全如实立案工作机制，创建执法问题曝光台，在全省首创派出所办案全程视频监控智能化系统，全省公安监督管理信息平台在珠海市试点，依托执法质量全程考系统，建立健全执法执勤、行政审批和执法办案一体运作、同步监督的执法监督体系，推动执法监督全程化、常态化、实时化，全局执法质量进一步提升，7 个辖区分局执法质量考核 5 个优秀、2 个良好，其中高新分局被公安部评为全国执法示范单位，成为广东省四个获此荣誉的分（县）局之一。

案例 25

从严治警：构建形成“大监督”工作格局

近年来，珠海市公安局坚持从公安工作和队伍建设实际出发，创新纪检监察和法制督察工作模式，大力构建“大监督”工作格局，全面强化对公安中心工作、执法工作和队伍建设的全程、动态监督，促进了队伍作风转变。在 2013 年珠海市机关事业单位年终考评中，市局总成绩位列全市第二，其中“转作风、提效能”活动专项考评荣获第一。

强化纪检监督队伍建设，充分发挥“大监督”工作合力。由市局党委副书记兼任纪委书记，按部门正职增设了市局纪委常务副书记，并将市局纪委书记和监察处长分开设置。在市局纪委增设党廉作风建设办公室，把审计室作为市公安局内设机构单列设置。全局纪检、监察、督察专职民警增加至 93 名，占民警总数的 1.7%。向 8 个分局和交警支队党委派驻纪检组长，并兼任被派驻单位的纪委书记，明确分局纪委书记分管纪检、法制工作。向市公安局内部 11 个支队（处）党支部派驻纪检督察专员，强化对各级领导班子特别是“一把手”和敏感部门、岗位的监督。为解决内部监督工作存在的资源分散、多头监督、监督合力不足、监督信息共享不充分、监督效能不高等问题，于2013年7月整合市局法制和督察部门，成立法制督察支队，在支队内部只做基本的业务分工，整体监督工作统筹开展，从体制上保障监督资源的灵活调配和业务互补，避免各自为政造成的重复监督、协调联动不足。2014年，将各分局法制室、监督室、警务督察大队合并，初步构建了“大监督”工作格局。工作中，监督部门综合运用实地检查、调阅案卷、现场督察、网上督察、暗访等多种监督手段，进一步加大对执法和警风警纪的检查力度与密度，有效强化对公安中心工作、执法工作、队伍建设的全程、动态监督。

强化监督制度建设，规范权力运行制约。突出对领导干部行使权力和执法工作监督，出台各类规章制度20多项，积极从制度层面加大对权力运行的制约，着力构建“不能腐”的防范机制。加强对领导干部的监督。坚持组织开展“一把手”述职述廉、廉政谈话和各级领导干部任前谈话；设立市局“廉政账号”，制定《珠海市公安局领导干部经济责任任前告知制度》，进一步明确各级领导干部的经济责任，加强对领导干部的经济监督，预防重大经济违法违规行为的发生；在严格执行上级关于处级领导干部个人有关事项报告制度和领导干部出国（境）管理规定的基础上，下发《关于进一步做好民警报告个人有关事项工作的通知》，要求科级以下民警（含职工）向单位申报个人重大事项；修改完善了《市局党委会议议事规则》《市局局长办公会议议事规则》等规章制度，推进党内民主和科学决策。深化行政审批制度改革。减少审批事项，市局保留的行政审批事项由原来的37项减少为22项，缩减比例达到40.5%；精简审批环节，按照不多于三个审批层级的原则，对全局37项行政审批和50项公共服务项目进行全面清理，清理后的行政审批项目的办事总环节由152个减少为116个，减少幅度为23.6%；压缩审批时间，办事时限由法定总时间518天压缩为现在的342天，压缩幅度为34%；同时，切实加强了对行政审批的电子监察、网上督察和专项检查，全面规范了公安机关自由裁量的项目和标准。

强化廉政风险防控，夯实廉洁从警的基础。加强民警岗位风险排查，实行动态预警，形成“人人查找风险，人人防控风险，人人开展监督，人人接受监督”的良好氛围。深入开展纪律教育月活动、廉政日常教育和举办廉政专题讲座，加强民警廉政风险教育。组织基层科所队长（教导员）参加全市政法系统一线执法单位领导干部廉洁教育培训班；组织从事“人财物管理、执法办案、行政审批”岗位，廉政“高”“中”风险等级的科（室）所队长和民警参加市局纪委举办的廉政教育培训班，进一步强化廉洁守纪意识。积极建设常态化教育基地。市局选址市第二看守所建设“珠海市公安局预防职务犯罪警示教育基地”，积极打造廉政教育新阵地，创建廉政教育新课堂。自2014年3月中旬建成开放以来，全市各级公安机关纷纷结合党的群众路线教育实践活动，组织民警到基地接受廉政教育，进一步筑牢了民警拒腐防变的思想防线。强化廉政信息预警。自主研发应用廉政预警信息系统，强化对民警违纪苗头信息的收集和录入，加强信息分析、研判工作，充分发挥信息系统的监督效能。2013年，依托该系统搭建了执法监督信息应用平台，及时掌握执法管理和具体执法工作动态，形成执法监督工作合力。制定“三个严禁、三个不准、三个拒绝”规定，要求任何单位、任何民警任何时候都做到不踩红线、不触底线、不踏雷区。

强化追究问责，促进队伍纪律作风建设。制定《珠海市公安局行政主官问责暂行办法》，督促行政主官落实“一岗双责”，积极履行职责。出台《珠海市公安局关于追究民警在查处“黄赌毒”工作中失职渎职责任的规定》，按照“谁主管，谁负责”原则，明确市局、分局和派出所以及分局治安大队、禁毒大队相关责任人对所管理行业场所存在“黄赌毒”问题的责任，划清处分红线，严肃工作纪律。开展纠风专项治理，大力整治庸懒散奢不良风气，组织开展窗口专项暗访活动，并将暗访活动中发现的问题制作成暗访片，在全局开展警示教育，对检查发现问题单位的科所长进行离岗培训，对当事民警严肃追究责任。同时，强化领导问责，激发各单位领导抓队伍、严管理的责任心和主动性。

案例 26

案审机制改革：法制监督提前，侦查办案延续

面对公安执法存在的案件质量不高、执法监督乏力、深挖余罪不足等困境，珠海市公安局大胆求变、勇于创先，按照“侦查继续，监督提前”的基本定位成立刑事案件审查部门，集质量把关、审讯攻坚、深挖扩线、执法监督、打防调研等职能于一体，先行探路刑事案件“两统一”的案审模式。

审慎论证，以点带面。2012 年 2 月，市局成立案审工作专项调研组，先后赴京、津、广、深等市的公安预审部门学习取经，为确立案审工作方向奠定了坚实基础。随后市局成立了案审筹建工作领导小组，组织各级案审部门筹备工作，并开展全局办案民警预审业务培训。2012 年 6 月，案审工作先期在拱北口岸分局试点，在整体运作、制度建设、深挖扩线、队伍管理等方面取得了阶段性成效。2013 年 8 月，在全面评估试点工作的基础上全面铺开案审工作，市局案审监管支队及香洲、斗门、金湾、高栏港、高新等 5 个分局案审大队陆续正式成立、规范运作。

丰富改革内涵，明确职能定位。案审机制改革是在对侦审一体化充分反思的基础上，对刑事执法过程中的侦查取证责任、执法目标、监督管理等进行科学设置与对接，优化警力配置方案，同时也积极探索司法体制改革背景下刑事侦查工作由“以侦查为中心”向“以审判为中心”转变。案审部门既不是第二刑警队也不是第二法制科，职能定位以“（刑事）侦查的

继续，（法制）监督的提前”为核心，承担“质量把关、审讯攻坚、深挖扩线”三项基本职能，以及“参与执法监督、注重打防调研”两项工作重点。

优化侦查权力配置，创新案件办理模式。市局先后出台了《侦查部门与案审部门办理刑事案件暂行规定》《侦查部门向案审部门移交案件工作规定》等规范性文件，明确了案审部门与侦查部门之间侦查权的行使范围、衔接方式。在刑事执法具体运作上，侦查部门负责刑事案件受理、立案、确定并抓捕犯罪嫌疑人、获取犯罪初始证据；案审部门负责全面审查案件并提出补充证据意见、制定审讯方案审讯攻坚、与检法机关对接等诉讼工作，以及深挖犯罪及打防调研；法制部门负责对释放或变更强制措施的敏感案件进行审核把关、执法监督等工作。由此建立起案审、侦查、法制部门分工负责、互相配合、相互制约的工作机制，打造出“侦查+案审+法制”的新型案件办理模式。

强化执法监督，改善办案质量。建立《法制督察部门与案审部门刑事执法监督职责划分》等工作制度，将以前法制部门事后书面审查改为对嫌疑人采取强制措施后的程序节点实时监督。案审部门作为刑事执法流程的中间环节，既可以通过主动提前介入案件，加强对侦查工作的前期指导，又可以实时动态监督刑事执法，协助法制部门落实事中、事后的监督，促进了“大监督”工作格局的形成。

组建专业队伍，保障警力资源。市局层面整合设立了案审监管支队，将案审部门与监管部门融为一体，优势互补、信息共享；将监所“从人到案”与案审“从案到案”两种深挖模式有机结合，深度开发案审部门深挖余罪职能，大幅提高了刑事侦查效能。

探索打防调研，服务全市治安防范。各级案审部门通过对特定区域、特定时间、特定类型的案件进行分析，对犯罪嫌疑人选择作案目标的方式、作案手法等情况进行综合梳理，深挖研判各类犯罪的规律、特点。自2013年7月以来，共撰写各类调研、打防对策2314篇，为领导决策提供参考，对巡控给予时间和空间两方面的精确指导，为科学设置警力、使巡控工作有的放矢提供支持，更好地服务全市治安防范工作。

案例27

拱北口岸分局推行释放案件集体讨论制度

珠海市公安局拱北口岸分局为了践行执法规范化建设、规范刑事执法活动，创新地推出“释放案件集体讨论制度”（下称“议案制度”），重点规范刑事案件犯罪嫌疑人变更强制措施这一重要关卡，有机地融合法制职能与监督职能为一体，严把“放人关”，监督全覆盖，使得“议案制度”成为刑事案件“放人关”的“紧箍咒”，并在执法规范化建设实践中彰显出了强大的生命力。

点评案件，有弹有赞。参加过议案讨论的办案单位及案审大队的领导和民警，对点评案件都有着深刻的体会，那就是点评案件好似审案过堂，思想深处受触动。同时，议案成员还会开诚布公地剖析查摆，帮助办案单位有的放矢地制定整改措施。对于办案中的好做法、好点子，议案成员点评时是褒扬有加、广而告之。

执法约谈，提醒警示。犯罪嫌疑人变更刑事强制措施的下行案件，因为证据不足、无法证实犯罪而提交议案讨论的，分局推出纪委书记主持的“执法约谈”措施，被“约谈”单位不仅要书面写出剖析检查，主管领导、主办民警还要亲自向纪委书记作检讨。

现场考评，即时扣分。在议案讨论中对发现执法瑕疵即时扣分，不但效果明显，还契合了当下执法新常态下的要求，更贴近实战，有更强的监督制约力度。

张榜公示，结果排名。分局党委将议案结果挂于分局网页上，张榜公示于阳光下，接受监督，接受质疑。同时，分局将每一次提交对犯罪嫌疑人变更刑事强制措施的下行案件进行议案讨论的办案单位、主办民警、主管领导的相关数据即时统计，即时公示，让分局各办案单位领导、民警随时可以查阅、质询，使严格规范执法办案的制衡与监督最大化。

从 2015 年的“议案制度”数据分析，法制职能与监督职能逐渐融合互促的规范执法行为，成效凸显。2015 年，共举行 42 次对犯罪嫌疑人变更刑事强制措施的下行案件议案讨论会，议案讨论案件 89 宗，较 2014 年同期大幅下降；仅从刑拘变更强制措施的犯罪嫌疑人数量来看，也比 2014 年同期有了不少回落。

四、阳光警务：以公开倒逼公正

（一）以制度建设规范信息公开

坚持“公开为常态、不公开为例外”的原则，制定出台了《珠海市公安局关于加强公安机关政府信息公开的规定》，要求一般警务信息全部公开、具体执法信息向特定对象公开，同时建立了生效行政处罚、行政强制和行政复议法律文书网上公开查询制度，进一步推动警务信息的公开化、透明化。全力推进公安机关行政职权和政务服务事项清单的清理编制，共整理出 1327 个项目并向社会公布，同时废止规范性文件 140 余件，最大限度地规范公安执法、方便群众办事。

（二）以科技创新推动阳光警务

研发和推广应用集告知、查询、评价和反馈四大功能于一体的案件办理信息公开平台，率先在全省实现了刑事和行政案件办理信息网上公开，案件特定关系人可以通过手机短信、互联网、微信等多种渠道及时了解案件办理情况，以群众看得见的方式维护公平公正，倒逼公安机关及其人民警察依法及时履行职责，最大限度地保障人民群众的知情权和监督权，得到国内外主流媒体的广泛关注，广大网民纷纷点赞，在社会上引起强烈反响。截至 2015 年年底，该平台已向案件当事人送达告知通知书108997份，平台自动发送告知短信121075条，群众登录平台查询78496次，以公开促公正，有力地提高了公安机关的执法公信力。在全省公安机关首届“平安广东杯”粤警创新大赛中，案件办理信息公开平台获大赛银牌，并已向广东省公安机关推广。

（三）以信息公开倒逼执法公正

按照“法定职责必须为、法无授权不得为”的要求，全面梳理、准确界定公安机关刑事、行政执法和行政管理的各项权力，厘清公安机关权力边界，并通过市政府网站和市公安局网站，对外公开发布《珠海市公安局权力清单》，同时全面落实执法信息公开制度，最大限度地公开执法依据、执法程序、执法进度、执法结果，着力以执法公开促进执法规范、倒逼执法公正，公安机关的执法公信力得到进一步提升。全市公安涉法涉诉信访案件连续两年下降，其中，2014年同比下降13.1%、2015年同比下降41.8%。

案例28

案件信息公开平台：让案件办理在阳光下进行

2014年1月1日，珠海市公安局在严格执行《珠海市公安局执法公开规定》的基础上，向社会率先推出了案件办理信息公开平台，将公安机关的执法办案信息及时向报案人、控告人、举报人、被害人和犯罪嫌疑人家属公开，以此倒逼公安机关和广大民警依法履行职责。案件办理信息公开平台的推出，为解决长期困扰公安机关执法办案工作的不作为、乱作为、立案破案数据统计不实等问题发挥了积极作用。

变革工作理念，创新公开方式。市局坚定践行执法为民、主动接受监督的理念和决心，以实现“执法更规范、管理更科学、社会更安全、群众更满意”为工作目标，决定破除执法壁垒，创新公开方式，于2013年开始着力研究在法律允许的范围和框架下，充分利用科技手段和互联网络的广泛性、及时性、便捷性，大力推进执法办案信息网上公开工作，从而切实增强执法透明度，充分保障案件当事人的合法权益，倒逼公安机关和广大民警依法履行职责，使广大人民群众在每个个案中都能感受到公平正义。经过充分调研、艰苦研发，2014 年 1 月 1 日，珠海市公安局案件办理信息公开平台正式上线运行。

公开案件信息，保障群众权益。通过案件办理信息公开平台，案件的报案人、被害人可以通过手机短信知晓案件办理情况，报案人、被害人和犯罪嫌疑人家属可以通过互联网和微信查询案件的办理进展情况，涉案财物扣押、银行账户查封、冻结等处理情况，犯罪嫌疑人的处理情况等信息，并可以对公安机关的办案过程予以评价、实名投诉、提出建议。该平台实现了较为完善的四大功能：第一，告知功能。平台自动将案件进展情况短信告知与案件有关的报案人、被害人。第二，查询功能。案件的特定当事人（报案人、被害人以及犯罪嫌疑人家属）可以通过告知通知书上的口令或二维码查询案件信息。第三，评价功能。案件的报案人、被害人以及犯罪嫌疑人家属可以通过平台对公安机关的执法工作予以评价、实名投诉、提供案件线索。第四，反馈功能。针对群众对公安机关办案工作的投诉、意见、建议和案件线索的调查处理情况，相关办案单位将及时通过平台向群众反馈。公安机关则设专人对群众的意见和建议进行分析研究，及时调整工作，积极回应人民群众的期待和要求。

社会反响强烈，成效逐步显现。案件办理信息公开平台的推出，有效借助“互联网+办案公开”的模式，全力打造法治引领新模式的大胆尝试，其公开的广泛性、功能的完整性和操作的便捷性在全国都处于领先地位，成为珠海市公安局全面推进法治公安建设进程中的一项重大创新之举，深受社会广泛关注。超过 20 家的境内外报纸媒体和互联网网站对此进行了专题报道，均给予正面评价。该举措也受到了省厅领导和市委市政府领导的高度赞扬和充分肯定，江苏常州和广东省多个地市公安机关还专程来珠海市公安局调研考察该平台的应用和成效。目前，该平台二期功能开发工作基本完成，扣押物品和起诉意见书展示、咨询互动功能已经实现。据统计，自该平台开通以来，市公安局已向案件当事人送达告知通知书 108997 份，平台自动发送告知短信 121075 条，群众登录平台查询 78496 次。在 2015 年省公安厅举办的首届粤警创新大赛上，该平台获得了银牌，省公安厅于 2015 年 8 月发文，在全省公安机关正式推广应用该平台。

五、以人为本：以制度保障人权

（一）构建权益保障新体系

在全国率先实现律师无障碍会见的基础上，研究制定《珠海市公安监管场所被监管人员合法权益保障办法》，设立珠海市法律援助处驻看守所工作站，开设律师会见专用通道，开通看守所远程视频法庭，切实保障被监管人员的合法权益。制定落实《珠海市公安局关于轻微刑事案件办理工作规定》和行政处罚裁量细则，规定对轻微犯罪慎用拘留、逮捕强制措施，规范行政裁量权的运用，促进公安机关执法手段和措施的合理适用，防止当事人的合法权益受到损害；严格落实重大行政决策相关规定，严格执行风险评估、合法性审查、重大事项告知等程序，提高行政决策质量。把保障好、维护好、服务好最广大人民群众的根本利益作为一切警务行为的出发点和落脚点，主动反映、推动解决人民群众的合法诉求，及时促请、积极配合相关职能部门从源头上化解各类矛盾纠纷，依法保障人民群众的各项法定权益。

（二）试行柔性执法新模式

贯彻落实宽严相济的刑事政策，制定实施《珠海市公安局实行执法说理制度的规定》，推行执法说理制度，引导案件当事人采取合法、理性、平和的方式争取合理权益，最大限度地减少执法争议。坚持在案件办理和行政管理活动中把法治教育工作贯穿执法活动的全过程，通过以案说法、以例释法、说理执法，广泛开展法治教育宣传，努力实现公安执法的法律效果与社会效果的有机统一。率先在全国推行人民调解进驻派出所制度，加强对轻微案件的调解与和解工作，首创人民调解与行政调解无缝对接的“珠海模式”。

（三）实施警务救济新举措

强化警务关怀与救济，注重对未成年人、被性侵妇女、家暴受害人的保护与帮扶，加强对交通事故人员、暴力犯罪被害人和见义勇为人员的关怀与救济，全面落实《珠海经济特区见义勇为人员奖励和保障条例》和市政府有关司法救助规定，彰显公安执法的人性化。成立女性和未成年人监管监区，聘任监所特邀监督员，全面启动网上预约家属会见。推进刑事羁押中心建设，借力社会资源，推进劳动技能培训、阳光之家结对帮扶建设，探索推进“入所培训+出所就业”戒毒康复新模式，全力打造阳光人文监所。

案例 29

平安和谐监所工作法：执法规范化+管理人性化

近年来，珠海市公安局收容教育所坚持“您的期待是我的追求”的理念，以打造平安和谐监所为目标，围绕服务被监管人员、服务群众、服务社会大局，聚焦执法规范化、管理人性化和群众满意度，探索出了一条具有公安监管特色的基层服务型党组织创建之路，展现了公安监所法治文明窗口的新形象。

围绕监管业务，平安和谐监管促服务。一是规范执法，强化保障，打造平安监所。严格参照相关法律法规和戒毒所、拘留所、收容教育所执法细则，制定了《强制戒毒人员戒毒诊断评估行为矫治量化考核办法》《拘留人员分级管理办法》《戒毒康复人员行为量化考核办法》等规章制度，完善各岗位工作流程，遏制牢头狱霸苗头，连续 14 年实现监所安全无事故，切实保障了被监管人员的合法权益。二是以德育人，以文化人，提升教育成效。作为全省戒毒所教育康复规范化试点单位，专门编纂了毒品危害认知读本、戒毒所民警工作手册等培训教材，拍摄了3部戒毒所教育规范化视频短片，得到了省厅领导的充分肯定；不断创新教育模式和内容，引入国学传统教育内容，通过推行“学习委员制度”、建立“希望文化创作室”、举办文艺会演等形式，引导戒毒人员自我学习管理，丰富文体活动，使其在浓厚的文化氛围中净化心灵。三是以人为本，人性管理，彰显法治文明。围绕被监管人员的思想、行为和生活贯彻人性化管理措施，严格落实入所体检、健康检查、日常巡诊、药品配送、档案管理等制度，完善“所院协作机制”，确保病患人员得到及时医治；精心制订被监管人员每周菜谱，确保他们科学餐饮；有针对性地开展劳动技能培训，努力探索戒毒人员入所培训、出所就业无缝衔接模式。

服务来所群众，真情便民利民暖人心。一是建设“新生走廊”。从所大门到监区二道门建设了一条长500余米，由教育改造、人生意义、走向新生三个主题版块组成的“新生走廊”，对期满出所的被监管人员起到管理教育工作的延续、填补作用。二是增设便民设施。斥资建设了便民等候区、便民停车场，“一站式”解决了以往探访日门口人满为患、车多塞路的窘况；将探访用对讲机由“一对一”模式改变为“一对二”模式，方便被监管人员与家属展开多人会话。三是解群众燃眉之急。利用网络，为身在外地的戒毒人员家属开通远程视频会见；特事特办，为因路途遥远来不及在探访日前来的群众开启绿色探访通道。

立足社会大局，延伸服务触角拓职能。一是升级戒毒康复中心，深化平台效用。戒毒康复中心收治的都是患有肺结核、艾滋病等各类传染病或其他严重疾病的吸食、注射毒品成瘾人员，工作风险大、管理难度高。2015年5月，戒毒康复中心升级改造后，收治人数从以前的30人迅速增加到80余人，中心党员民警迎难而上，细化规范分类管理工作措施，配合医疗救治做好安全监管工作，不仅体现了党委政府对吸毒人员的关爱扶持，也有效解决了部分病残吸毒人员继续流窜社会扰乱治安的老大难问题。二是拓宽戒毒教育阵地，开展禁毒警示宣传。党支部组建党员禁毒志愿宣传服务队，深入到辖区各大中小学校，宣讲禁毒知识，积极开展青少年禁毒、识毒、拒毒教育；组织企事业单位、社会团体到设在所内的禁毒宣传教育基地参观，在珠海博物馆举办“重生”戒毒人员书画作品展，进一步扩大禁毒宣传教育的覆盖面。三是完善所内调解机制，化解矛盾促和谐。着力搭建所内调解、部门互助、亲友参与、社会协作四个平台，全面推进拘留所社会矛盾化解工作，通过运用“望、闻、问、切”工作法，2015年年内成功化解矛盾112宗，实现了“帮助个体、温暖家庭、维护平安”的工作目标，最大限度地实现了教育效果、法律效果和社会效果的有机统一，促进了和谐社会建设。四是扩大监所开放度，密切群众关系。定期组织开展监所开放日活动，邀请社会各界和被监管人员家属等实地参观所内管理教育、学习生活情况，争取他们对监管工作的理解和支持，拉近监所与群众的距离。利用信息化手段，开设微信公众号，组织民警编发稿件，宣讲禁毒知识，宣传监所创新管理教育模式的好做法；组织新闻媒体记者深度报道监所人性化管理教育的成效，扩大宣传的广度和深度，树立安全文明和谐监所的良好形象。

案例30

戒毒康复新模式：“入所培训+出所就业”

戒毒康复人员的就业安置，是促进戒毒康复人员顺利回归社会的重要渠道之一，也是禁毒工作的一项核心工作。在全面深化改革，推动社会治理体系、治理能力高度完善和大幅提升的大氛围下，积极探索戒毒康复人员的职业培训、就业安置模式，提高戒毒康复人员顺利回归社会的成功率，珠海市公安局禁毒支队立足珠海市情，参照多地经验，借鉴港澳地区的先进做法，探索形成具有珠海特色的戒毒康复设计模式。

“煎熬期”：内外参与、合成保障。禁毒支队积极推动建立珠海金鼎、瑞桦自愿戒毒医院及心理健康协会等专业机构，并推动决定学员强戒的单位民警入所，配合强戒所对初期学员施行脱瘾治疗、心理辅导、行为矫正的综合会诊、跟踪，帮助学员尽快适应新环境，度过“煎熬期”。在禁毒办的统筹、指导下，专门机构、专业力量内外参与，共同对初期戒毒学员开展关怀模式，形成合成保障之势，也将以往强制隔离戒毒所“单打独斗”的戒毒工作纳入到禁毒社会化的轨道，由此减轻了强戒所高强度运转的负荷。

“康复期”：政府力挺、企业乐受。在禁毒支队的统筹、指导下，鼓励不同类型的社会企业进入强制隔离戒毒场所进行技能培训，通过企业与戒毒场所的双向考察，达成共识、签订合作协议，直接将企业的生产线引入戒毒场所（生产设备由企业提供，戒毒场所提供场地），通过企业专业技术人员指导和培训，让戒毒学员参与生产，通过适当的生产劳动，使学员得到身体锻炼，并赚取合理的劳动报酬，从而顺利通过“康复期”。学员在生产过程中对技能进行实操，从而也能真正熟练掌握一门技能。职业技能培训期间，还会根据人力市场的需求，有针对性地进行培训，并争取人力资源部门的支持，向考试合格学员核发各种执业资格证书。戒毒学员强制隔离戒毒期限届满之际，入所企业可以与戒毒学员直接沟通，在学员出所就业上实行双向选择。同时，为提高企业参与的积极性，也为戒毒学员回归社会解决安置就业问题，经禁毒办积极呼吁和争取，珠海市人社部门和财政部门先后出台了《关于将珠海市刑释解教和戒毒康复人员纳入就业困难人员范围的通知》《关于进一步加强就业专项资金使用管理有关问题的通知》，为戒毒学员回归社会的就业安置工作提供了政策性支持。

“回归期”：凝聚合力、立体保障。戒毒学员强戒期满，即进入“回归期”，技能培训企业遵循学员意愿，双向选择就业安置。对于相对集中安置学员就业的企业，推动企业所在区域的基层派出所、镇街戒毒康复工作小组对康复人员全程跟踪和帮助，及时跟进处置学员康复时期出现的各类问题，同时积极组织禁毒志愿者参与辅助工作，针对学员个性特点，扶助建立起正能量的生活圈子，为学员营造良好的人际环境；对于自谋职业或在本市辖区工作生活的学员，依托已建立的社区戒毒社区康复工作体系，跟踪管控措施的落实，并发动禁毒志愿者辅助基层民警做好管控工作。对长期外出的本市户籍的学员以及市外户籍学员，进一步完善社区康复手续的移交工作，最大限度地减少戒毒学员进入社区康复期的失控现象的发生。截至2015年12月，珠海市安置戒毒康复人员就业2875人次，有6161名吸毒人员戒断3年未发现复吸。这一创新举措收到了良好的成效。

第四节　打造为民警队　科学发展能力全面提高

如何在全面深化改革的战略布局中把握先机，推动公安工作实现跨越式发展，公安队伍建设是关键。结合全局党员队伍大、基层组织多的特点，珠海公安按照既定的党建工作思路，始终坚持以党的建设推动公安队伍建设，全力铸造忠诚为民警队，切实为争创全国先进公安机关提供内生动力，党员示范和带头作用凸显，队伍综合素质和战斗力持续提升。

一、生成原动力：塑理念建格局

（一）“忠诚为民”引领警队价值新取向

通过深入开展主题教育活动，教育宣扬与实践体验相结合，增强了全局民警对“铸忠诚警魂，造为民警队”新时期珠海公安核心价值理念的理论认知和情感认同，并使之成为全体民警自觉的价值追求。

（二）“党建统领”形成科学发展新抓手

结合党的群众路线教育实践活动，推动党建工作融入公安工作各个领域。经过实践探索，党建工作思路发挥出强大效能，民警的理想信念更加坚定，领导干部的作风更加踏实，基层组织作用更加明显，战时党建效果更加明显，公安改革步伐更加坚实。一系列卓有成效的举措，使全局上下深刻认识到新形势下加强党建工作的现实意义，增强了对以党的建设推动公安队伍建设的认同感，形成了推动珠海公安工作全面科学发展的有力抓手。

（三）“构建格局”开创队伍建设新局面

在意识形态日益多样化、公安工作任务越来越重的大背景下，公安队伍建设面临诸多挑战。珠海公安审时度势，作出了构建“大政工、大监督”队伍建设格局、提升队伍建设效能的部署。在“大政工”方面，坚持将政工、纪检、法制等工作同研究、同部署，配齐配强政工干部队伍，把队伍建设责任分解到上至局长、下到中队领导的工作职责之中，严格落实“一岗双责”，明确了各级领导干部抓政治工作的主体责任，形成了政工合力。在“大监督”方面，建立了纪检专员派驻制度、党委巡察制度，单列成立了审计室，合并法制和督察职能组建了市局法制督察支队和分局法制督察大队，创建了案件办理信息公开平台，构筑起链条式、全过程、实时化的执法监督体系，对党员干部和执法办案实施全方位、多层面的监督。各级班子依托“大政工、大监督”格局，主动研究队伍建设、主动分析队伍状况、主动解决存在的问题，全局形成了齐抓共管、齐头并进的队伍建设新局面。

案例 31

实施“五大行动”夯实党建根基

为深入贯彻中央协调推进“四个全面”战略思想、战略布局和习近平总书记系列重要讲话精神，落实“党要管党、从严治党”和“三严三实”要求，推动市局党委“以党的建设推动公安队伍建设，拉动公安业务建设，实现公安工作全面科学发展”工作思路的落地践行，市局党委制定出台《以党建带动全面科学发展行动计划》，积极构建珠海公安从严治党新常态。

实施各级书记提升政治觉悟行动。通过系统、深入领会新时期党建内涵，明晰各级党组织书记“一岗双责”，在全局形成党组织推动、书记带头、党员响应，上下齐心、步调一致的党建工作氛围。一是开展党建大讨论，形成党建共识，编辑出版《加强党的建设理论研究成果集》，并举办“书记论坛”、开展研讨交流，为争当全国公安排头兵奠定坚实的理论基础。二是举办党建培训班，提升能力素质。围绕贯彻落实“三严三实”要求，举办“三个层面”的党建系列培训班，与市委党校合作办班，并在市局警训支队开办专题培训班，分批轮训党员领导干部和党员民警。三是抓好党员培训，加强党员培养。严把党员“入口关”，确保党员发展质量，进一步加强对党员、预备党员、党员发展对象和入党积极分子的培养、教育和管理，切实增强党员意识、提升党性修养。

实施理念与实践协同探索行动。坚持边学习、边实践、边总结，探索建立一批适应新形势、体现公安工作性质任务的党建工作方法，总结研究一批具有珠海特色、公安特点的党建理论研究成果。一是推进合作研究，提升党建水平。坚持“理论与实践共推进、同见效”，联合党校、研究机构等专业理论单位，就新时期党的建设课题进行合作研讨，做到理论有成果、实践有创新。二是推进党建共建，加强协作交流。积极与上级有关单位建立党建工作联系，争取将珠海市公安局确定为公安部人事训练局队伍建设调研点，提升珠海市公安局党建工作的层次；通过市委组织部，与本市党建工作有特色的单位建立共建机制，推进党建工作的合作与交流。三是推进文化交流，增强警队软实力。加强与上级文联、高校、社会文艺团体等的联系，加强市局警察管乐团、合唱团等专业团队建设，拓展文化交流宣传新渠道；开展全市公安文化示范点创建，最大限度地提升警队凝聚力、归属感和幸福指数。

实施党组织和党员示范创建行动。建设公安机关展示党建工作亮点、党员锤炼党性、服务群众的主阵地，选树宣传一批模范党员，充分发挥“一级组织一个堡垒、一名党员一面旗帜”的示范引领作用。一是创建党建示范点，发挥战斗堡垒作用。认真贯彻落实中共中央办公厅《关于加强基层服务型党组织建设的意见》，通过开展市级、全局和分局、支队、处三级服务型党组织建设示范点创建工作，用两年时间使全局80%的基层党组织达到示范点标准。二是评选十佳典型，发挥示范引领作用。开展创建“红旗党支部”、争当“先锋党员”活动，每年“七一”前，评选一批“十佳红旗党支部”“十佳党支部书记”“十佳先锋党员”；每年培养、选树1至2名在全省乃至全国知名的先进典型。三是强化内外宣传，发挥舆论引导作用。积极顺应全媒体、自媒体时代潮流，开通“珠海公安政治工作”微信公众号，每年拍摄2至3部“微电影”，弘扬新时期警魂，讲好“为民故事”，对内凝聚警心、对外树立形象。

实施大型活动安保战时引领行动。建立健全战时党建工作机制，推动党建工作主动融入业务、主动融入基层、主动融入实战，全面引领和保障公安中心工作。一是建立战时党建工作机制，服务保障中心工作。紧扣公安部“四项建设”工作部署，建立健全战时党建工作机制。二是创新战时党建举措，提升安保工作效能。在各项重大安保工作中，将战时党组织建在安保工作最前沿，把党建工作贯穿于重大安保战前动员、战中鼓劲、战后激励等各个环节。将表现突出、发挥重大作用的青年民警纳入推优工作视线，增强广大党员民警的组织归属感和自豪感。

实施完善制度体系建设行动。落实从严治党责任，加强制度建设，建立完善从严治党、作风建设长效机制，逐步形成从严治党制度体系。一是推进人民警察分类管理改革，加强队伍正规化建设。全力推进人民警察分类管理改革试点工作，为构建“内涵拉动型”警务模式、促进队伍正规化建设提供制度保障。二是建立直接联系群众制度，优化干部队伍作风。巩固和拓展党的群众路线教育实践活动成果，持续深化“转作风、提效能”活动，进一步优化党员干部队伍作风。三是建立党建评议考核制度，落实管党治党责任。建立党组织书记抓基层党建工作述职评议制度，形成“党委抓、书记抓，一级抓一级、层层抓落实”的党建工作格局。四是加强党风廉政制度建设，树立务实清廉形象。严格执行中央“八项规定”，全面落实党风廉政建设责任制党委主体责任和纪委监督责任，确保队伍务实清廉、风清气正。

二、培育软实力：铸警魂育精神

（一）构建忠诚为民培育格局

坚持把公安文化作为铸造忠诚为民警魂的基石、提升队伍软实力的抓手，着力在完善工作机制、培育警察精神、活跃警营氛围、激励队伍斗志、树立良好形象等方面下功夫、求突破，为公安工作科学发展提供了强有力的思想保证、精神动力和智力支持。制定出台了《关于加强公安文化建设的实施意见》《关于加强文化育警推进公安文化建设的通知》，确立了从精神文化、物质文化、行为文化、制度文化等层面以文化人、强力推进文化育警的工作思路。成立了由珠海市公安局主要领导任组长的公安文化建设领导小组，把公安文化建设纳入年度政治工作评议的重要考核内容，强化激励引导；建立了文化基础建设经费专项解决、特定文化活动经费重点解决的经费保障机制，为深入推进公安文化建设提供了有力保障。

（二）打造忠诚为民文化阵地

成立了工会、团委、妇委、文联、前卫体协等专职机构；分局和基层所队按照“一警一爱好、一队一特色”的布局，成立了 100 多个文体兴趣小组和俱乐部。每两年编辑出版一部《珠海公安民警文学作品集》、出版一册《珠海公安民警摄影作品集》；每年举办书画摄影展，隔年举办篮球、足球联赛，基层单位不定期组织开展登山、徒步等民警参与度高的体育活动。常态化举办民警文化沙龙、摄影书画联展、文化交流演出等系列活动，促进民警之间、兄弟单位之间的文化交流；同时借助公安文联平台，邀请文学、书画、摄影、音乐等领域的专家学者与民警交流互动，成立了珠海公安文艺小分队，常态化深入社区、企业、高校开展慰问演出、平安宣传，以文化的力量促进和谐警民关系建设。

（三）突出忠诚为民职业特点

一是形成文化主流。深入开展“铸忠诚警魂，造为民警队”新时期珠海公安核心价值理念等学习讨论活动，增强广大民警对警察职业的理想认同、价值认同和文化认同；坚持“可亲、可敬、可信、可学”的典型定位，借助榜样的力量倡导“务实、敬业、进取、奉献”精神，在警队上下形成了警察核心价值主导、职业特点鲜明的主流文化。二是凸显法治精神。围绕法治公安建设，大力倡导“理性、平和、文明、规范”的执法理念，在执法办案场所设置清晰醒目的流程和指引标识，规范民警的每一个执法动作；在社会面巡逻防控中强调着装、装备、用语统一规范，营造出浓厚的公安法治文化氛围。三是体现警察特色。立足内部挖潜，充分利用民警文艺特长，结合实际运用文化元素装点民警工作、生活环境，反映部门特点、体现团队精神、提升品位格调，基层文化环境建设全面开花。

（四）塑造忠诚为民警队形象

珠海市公安局共有400多名具有文化特长的民警加入了各类文化团体，涵盖了文学、书画、摄影、管乐、合唱、集邮等文化领域，当中部分民警的艺术造诣达到了全市、全省乃至全国一流水平，创作出一大批高水准的文艺作品。其中，文学作品《不可能有蝴蝶》获“中国·后天第四届（2011—2012）双年度文化艺术奖”小说家奖；摄影作品《岁月留痕》获首届全国公安民警摄影艺术展铜奖，《飞虎》获得“尼康杯”艺术全国公安民警摄影大展纪实类优秀奖；书法和绘画多幅作品在广东省政法系统第三届美术书法摄影作品评选展中入选和获奖；市局警察管乐团先后获得了全国首届优秀管乐团队展演社会组银奖、第二届金奖，广东省公安机关文艺调演一等奖等荣誉，成为珠海公安一张亮丽的文化名片；市局警察合唱团在2014年“唱响中国梦”广东省第十一届“百歌颂中华”合唱比赛珠海赛区总决赛中夺得金奖；民警作曲、演唱的原创歌曲《真爱无限》入选“为祖国放歌——2014年全国公安系统文艺创作会演”作品。

案例32

高新分局推动文化铸魂工程建设

近年来，高新公安分局认真贯彻珠海市公安局党委文化育警工作思路，秉承本土文化内涵，大力推进公安环境文化建设，形成了既蕴含地域文化元素又充分体现公安特色的唐家湾警营文化，并于2014年被公安部确定为广东省唯一一个“全国基层公安文化工作示范点”。2014年12月18日，国务委员、公安部部长郭声琨视察了高新分局唐家派出所，赞扬该所“环境很不错，警营文化建设不错，唐家文化底蕴深厚”；2014年10月，公安部宣传局局长刘家伟视察了唐家派出所的环境文化建设并给予了高度评价；2014年11月，全国公安文联副主席安铁军等领导带领参加全国公安文学园地建设工作座谈会的会议代表一行70余人参观了高新分局金鼎派出所的文化建设，对分局文化育警工作给予了充分肯定。

坚持因地制宜，服从场所功能布局。分局把改变办公场所面貌作为环境文化建设的切入点，按照公安机关外观标识规范对办公楼进行改造。在此基础上，针对机关、派出所办公场所的环境特点，因地制宜、节俭为先，对办公场所进行优化布局、装点外观。分局机关办公场所以“高效、严谨、整洁、有序”为目标，对内部环境进行了整修，腾出空间设置了党员活动室和阅览室，改造了民警饭堂；各部门结合职能特点，以部门为单位统一布局、统一风格，利用绿色植物和书画摄影作品，装饰内部空间。改造完成后，机关办公场所面貌焕然一新，外观整洁有序、布局科学合理、风格协调和谐、文化内涵丰富、部门特色凸显。派出所则以“公正、亲民、活跃”为目标，清晰划分出执法办案、日常办公、服务群众和民警生活四个区域。执法办案区设置规范的标识标牌，合理装饰墙面营造“严谨、公正、文明”的执法氛围。日常办公区使用简洁办公桌椅，配合书画摄影作品和绿色植物，渲染出轻松宽松的办公环境。服务群众区除落实窗口规范外，还通过制作办事流程、张挂标语口号、摆放饮水设备，以及规范服务民警言行等措施，体现“高效、便民”的服务宗旨。民警生活区以满足民警工作之余的放松为根本，突出民警需求，如金鼎派出所针对喜欢乒乓球和篮球运动民警较多的实际，设置了乒乓球室和篮球场；唐家派出所则根据大部分民警喜爱书画、音乐的情况，布置了书画、音乐活动室，较好地满足了民警的业余兴趣爱好。

坚持民警原创，体现公安职业特点。分局在实施环境文化建设过程中，深入发动全警参与，鼓励支持有文艺专长的民警出谋献策，并用原创作品装饰办公环境。例如，在分局办公楼改造中，分局发起了环境文化建设“金点子”征集活动，综合全局民警的建设意见形成改造方案，邀请民警代表对书画长廊、功模榜、“名人名言展”、休闲“果菜园”等的施工进行现场监督，同时还向全局民警征集了书画摄影作品以及“随手拍”“随手写”“随手绘画”作品，既节约了成本，又调动了民警参与环境文化建设的积极性。唐家派出所在改造办公场所前期，先后多次召集全体民警讨论交流，就建设文化长廊达成了一致意见，并在完成主体建设的基础上，组织民警动手栽种花草、绘制板报、创作书画、拍摄照片、装饰墙面，让民警在参与环境布置中体验文化的魅力。金鼎派出所组织全所民警对环境文化建设进行设计，充分发挥民警及家属的文艺特长参与制作。无论是分局机关还是派出所，民警原创的书画、摄影、“十字绣”、随笔等作品随处可见。这些作品生动真实地反映了民警的工作状态、日常生活、个人感悟和从警情怀，朴素、真实，引发了广大民警的情感共鸣，充分体现了公安职业特点。

坚持有效借鉴，融入地域文化特质。一是努力传承本土文化。把唐家湾名人佚事、珠海公安发展历程等元素，通过图片、文字等载体融入公安文化长廊；依托苏兆征故居、中山公园及唐绍仪、唐国安纪念馆等爱国主义教育基地，以开展“爱我高新”和“熟悉辖区保平安”等特色活动为载体，组织民警在勤务巡逻中接受历史文化的熏陶；利用淇澳岛红树林生态保护区，努力搭建“户外活动大本营”“摄影创作基地”，将外部资源转化为分局的“软环境”，在环境文化中增添了“开放、包容”的本土特质。二是积极引入高新科技企业时代气息。组织民警参观辖区高新科技企业，感受高新企业“科技、高效”的特点，主动在警队内部营造崇尚科技、讲求效率的氛围。例如，唐家派出所建立了“平安手牵手”微信平台，实时为8000多名“粉丝”提供“短、平、快”服务，先后有效预防和避免了30多起电信诈骗和盗窃案件的发生，协助完成失物招领20余件。三是主动汲取高校人文精神。借助高校师资力量开展“博学强警”活动，走进高校听讲座，邀请教授办讲坛，适时派出公安文化小分队与辖区高校文化团队开展联谊，在多角度拓展民警知识面的同时，将高校“求知、进取”的人文因素带入警营，营造警营学习、上进氛围。通过采取适度借鉴的做法，使警营既具有“开放、包容”的本土特色，又渗透着“科技、效率”的时代气息，更包含着高校“求知、进取”的人文精神，充分体现了高新科技开发区公安机关的特点。

坚持内外兼顾，营造和谐警营氛围。对内，通过发动民警参与，支持所队创建团队精神等措施，从基层所队到机关科室，都形成各自为民警所认同的环境文化。例如，分局治安大队围绕“忠诚、坚毅、求实、服务”设计布置环境，得到了民警的普遍认可；刑侦大队以“坚忍不拔，打击为民”为核心，营造与打击工作相配合的办公氛围，提高了民警工作效率；金鼎派出所将“归属感、责任感、荣誉感”融入所内每一个空间，时刻鼓舞民警奋发进取。分局非常注重发挥环境文化在服务公安中心大局中的积极作用，彰显文化魅力。在第十届中国航展安保任务中，分局组织骨干力量“随手拍、随警写”，以微信平台为载体，实时反映安保民警坚守一线、奋勇拼搏的真实场景，持续有效地激励了民警斗志。民警在充当环境文化创作者、传播者的同时，精神得到了愉悦、品位得到了提升。对外，分局以营造亲民、便民的友好环境为宗旨，采取警民共享的方式，将警营的体育、文娱设施向辖区群众开放，在共同开展文娱体育活动中密切警民关系。例如，金鼎派出所将大院篮球场适时开放，与辖区群众一起开展篮球运动，赢得了辖区群众的好评。

三、强化执行力：严管理促养成

（一）落实管理责任

始终坚持规范治警、从严治警，积极探索加强内外监督的有效举措，提高制度的执行力，确保了思想不失控、管理不松懈、行为不越轨、队伍公正廉洁。建立队伍管理问责制，全局科室所队每月开展一次队伍状况分析、每年召开一次民警家属座谈会，责任领导与分管民警每季度进行一次谈心、与民警家属通一次电话、每年进行一次家访等，及时掌握民警的“三圈”（朋友圈、社交圈、生活圈）、“三常”（常出入场所、常参与活动、常交往人员）、“三时”（上班时间、回家时间、在外活动时间）和“三态”（工作状态、生活状态、婚恋状态），找准民警的思想问题，对症下药，始终保持昂扬向上的队伍主流。

（二）严明队伍纪律

提出“三个严禁”（严禁在工作时间饮酒、在公共场所酗酒滋事、携带枪支饮酒、酒后驾驶机动车；严禁参与任何形式的赌博活动；非因工作需要，严禁出入营业性娱乐场所）、“三个不准”（不准利用执法办案机会接受可能影响公正执行公务的宴请；不准收受管理或服务对象所送任何财物；不准利用职务之便，为本人或他人谋取私利）、“三个拒绝”（拒绝“麻将”；从简喜庆，拒绝大摆酒席；文明驾驶，拒绝交通违法）的纪律规定，确保广大党员民警严守底线、不越红线。围绕贯彻落实中央“八项规定”、反对“四风”，建立了“巡察制度”，制定了《行政主官问责暂行办法》和《关于追究民警在查处“黄赌毒”工作中失职渎职责任的规定》，强化执法和用权监督；建设“预防职务犯罪警示教育基地”，自主研发应用廉政预警信息系统，筑起党员干部纪律作风防护墙，促进作风的好转。

（三）转变队伍作风

制定《民警代表列席会议制度》，常态邀请基层党员民警列席市公安局局长办公会、党委民主生活会等重要会议，自觉接受基层党员干部监督。针对突出问题，开展“严警纪、守警规、优警风”教育整顿活动，对存在不同问题的民警加强教育管理监督。深入开展“三严三实”专题教育，扎实推进服务型党组织建设，在窗口单位全面推行文明用语，设立“党员志愿服务岗”，实行窗口延时半小时下班制度，进一步优化党员干部作风。

案例33

创建公安巡察制度　提升党内监督效能

2013年年初，珠海市公安局党委借鉴党内巡视制度的经验，首次提出建立内部巡察制度；2014年7月，首次在全市颁布试行了《珠海市公安局党委开展巡察工作制度》以及相关实施细则，完成了制度层面的顶层设计，成为市局党委推进改革创先暨“四项建设”的重大创新举措；2015年3月，巡察工作正式启动，珠海市公安局成为全省第二个开展巡察工作的地市级公安机关和全市首个开展内部巡察工作的政府部门；

2015年，相继对香洲分局、交警支队、消防局党委及其基层科所队班子成员开展了广泛、深入、细致的巡察。通过巡察，在全局内部起到很大的震慑作用，也向社会充分彰显了市公安局反腐倡廉的信心和决心。

打破传统监督观念，明确巡察定位。一是充分发挥巡察制度中“巡”和“察”的职能。将巡视、观察、考察有机结合，各职能互为补充、相辅相成。二是充分发挥巡察制度的预警职能。对不良苗头、监督漏洞和落实不到位的问题及时发现并指出，及时进行风险评估、查漏补缺；对苗头性、倾向性问题做到早招呼、早提醒、早纠正，将不良苗头扼杀在萌芽状态，将不良影响最小化。三是充分发挥巡察制度的“揭盖子”成效。按照“边巡边察、边察边交”的原则，通过沟通交换掌握的案件线索情况和明察暗访人民群众反映强烈的突出问题，及时发现一批涉嫌违纪违法问题的线索，纠正部门和行业不正之风。四是充分发挥巡察制度的督促整改职能。对于发现的问题，巡察组不定期地主动跟进转办单位的办理情况，同时对巡察对象不定期地开展回访，对发现问题的整改情况进行再巡察，确保巡察成效。

依托现有监督体系，丰富巡察职能。一是拓宽监督渠道。以加强党内监督为抓手，创新内部自我监督模式，实现对公安工作现有监督体系的有益补充。二是完善监督体系。更加注重立体监督，实现事后监督向事前、事中监督，隐性监督向公开监督，静态监督向动态监督，结果监督向过程监督的转变。三是推动阵地前移。主动深入到被巡察单位，主动找民警约谈，主动找服务对象了解情况，工作方式更加积极灵活。四是拓展监督范畴。立足于对公安工作进行全方位的“健康体检”“政治体检”，直指要穴，发现个人以及权力结构、运行程序等方面存在的问题，形成有力震慑。

创新监督方式方法，拓展巡察方式。一是巡察机构人员组成灵活。巡察组实行一次一授权，通过“小队伍、多批次、高频率”机动灵活的安排，全方位搞清反映突出的问题。二是巡察方式方法灵活。采取常规巡察和专项巡察相结合，时刻保持对腐败分子的高压态势。三是巡察采用手段灵活。既可以采取多种手段查获线索来源，也可以对已经定性核查完毕的案件和遗漏的线索进行再核查。四是巡察结果运用形式灵活。巡察组根据不同的问题类型向不同的对象进行报送、移交和反馈，实现了问题解决的全覆盖。

拓展监督效能，确保巡察实效。一是促进体制机制完善。通过运用系统的思维发现决策权、执行权、监督权在结构上的弊端以及权力运行方面的风险点，从根本上提出减少体制障碍、堵塞机制漏洞的建议，督促被巡察单位完善相关监管制度。二是促进领导班子建设。巡察组通过了解和掌握领导班子及其成员遵纪守法、廉洁从政、落实党风廉政责任制和完成公安中心任务等方面的情况，形成大量真实可靠的成果，有力推动了各级领导班子建设。三是加强干部队伍建设。通过加强对一系列干部选拔任用环节的监督，使市局党委全面掌握被巡察单位干部队伍的真实信息，有利于加强对干部队伍的关心和选用。四是增强科学决策能力。通过抓住权力运行的关键部位和重点环节，及时发现和纠正错误决策，促使决策者牢固树立“有权必有责、用权受监督、失误必追究”的观念，增强其科学决策、民主决策的内在动力。

案例 34

严格监督管理　打造廉洁高效队伍

近年来，珠海市公安局案审监管支队在市局党委的正确领导下，以“铸忠诚警魂、造为民警队”新时期珠海公安核心价值理念为引领，积极构建全方位队伍管理监督机制，打造廉洁高效队伍，取得了良好成效。

完善层级监督机制，明确管理主体责任。为进一步加强监所业务和廉政建设工作，支队制定下发了《关于进一步强化公安监管业务工作层级监督体系的通知》，落实层级管理责任。该制度的主要特点：一是明确监督主体，构建三级监督体系。将支队领导和监所管理大队作为支队一级的监督主体，各监所领导作为所一级的监督主体，各中队领导作为中队一级的监督主体。二是突出监督内容，规范监督职责。明确每个层级的检查监督职责和监督重点，建立起检查指导、督促整改、责任追究相统一的公安监管业务检查工作机制，实现公安监管业务检查工作常态化、系统化、规范化。三是设定量化检查监督指标。要求监所各级领导强化主体责任，每月至少要发现 2 条以上民警不规范执勤执法、落实各项规章制度或基础工作不到位等方面存在的问题。四是强化检查监督结果运用。将层级监督开展情况纳入每月监所业务稽查通报内容。支队级检查监督结果是监所安全预警等级划分和每月支队考所绩效考核成绩的主要依据，对存在重大安全隐患和突出执法问题的，下发《限期整改通知书》，责令立即整改。各级监督责任主体的检查监督结果是监所民警绩效考核的主要依据，对检查监督结果未在民警绩效考核中体现的追究监所主要领导责任。

完善内外监督方式，自觉接受各方监督。支队在加强自身制度和管理层级建设的同时，为避免廉政盲点的出现，主动延伸管理触角，拓宽信息反馈渠道。一是定期开展廉政回访活动。每年抽调政工秘书科、监所管理大队及各监所领导组成廉政回访工作组，由支队领导带队赴相关监狱和强制隔离戒毒所等业务联系单位进行廉政回访。在廉政回访过程中，工作组通过与业务单位座谈，抽取珠海市看守所投送到监狱的罪犯和第一、二强制隔离戒毒所投送到市强制隔离戒毒所的戒毒人员进行问卷调查，以及进行个别谈话等方式发现问题，并要求相关单位认真核实和整改，不断提升监所管理工作水平。通过发放调查问卷的形式，掌握到个别监所存在伙食质量不高、医疗保障不够好等问题，并及时责成相关单位限期作出整改。二是聘请珠海公安监管场所特邀监督员。2014年12月，支队专门从人大、团委、新闻媒体和社会团体聘请了6位群众担任珠海市首批公安监所特邀监督员，并制定出台了《聘请珠海公安监管场所特邀监督员工作办法》，主动争取社会力量参与珠海市公安监所廉政建设，为珠海市公安监所建设献计献策。三是深入推进监所对外开放。各监所通过监所官方互联网网站、官方微博、举办“监所开放日”等载体，采取“走出去、请进来”等多种形式，深化监所对社会开放工作，积极争取社会各界对监管工作的理解和支持，展示了监管部门法治文明窗口的良好形象。

完善敏感岗位管理制度，全面堵塞管理漏洞。为进一步加强对各敏感岗位的管理，支队紧密结合党风廉政建设工作对各敏感岗位进行了廉政风险排查，并于2014年专门修订了《案审监管支队纪检监察工作制度》，确立了由市局派驻纪检专员任组长、各单位分管政工领导和政工秘书科有关民警为成员的支队纪检监察工作组，要求各成员全力配合市局派驻纪检专员开展纪检监察工作，通过明察暗访、查阅台账、政策宣讲、工作调研、各单位间交叉检查等行之有效的工作方法加强对敏感岗位实施监督。一是开展监所大宗物品集中采购工作。2014年年底，支队在多次调研省内各监狱及其他公安监管场所相关工作后，邀请市局警保处、审计室等部门相关人员在反复论证的基础上，成立了由支队长任组长、市局派驻纪检专员任副组长、各单位民警代表共38人组成的监所大宗商品采购评审委员会，并专门举办了公安监所大宗物品采购评标业务培训，部署采购评审委员会严格按照政府采购的规定及程序要求开展监管场所大宗商品集中采购的招投标工作。二是开展监所财务审计工作。2014年以来，结合开展看守所思想纪律作风教育整顿专项活动，支队联合市局审计室对各监所的财务工作开展了审计，认真查找监所财务工作的不足之处，并要求各监所严格按照规定进行了整改。三是落实监所大宗基建项目报批制度。结合工作实际，支队明确规定了各监所实施金额超过5万元的基建项目必须按程序报批，确保监所开展大宗基建项目能够得到必要监督。

四、激活向心力：优配置树典型

（一）优化警力资源配置

一是精简机构设置。积极争取珠海市编制部门的支持，推进警令部、情报信息中心一体化运作，组建法制督察支队、案审监管支队、独立运作的新闻办，成立反恐支队和图侦支队，优化整合了机构职能，降低了运行内耗。二是推动警力下沉。采取机构归并、职能划转、警力置换等措施，强力推动警力下沉和“百名女警下社区”活动，2013年7月以来将605名机关警力下沉到派出所，实现了派出所警力占全局总警力40%、占分局总警力60%的目标，警力资源配置从“倒三角”转为“正三角”。同时，坚持政策向基层倾斜，在全市设置了8个中心派出所，所长高配为分局副职，发挥区域引领作用；规定提任正科级领导，原则上应具有一年以上的基层所队任职经历；提任副科级领导，原则上应具有一年以上基层所队工作经历且工作岗位在基层所队。三是交流盘活警力。修订完善了城市东西部交流办法，促进民警向“一警多能”转变，挖掘警力潜能。完善机关民警常态化巡逻机制，每天组织机关总警力的6%参加各分局辖区常态化治安巡逻，提高路面“见警率”，减轻一线用警压力。

（二）优化干部选拔任用

坚持“寻狮子、靠黄牛、打狐狸”的用人思路，切实把敢担当、勇创新的“狮子型”干部选拔到各级主官岗位上，重视关爱脚踏实地的“黄牛型”干部，不让投机取巧、不尚实干的“狐狸型”干部得势。充实优化市公安局党委和分局、支队、处两级班子，使班子成员年龄层次搭配更加合理、经验优势更加互补、核心作用更加明显。采取竞争性选拔方式对全市42个派出所主官进行了重新配备，选拔了一批“80后”副科职干部充实基层，建立了派出所正职领导后备人才库，选拔储备了一批优秀后备干部，大大增强了派出所班子的活力。

（三）优化绩效考核机制

始终坚持绩效评警、明确导向，引导民警积极向上、奋发有为，努力打造一支锐意进取、充满活力的警队。积极借鉴国内外先进经验，借助中山大学的科研优势和技术支持，深入开展公安机关绩效考核理论研究，按照“条块结合、以块为主、逐级考核”的原则，构建起由“关键绩效、督查绩效、鼓励绩效”组成的三维考核体系，根据不同警种、单位在业务职能、工作重心和区域特点等方面存在的差异实施分类考核，以考核促进实干。国家公务员局调研组到珠海市公安局调研指导工作时，对该绩效考核的做法给予了充分肯定。

（四）优化典型选树宣传

坚持“可亲、可敬、可信、可学”的典型定位，先后开展了“老黄牛”式民警评选、“珠海公安十大为民故事”评选等具有警察职业特点的典型选树宣传活动，选树培育了“全国公安机关爱民模范集体”金海滩派出所、“全国公安二级英模”徐飞、“全国五一劳动模范”黄旺标、“珠海老黄牛”式民警等为代表的一大批先进集体和个人，并通过打造“明德讲堂”、开设“风华正茂”珠海公安政工微信平台、举办“青春·梦想·警徽”微信创作大赛等载体，内外结合大力宣扬公安队伍信念坚定、执法为民、敢于担当、清正廉洁的良好形象，用警队核心价值理念主导民警内心世界。特别是“老黄牛”式民警评选活动，充分体现了崇尚和倡导实干的政策导向，引发了民警的强烈共鸣。

案例35

“三维考核”助推警务效能

为了破解绩效考核两难困境，近年来，珠海市公安局坚持走管理科学化道路，广泛吸收全球商业及公共部门的绩效管理经验，从顶层设计入手，组织课题组深入研究、刻苦攻关，经过海量数据分析和全面论证实践，首创了“三维考核法”，即从关键绩效、督查绩效、鼓励绩效三个维度，科学设计考核指标体系。

首创“三维”绩效，丰富考核内涵。第一个维度是关键绩效。围绕“治安稳定、群众满意”目标，借鉴绩效管理 KPI 原理，提炼最能代表绩效的核心任务或重点工作设为关键绩效指标，实行百分制考核，引导各单位抓住关键、抓好主业。第二个维度是督查绩效。围绕“全面发展”目标，对工作达不到要求的，区分不同情节，按蓝、黄、橙、红四个等级，实行扣分制考核，引导各单位“十指弹钢琴”、全面发展。第三个维度是鼓励绩效。围绕“专业化水平和创新能力提升”目标，对取得创新或荣誉的，按照影响力的大小，按一至四个星级，实行加分制考核，引导各分局自主创新、追求卓越、实现可持续发展。

逐级分类考核，彰显公平公正。珠海市公安局成立了专门的“考核及专项办”，负责统筹组织全局绩效考核和专项工作，打造了办公室牵头组织、业务部门分工配合、政工纪检部门运用结果的“大考核”格局。依托考核信息平台，运用考核数据自动关联业务系统等方法，科学开展民警考核，客观衡量民警业绩，减少考核成本，向管理要警力、出效能。探索运用了分类考核、竞争式达标排名、差别赋权、PTM 计分、纵比与横比相结合、共性与个性相结合等一系列方法技术，最大限度地体现科学公平，考核结果得到广泛认可。在权重分配上，将考核项目分为“共性”和“个性”两类，共性项目各分局的分值权重一致，个性项目则结合各分局职能重点差别赋权，引导分局抓好关键，如对警情占比最大的香洲分局赋予“治安防控”项目最高权重。在考核方法上，对可比性强的指标实行横向竞比，对不具可比性的指标实行纵向环比。对“逮捕数”“追逃数”等打击处理指标，科学设计了“竞争式达标排名法”，即以全市平均数为达标线，对各分局百名民警打处数进行排名比较，倒逼各分局在确保达标的前提下精益求精、优而更优。在标准设定上，将数据分析作为制定考核标准的基础，通过对历史数据进行深入分析、反复测算，分类设定标准。在选取指标和数据时，尽可能地选取没有水分的“干货”，而对容易产生水分的指标一律弃用。

引入公众评价，突出民本导向。珠海市公安局经过深入研究和专题论证发现，公众主观评价与警察客观绩效具有高度相关性。为此，考核方案将“安全感和满意度”“打击违法犯罪”“治安防控”作为辖区分局和派出所的三大核心指标，推动“打防并举、标本兼治”，形成发案下降、破案上升、治安好转、群众满意的绩效环路。在实施考核中引入民意测评，把评判权真正交给人民群众。为了更精准地测量和分析民意，深度研究社会调查方法和调查技术，系统构建了以电话访谈、短信访问、入户问卷调查、服务器评价等手段相结合，安全感满意度测评、110 警情回访、案（事）件回访、窗口服务评价、地方党委政府评价等多元方式的民意测评模型，引入第三方，采取“阳光测评”方式，确保了测评工作的科学性、中立性和权威性。

着眼持续改善，升华绩效管理。彻底改变过去“年头下方案、年终出结果”的简单做法，以激发效能为导向，打出绩效考核、绩效分析、绩效督导、绩效改进等一系列“组合拳”，推行全流程、科学化的绩效管理。2015 年年初，围绕市局年度工作目标，倒推制定对各单位的考核方案。每季度进行考核排名，开展全面深入的绩效分析，进行全局通报，并由市局领导到各单位开展“一对一”绩效督导，帮助各单位补短板、提效能，形成你追我赶、良性竞争的氛围。在结果运用阶段，将单位、个人考核结果与业务经费增拨、经济奖励、评先评优、职级晋升、交流培训等全面挂钩，严格兑现，最大限度地发挥了引导、激励作用。

助推警务效能，获得广泛认可。通过绩效考核准确制导、强力牵引、正确评价和持续激励，珠海公安整体绩效实现了新的飞跃，连续五年在全省、全市各项综合考评中名列前茅。“三维绩效管理”被誉为警务效能的助推器，得到了上级单位和领导的高度评价，被公安部确定为2015年公安理论及软科学重点立项课题。2015年2月，国家公务员局吴云华副局长带队来珠海市公安局专题调研绩效考核工作，给予高度肯定，表示适当时候在珠海召开全国现场会予以推广。广东省副省长、公安厅厅长李春生等领导同志也专门批示，予以肯定。“三维考核法”在全国属于首创，在学界也被高度认可，被中山大学评价为“具有方法创新和理论贡献”，采纳为公共管理教学案例。国内10多个地市同行和20多个发展中国家政府管理人员先后前来考察学习。

案例36

拱北口岸分局创新“三层级三岗位”轮岗交流机制

近年来，受困于人员流动不畅、民警工作积极性减退的现实情况，珠海市公安局拱北口岸分局充分借鉴香港警队成功管理经验，在问卷调查、座谈交流、数据分析等科学调研的基础上，创新提出“层级岗位”理念，全面实施“三层级三岗位”轮岗交流机制，即按警种和业务工作特点把下属各室所队划分为4个层级和6类岗位。4个层级是指巡警队、派出所、专业队和综合管理部门；6类岗位是指巡控岗位、治安管理岗位、执法办案岗位、综合管理岗位、后勤保障岗位、专业技术岗位。“三层级三岗位”轮岗交流机制就是要求基层民警必须要经历巡警队、派出所、专业队三个层级，以及巡控、治安管理、执法办案三个岗位的锻炼。作为一名基层民警，如果经历了“三层级三岗位”的锻炼，基本上能熟练掌握目前基层公安工作业务，逐渐成为“一警多能”的复合型人才。

创新交流方式，“常态化”交流模式和“针对性”交流模式并行。交流主要采取“常态化”交流和“针对性”交流。“常态化”交流：通过设定民警常态化轮岗的年限、条件等固化交流制度，在本单位或同一层级工作超过5年，视为已经通过该层级，必须交流；在本单位或同一层级工作不到5年，但连续2年考核为优秀或4年内有2次年度考核优秀，都视为通过了本层级或岗位，可以提前进入交流名单，使优秀人才尽快得到全面锻炼。“针对性”交流：一是敏感岗位民警交流。敏感岗位（治安行业管理）民警实行“一刀切”交流，行业民警全部交流到其他相关岗位，新的行业民警优先由机关单位没有行业岗位经历的民警补充。二是“80后”民警岗位交流。机关单位“80后”民警一律到基层一线岗位锻炼。三是老民警岗位交流。50周岁以上（含50周岁）男民警、48周岁以上（含48周岁）女民警的岗位交流，按照民警个人意愿与组织需求相结合，采取“双向选择”的方式实施。四是女民警岗位交流。按照基层所队略低于10%（8%~10%）、机关单位略高于10%（12%左右）的比例微调。

明确交流方向，以需求为导向采取“选秀制”交流模式。交流中民警的去向采取“选秀制”，将民警去向决定权交给各用人单位。首先由政工室按照“三层级、三岗位”“缺什么、补什么”的原则列出进入各层级的交流民警名单并进行公示，然后召开现场“选人”大会。各基层单位抽签排序，分批次对进入本层级名单内的民警进行遴选。选人结束后，所有单位都不接受的民警交回原单位试岗再根据现实表现进行处理。最大限度地做到公开透明、公平公正，同时起到鼓励先进、鞭策后进的作用。民警普遍感到：“分局实行轮岗制对民警综合素质的提高能起到事半功倍的效果。”

五、提升战斗力：抓训练强素质

（一）优化训练机制

坚持把民警素质能力提升作为队伍建设的重要环节，确保队伍有效应对新形势、新任务的挑战。明确提出“体现时代特点、凸显特区特色、产学研一体化”警训工作思路，专门成立了珠海市公安局警察训练工作办公室，与警察训练支队合署办公，由市公安局党委委员、政治处主任兼任警察训练支队支队长，有效促进了队伍管理与教育训练工作的有机结合。

（二）开展高端培训

加强领导干部高端培训，实施“三个三”领导干部出国（境）培训计划，即从2013年起三年内，在澳大利亚、德国、新加坡等三个国家及我国台湾、香港地区，培训300名领导干部，目前已在澳大利亚举办了1期培训班、在德国举办了1期培训班、在新加坡举办了1期培训班、在香港地区举办了4期培训班，安排了2期台湾地区学习考察团，共培训领导干部176人；邀请香港警务处处长曾伟雄、新加坡警察部队国际合作局副局长李志超、华裔刑侦专家李昌钰等高级警务专家，以及中国政法大学教授马怀德、上海交通大学教授郑成良等法学专家到珠海市公安局举办了多场专题讲座，培养了全局民警尤其是领导干部的现代警务理念和战略思维模式。在推进境外高端培训的同时，主动加强与国内名校的合作办训，先后在中共中央党校、清华大学、中国人民公安大学、中国刑事警察学院、中国井冈山干部学院、焦裕禄干部学院、红旗渠干部学院举办了7期培训班，培训领导干部284人，及时获取前沿研究理论，指导珠海公安实践。

（三）做精实战训练

认真落实“三个必训”（民警上岗和首任必训、职务和警衔晋升必训、基层和一线民警每年的实战必训），着力完善警衔晋升与警种专业训练并轨运作、分专业组训模式，组建了由100多人组成的专职与兼职并行、专业型与实践型优势互补的教官队伍，先后选派8批次100余人次教官前往公安部、广东省公安厅以及香港、上海、四川、深圳等地学习培训，全面提升了实战教官教学水平。建立了以基层科室所队为主体的随时、随地、随人、随事岗位练兵制度，实行课堂学习与实地参观相结合的新警训练模式，提升了实践训练水平。在此基础上，按照“从实战中来，围绕实战练，再到实战中去”的思路，针对基层民警日常执法中遇到的问题，学习借鉴香港等先进地区警察训练经验做法，改进模拟实战训练方法，增强了处置对抗性执法、现场媒体应对等实战训练，使教育训练内容更加适应公安中心工作的需要、更加贴近民警日常执法实战。例如，在武器警械专项训练活动中运用体验式、互动式和对抗式等教学方法，通过警情设计、角色扮演、分组对抗、团体合练等方法，大大增强了训练的实践性和感染力，使参训民警在逼真的实战环境中接受训练、得到提高。

案例 37

创新培训模式　提升队伍素质

珠海市公安局警察训练支队以警衔晋升培训为载体，围绕公安部“四项建设”和市局党委“三特”警务机制建设、探索构建“五大警务模式”的总要求，结合培训的性质、特点及受训对象的具体情况，紧扣公安工作热点，创新训练内容与方法，取得了良好的培训效果。

突出培训前瞻性。作为民警培训的主要形式和“三个必训”的组成部分，警衔晋升培训是广大民警尤其是基层一线民警开阔视野、增强素质、提升能力的重要平台。在当前全面推进公安“四项建设”、“三特”警务机制建设、探索构建“五大警务模式”的大背景下，如何做好警衔晋升培训工作，全面提升队伍整体素质显得尤为紧迫。为此，市局党委高度重视，要求建立训前专题策划长效机制，认真做好每期培训班的训练大纲编写、方案制定等前期筹备工作。培训班开班前，由市局领导召集警训支队相关人员，围绕警衔晋升培训模式改革、课程建设、方法创新、学员管理等进行全面研究，亲自指导、审定训练实施方案，专程走访、邀请多名专家学者担任培训的授课教官。培训期间，还召集参训学员、兼职教官、外聘专家教师座谈，认真听取各方对于培训工作以及公安工作改革发展的意见和建议，并指示警训支队要认真吸收各项意见和建议，不断改进训练形式、内容与方法，不断提高培训效能。

突出培训针对性。针对本期参训学员年富力强（平均年龄33岁）、实战经验较为丰富、理论功底较为扎实等实际情况，警训支队拟制了详细的训练计划，明确了训练目标、要求、内容，并且重点在课程内容的安排上下功夫、做文章，立足找准当前公安工作的热点、难点问题，突出训练中的亮点，力求为参训学员破解理念、思维、实践中的难题，提供解决的路径与方法。为此，设置了“理念创新与思维拓展”“人文素养知识”“信息化应用能力”“警务技能战术”四大培训模块，邀请珠海市社会科学界联合会主席刘福祥、原中国刑警学院副院长金玉学教授、北京师范大学珠海分校彭建国教授等专家学者以及局内相关部门领导、业务骨干，开设了“构建良好的法治环境——党的十八届四中全会精神解读”“中国传统文化与警察核心价值观”“修为人生话身心”“音乐欣赏”“警务英语”“基层基础工作信息化应用”“战术行动的组织与实施”等一系列课程。此外，针对2014年12月31日上海外滩跨年踩踏事件，特别开设了“大型活动事故防范安全管理”课程；为了巩固英语学习效果，邀请了北京师范大学珠海分校外语系教师开展夜间辅导、练习；为了加深对珠海经济发展形势的了解，警训支队组织学员参观了珠海国家高新技术产业开发区部分高端制造业企业，切实达到拓宽参训民警工作视野、提升业务能力、增强综合素养的目标。

突出培训实效性。在创新训练内容、丰富训练课程的同时，警训支队针对参训学员年龄结构、文化程度、工作岗位特点，对组训方式、训练方法做了有益的尝试。一是采取小班化教学。将参训的40名学员分为4个班，在具体组训过程中视训练需要进行组合，既考虑学员的共性，又兼顾学员的自身特点，如提升理念、破解思维难题的理论课统一进行集体授课，案例分析、综合探讨课则分班进行；武器警械、团队战术训练等课程既分小组进行，又适当安排班组组合，并鼓励有能力的学员自由组合，共同挑战困难、激发潜能、超越自我。二是增强互动性。在教学训练过程中，加强师生互动、学员互动、小组互动、班际互动，并将相互讨论、相互点评、相互启发贯穿其中。例如，在枪械使用训练和战术训练中，结合参训学员技能上存在的差异，有重点地指导基础较差的学员，学员之间也互相帮助、共同探讨，使不同基础的学员都能尽快掌握枪械及战术技能。同时，还安排了晋升班的学员与在训新警进行互动交流。

案例 38

推进高端培训　培养战略思维

近年来，珠海市公安局着眼于培养各级领导干部的世界眼光战略思维、推动公安工作科学发展，采取“走出去”与“请进来”相结合的方式，推动建立出国（境）培训机制，定期邀请国（境）外警务专家到珠海讲学，积极开展现代警务理念与机制培训，广泛学习借鉴现代警务理念和机制，努力提高各级领导干部的能力素质，为推动珠海公安工作科学发展奠定坚实的基础。

主动作为，搭建现代警务理念与机制培训新平台。珠海市公安局党委主动作为，在深入研究的基础上，明确了“走出去”与“请进来”相结合、“两条腿走路”的工作思路。一方面，坚持“走出去”，积极推动建立出国（境）培训机制。特别是主动向公安部、省厅汇报工作、争取支持，并制定了出国（境）3 年培训规划，计划用 3 年的时间组织 300 名领导干部和优秀民警赴先进国家和地区进行培训。另一方面，坚持“请进来”，珠海市副市长、市公安局局长张强在率团拜访香港警务处处长曾伟雄时，专门就开展现代警务培训工作进行了会商，约定香港警方定期选派一批高级警官到珠海开设专题讲座，搭建了现代警务理念与机制培训新平台。

结合实际，探索现代警务理念与机制培训新途径。紧密结合公安工作和队伍建设实际，积极探索现代警务理念与机制培训新途径，组织开展了一系列高端培训，为推动现代警务理念与机制培训的深入开展积累了经验。2012 年 11 月 25 日至 29 日，在香港公共行政学院成功举办了第一期领导干部香港培训班，培训以专题讲座、个案分析、相关机构实地考察为主要形式，邀请香港警界专家为参训学员介绍香港社会治安情况及警务工作，讲解香港警队价值观构建、警察公共关系建设以及公共突发事件处理等方面的经验做法，并组织学员参加“高效团队建设——沟通与智慧”工作坊训练，参观香港警察总部，系统学习了香港警务工作、警队管理的先进理念和成功经验，取得了良好的学习效果。在前期探索的基础上，先后在澳大利亚举办了 1 期培训班、在德国举办了 1 期培训班、在新加坡举办了 1 期培训班、在香港举办了 4 期培训班，安排了 2 期台湾学习考察团，共培训领导干部 176 人。同时，先后邀请了新加坡警察部队国际合作局副局长李志超、香港警务处处长曾伟雄、华裔神探李昌钰以及美国著名特警（总统贴身警卫）、刑侦专家及上海特聘东方学者石子坚教授等国际警界专家到珠海市公安局举办专题讲座，为珠海市公安局民警带来了新理念、新思维、新机制，成为了提升领导和民警综合素质的有效途径。

重在实效，争创现代警务理念与机制培训新成果。市局高度重视现代警务理念与机制培训成果在公安工作和队伍建设中的应用，着力推动现代警务工作新理念、新思维、新机制与珠海公安工作和队伍建设具体实际的有机结合。市局专门在公安网主页开设了“珠海公安现代警务理念与机制培训”专栏，设置了“培训动态”“通知通报”“学习园地”“多媒体课件”“讲座视频”“心得体会”“在线交流”7 个信息板块，及时登载各类培训、讲座的多媒体课件、视频资料、参训民警撰写的培训心得体会、理论调研文章，发动参训民警在线交流讨论、提出思路举措；出台了《珠海市公安局调研理论研究优秀成果奖励办法》，激发广大民警参与培训、深入思考、服务实战的积极性，切实加快培训成果服务实战的转化速度和效率；依托“澳门·珠海警务论坛”，打造培训成果转化和公安理论研究的高端平台，推动培训成果“大转化”，实现公安工作“大发展”。

六、增强凝聚力：细关爱暖警心

（一）拓宽职业发展通道，增强获得感

积极探索实施人民警察分类管理改革试点。启动警员职务套改工作，完成民警执法勤务类警员身份过渡。组建了公安专业技术人才资格评审委员会，在分局和专业技术部门创新配备了总工程师和总会计师职称，进一步激发了科技专业人才的积极性。

（二）优化关爱工作机制，增强归属感

认真贯彻落实孟建柱、郭声琨同志关于切实做好关爱民警科学用警工作重要批示精神，建立完善民警休假、健康预警和监护机制，筹建民警心理行为训练基地，维护民警身心健康；制定警力调用规范，从源头上减少警力浪费，减轻工作压力。大力推行警察维权社会化，构筑起完善的维权体系，共查处侵害民警权益案件225起、维护了292名民警的合法权益。落实优抚慰问制度，共慰问民警1000余人次，发放慰问金400余万元。建设了珠海公安英烈墓园、公安卫士林，每年组织集体祭奠仪式和植树活动，增强了民警的职业归属感。

（三）关注民警生活细节，增强幸福感

始终坚持以人为本，真心实意地尊重民警、关心民警，想方设法为民警做好事、解难事，不断提升民警对公安工作的认同感、提升警队的凝聚力。推行“功模携带家属外出休养”制度，把荣立三等功的民警纳入功模休养范围，创新回家乡休养、夏冬两季南北方交换休养等模式，建立民警医疗“绿色通道”，为患病民警提供紧急医疗服务。建设绿色农副产品基地，实施“牛奶工程”和“放心水工程”，每天为民警提供优质牛奶和饮用水，保障餐桌安全。大力推进“团圆计划”，努力为民警解决夫妻两地分居问题，营造了浓厚的警营家园氛围。完善民警心理服务机制，举办各类心理专题培训，建立民警心理档案，及时对有心理问题的民警进行危机干预，消除民警的消极情绪。

案例 39

拓展五个惠警平台　激发警队生机活力

——珠海市公安局党委积极创新爱心惠警举措

自 2012 年以来，珠海市公安局党委认真贯彻落实上级关于从优待警的工作部署，坚持立足当前与着眼长远、外部争取与内部挖潜、物质改善与精神激励相结合，以拓展减压减负、健康维护、心灵呵护、身心放松、生活服务等五个平台为抓手，积极探索从优待警、爱心惠警的新途径、新举措，持续提升了民警满意度和幸福感，进一步激发了广大民警献身公安事业的内在动力。

拓展减压减负平台。采取机构归并、职能划转、警力置换等措施，强力推动警力下沉和“百名女警下社区”活动。2013 年 7 月以来，将 605 名机关警力下沉到派出所，实现了派出所警力占总警力 40%、占分局总警力 60%的目标；完善重大安保警力动态调配机制，在春节、国庆、党的十八大安保、航展安保等重点安全防护期，抽调市局机关警力到基层执行安保和巡控工作任务；建立了机关民警常态化下基层巡逻机制，市局直属部门每天安排 6%的警力参加一线巡逻，有效减轻了基层民警的工作压力，确保基层民警身心能够得到必要的休整。同时，构建理解宽松关爱的人际环境。珠海市公安局局长张强将 OA 账号向全局民警开放，鼓励民警表达意见看法，并坚持亲自查看民警来信、亲自回复意见和建议、亲自督办重点事项；出台《民警代表列席会议制度》，把邀请基层民警列席市局局长办公会、党委民主生活会等重要会议形成常态，切实尊重民警主体地位；各级领导依托领导挂点联系制度、队伍管理问责制等制度，听警声、解警困，用过细的思想政治工作帮助民警减压减负，进一步营造了“警队就是家”的浓厚氛围。

拓展健康维护平台。每年组织全局民警进行年度体检，实行体检“套餐选择”制，并为交警、法医、枪库和驯犬等特殊岗位民警增设了相应检查项目；市局、分局成立了专门的民警就医联络机构，创建民警 VIP 特诊通道，为民警提供医疗便利和诊费优惠；建立因公负伤民警和重特大病情民警就医“绿色通道”，共帮助 400 多名民警享受了就医“绿色通道”服务；建设绿色农副产品供应基地，作为民警食堂的指定供应点，为民警提供安全优质的绿色食品；实施“牛奶工程”和“放心水工程”，免费为民警供应放心牛奶和优质饮用水，确保民警吃得健康、喝得安全；进一步加强优抚慰问工作，每年春节、清明、中秋等节日时，由局领导带队对因公牺牲民警家属、因公负伤民警、大病特困民警进行慰问，并提高慰问金标准，2012 年以来共慰问 1000 余人次，发放慰问金 300 余万元；专门建设了珠海公安英烈墓园，每年清明举行祭奠公安英烈仪式，缅怀公安英烈、抚慰英烈家属；改进功模休养制度，把荣立三等功的民警纳入功模休养范围，在全省率先推出了功模民警携带家属外出休养的模式，先后组织 500 多名荣立三等功以上民警及民警家属进行休养，充分体现了市局党委对功模民警的重视和关爱，有效缓解了民警的身心压力；在市局组织的香港培训班、中央党校研修班中，专门划拨名额给功模民警；先后多次组织功模民警及其家属到长隆海洋王国开展休养活动，并多次举办迎春慰问功模民警茶话会、音乐会，慰问功模民警。认真落实民警休假制度，全面推广使用民警休假网上审批管理系统，加强对民警休假情况的监督管理。

拓展心灵呵护平台。理顺心理服务工作机制，制定下发了

《珠海市公安局民警心理健康服务工作方案》《关于进一步加强队伍日常教育管理和心理服务工作的意见》，进一步明确了市局心理服务中心，分局、市局直属部门政工部门和基层派出所三级服务网络，明确了责任领导和工作职责，制定了民警心理疾病预防机制、战时民警心理健康服务工作机制、心理咨询流程等规章制度。加强心理服务队伍专业团队建设，组建了由20余名取得国家心理咨询师资格的民警组成的心理服务专业队伍，并组织定期培训学习、交流研讨；专门聘请北京师范大学珠海分校心理系、中山大学附属第五医院心理科、珠海市慢性病防治所、珠海市妇幼保健医院等高校、机构的心理专家，组建了一支外聘专家团队，为珠海市公安局心理服务提供专业指导和支持。完善线上线下服务平台。在公安内网开通了“民警身心健康服务网”，开展远程身心健康知识宣传和教育，提供专业常识的引领，倡导健康生活模式；在警训支队划出专用场地，建立了“民警身心健康保障中心”，配齐测评软件及专业仪器设备，同时为方便服务市区民警及其家属，专门在市局办公大楼划拨两间办公室，作为个体咨询、团体辅导等民警健康服务工作场地。落实常态化心理服务措施，每周向全局民警推送1条心理健康手机短信，在各类培训班中开设心理训练和心理知识讲座课程，向参训民警讲授心理保健知识并开展心理素质训练；开展心理测试工作，组织参训民警开展心理测试，了解民警心理健康状况，提供专业辅导；落实民警心理危机干预机制，对出现相关情形的民警以及基层派出所上报需要干预的民警进行危机干预。据统计，2012年以来，珠海市公安局共计举办各类心理专题培训30余场次，培训民警2000余人次；参加心理测试民警700余人次，并建立了心理档案；及时对28名民警进行了心理危机干预，积极引导民警以乐观平和的心态投入工作和生活。

拓展身心放松平台。把加强公安文化建设作为从优待警、爱心惠警的重要举措，坚持将组织推动与民警需求相结合，依托市公安局团委和文联、前卫体协等公安专职文化机构，成立了警察管乐团和文学、书法、绘画、摄影协会等公安文化社团，分局、支队、处和科室所队层面共成立了200多个文体兴趣小组和俱乐部；建立完善文体活动制度，每两年编辑出版一部《珠海公安民警文学作品集》和《珠海公安民警摄影作品集》，单数年举行篮球联赛，双数年举行足球联赛，每年逢重大节日举行系统主题文体活动，推动长效机制建设；广泛开展文体活动，基层科室所队按照“一警一爱好、一队一特色”的要求，广泛开展自行车、篮球、乒乓球、羽毛球等喜闻乐见的活动，最大限度地为广大民警提供表达思想、展现才华的舞台，有效激发了队伍活力。同时，以加强公安文化环境建设助推“五小工程”建设，组织全市所有派出所正职领导前往江苏省常州市、张家港市参观考察公安文化建设工作，学习借鉴先进经验；市、区两级公安机关拨出专项经费，修建警察文化长廊、警察文化室、警察荣誉室和文化宣传橱窗，使民警在温馨舒适、轻松愉快的办公环境中快乐工作。

拓展生活服务平台。积极争取市总工会和市红十字会的支持，挂靠市局工会成立了困难民警帮扶中心，进一步拓宽了困难民警的救济渠道；全力推进、顺利实施公务车改，及时发放车改补贴，提供优惠购车、折扣加油、平价洗车、协助年审车辆，以及在市局大院增设停车位等多项服务，最大限度地为民警提供便利，减轻民警交通费用负担。组织实施“团圆计划”；对市局周转房进行全面清理，摸清底数、加强管理，以适当方式提供给住房紧张的民警家庭，缓解民警住房困难；加强与社会商业机构、公司的沟通联系，依托市局“金盾青年网”设立“团购优惠”栏目，帮助民警以优惠价格购买电器、家具、健身卡、电影会员卡、景点门票、音乐会门票等，共为民警节省费用约60万余元，受到广大民警和家属的一致好评。

案例 40

斗门分局创建人民警察退休仪式

珠海市公安局斗门分局从完善人民警察职业仪式体系、丰富警察职业文化特色的角度出发，研究制定了《斗门分局民警退休仪式规程》，在全市乃至全省公安机关率先建立了一个民警荣誉退休的良好平台，通过规范、庄重的退休仪式来为民警的职业生涯画上圆满句号。这一举措充分体现了组织对退休老民警的尊重、关心，有利于进一步增强队伍凝聚力和归属感，进一步丰富完善了公安文化建设的内涵和载体，体现了公安队伍正规化、职业化的文化特征。

“国旗+警徽”铭记从警誓言。在会场布置上，规范摆放国旗、警徽，体现仪式的庄重性和警察职业特色。仪式结束时奏唱《人民警察之歌》，在慷慨激昂、催人奋进的警歌声中，退休民警和每一名参加仪式的民警都会油然而生作为一名人民警察的职业荣誉感、自豪感和责任感，既是对退休民警的深情送别，也是对在职民警的生动教育。

“讲台+圆桌”再续战友情谊。仪式举办场合放在基层室所队，参加人员都是退休民警所熟悉的同事战友，气氛亲切融洽；分局主要领导和相关领导出席仪式，彰显组织对退休民警的尊重、关心；根据退休民警的意愿，可以邀请退休民警直系亲属参加仪式，让自己的亲人共同见证这一重要、光荣的时刻，富有人性化和亲和力；在会场布置上，采取了“讲台+观众席”或圆桌会议形式，拉近彼此的距离，营造亲和、自然的现场氛围。

“盾牌+留影”镌刻光荣印记。安排与会领导、民警代表发言，对退休民警的工作过往进行深情回顾，肯定其工作表现和成绩，表达对其的美好祝愿，体现了同事战友的深厚感情和对老同志的充分尊重；退休民警发表感言，在即将告别为之奋斗几十年的公安队伍时对自己的职业生涯作一个回顾和小结，充分抒发内心的情感，是对自身警察职业经历的最好纪念；分局为退休民警专门定制的纪念盾牌，背面镌刻着退休民警的基本情况、工作经历和获得的各项荣誉奖励，浓缩了退休民警为公安事业奋斗的历程，极富纪念意义和保存价值；仪式结束后的合影留念，定格了民警光荣退休这一重要、光荣的时刻，给退休民警留下了永久、美好的回忆。

自2013年以来，斗门分局有关单位共为9名退休民警举办了退休仪式，赢得了广大民警的赞许和好评。退休民警都非常高兴和感动，认为单位为其举办庄重的退休仪式，分局主要领导亲自参加，体现了组织对退休民警的关心和尊重，自己的警察职业生涯也有了一个完满的结局。参加仪式的在职民警也都从中受到了一次职业责任和优良传统的教育，深刻感受到了作为一名人民警察的荣誉和自豪，进一步增强了职业荣誉感和警队归属感。

参考文献

1. 向党：《中国警务改革战略》，中国人民公安大学出版社 2010 年版。

2. 张兆端：《警察哲学——哲学视阈中的警察学原理》，中国人民公安大学出版社 2008 年版。

3. 农芳：《人民群众主体论》，人民出版社 2008 年版。

4. 王大伟：《欧美警察科学原理——世界警务革命向何处去》，中国人民公安大学出版社 2007 年版。

5. 陈力祥：《民本论》，华夏出版社 2013 年版。

6. 金耀基：《中国民本思想史》，中国法律出版社 2008 年版。

7. 李景鹏：《挑战、回应与变革——当代中国问题的政治学思考》，北京大学出版社 2012 年版。

8. 闾小波：《近代中国民主观念之生成流变——一项观念史的考察》，江苏人民出版社 2012 年版。

9. 李宇红：《马克思主义哲学视角下的群众观》，载《北京日报》2014 年 8 月 4 日。

10. 张强：《构建珠海公安机关从严治党新常态的实践与思考》，载《紫光阁》2015 年第 8 期。

11. 陈则孚：《马克思主义群众观的科学内涵》，载《学习时报》2013 年 11 月 11 日。

12. 张强：《当代中国警察权发展趋势研究》，载《南粤警坛》2008 年第 6 期。

13. 俞可平：《善政是通向善治的关键》，载《学习时报》2014 年 11 月 3 日。

14. 王淑芹：《良法善治：现代法治的本质与目的》，载《光明日报》2015 年 7 月 17 日。

15. 倪义：《民生警务论纲》，载《公安研究》2014 年第 1 期。

16. 夏菲：《论英国警察权的变迁》，华东政法大学 2010 年硕士论文。

17. 戴宜生：《美国警察史及其近期演变》，载《江苏警官学院学报》2007 年第 6 期。

18. 李小波、冯道康：《法、德、日警察权考察及其启示》，载《净月学刊》2013 年第 4 期。

19. 张强：《法治视野下的警察权》，吉林大学 2005 年硕士论文。

20. 张强：《警察权及其配置与运行》，载《公法》2004 年第 5 期。

21. 张强：《关于新时期珠海公安科学发展的对策研究》，载《南粤警坛》2012 年第 6 期。

22. 向池山：《关于现代警务概念的理论探讨》，载《广州市公安管理干部学院学报》2006 年第 1 期。

23. 刘云、公维友：《现代警务改革的理念转变与取向选择——新公共管理的视角》，载《湖南公安高等专科学校学报》2008 年第 4 期。

24. 李震山：《警察任务法论》，台湾登文书局 1998 年版。

25. 霍桂桓：《论实践的主体超越性》，载《哲学研究》2005 年第 1 期。

26. 曹咏：《西方警务革命对我国警务改革之启示》，载《湖北警官学院学报》2008 年第 5 期。

27. 王东：《中国创新论》，光明日报出版社 2012 年版。

28. 马占伟：《从治理理论看我国警察权的走向》，载《江西公安专科学校学报》2006 年第 3 期。

29. 张强：《试论民本警务建构下的警察权力运行》，载《南粤警坛》2016 年第 1 期。

30. 广东省社会科学院课题组：《警务治理的民本化转向——珠海市民本警务改革的实践与启示》，载《广东省社会科学院专报》2016 年第 13 期。

附录一
相关媒体报道

珠海：深化改革促发展　民本警务保平安

人民公安报记者　王清波　李　喆

近年来，广东省珠海市公安局秉承“铸忠诚警魂、造为民警队”新时期珠海公安核心价值理念，紧紧围绕“安全感、满意度、公信力、科学化”四个关键词谋篇布局，深入推进民本警务战略，走出了一条别具特色、富有成效的警务改革新路子，全市公安工作取得了长足进步。

民本警务战略推动公安科学发展

2012年，珠海市公安局新一届党委班子紧密结合珠海公安工作实际，明确提出了“铸忠诚警魂、造为民警队”的新时期珠海公安核心价值理念。珠海市副市长、公安局局长张强介绍说，以这一核心价值理念为引领，一方面，彰显特区警队“忠诚”这一政治本色，创新各项队伍管理工作举措，全力打造党委政府信赖、人民群众满意的新时期特区现代警队；另一方面，围绕“为民”这一根本宗旨，提出了“安全感、满意度、公信力、科学化”四个关键词的发展主题主线，并在总结、固化和升华全市公安工作实践经验的基础上，以上述四个关键词为支撑，系统规划了实施民本警务战略、推动珠海公安科学发展的理念思路、路径选择和基本要求。

两年多来，民本警务战略在珠海市公安机关生根发芽、茁壮成长，成为全市公安机关和广大民警的行为自觉，引领、带动珠海市公安工作取得了良好成效。特别是在提升社会安全感和群众满意度方面，使珠海公安切切实实地尝到了“甜头”：

——打击成效更加突出。近年来，珠海公安坚决贯彻广东省公安厅党委关于“打击犯罪是第一主业”的工作要求，始终坚持“打防并举、以打开路”，有力维护了全市社会治安的持续平稳。2013 年，珠海市公安机关破案、刑拘、逮捕和起诉等四项主要打击处理指标同比分别上升 18. 4%、23. 0%、13. 7%和 11. 1%。全市百名民警破案数、逮捕数和移送起诉等指标均实现了同比上升，是广东省四个同时完成上述指标的城市之一。2014 年以来，借助“六大专项”行动的拉动，珠海市公安局整体打击能力持续提升，上半年全局破案、刑拘、逮捕和起诉数同比再次大幅上升，珠海在全省“六大专项”行动综合考核中排名第一。

——治安防控更加严密。珠海市公安局将推进“大巡控”工作列为市局“1 号工程”，建立健全机关民警常态化巡逻、“五长”带班巡逻、巡警交警联合执法、社区民警常态化巡逻等巡控工作机制，在全省率先启动公安武警联勤以及动中备勤巡逻等。同时，珠海大力推广技防工程，推进社会治安视频监控系统（二期）工程、“三联村居”“技防村居”建设，初步构建了全时空、全天候立体化防控网络。2013 年，全市 110 接报违法犯罪警情数同比下降 3. 2%，2014 年上半年，再次下降 7. 8%，良好的社会治安成为珠海闪亮的城市名片。

——人民群众更加满意。在 2012 年珠海市 24 个机关事业单位年终考评中，珠海公安从 2011 年倒数后五名的“黄牌约谈”单位跃升到前五名的“先进单位”，其中政府部门责任白皮书考评成绩位列全市第一。在 2013 年全市机关事业单位年终考评中，珠海公安历史性地荣获第二名。

张强说，民本警务战略的核心要义是端正人民主体地位、体现人民主体意志、维护人民主体利益，价值取向是实现人民群众利益最大化，主题主线是“安全感、满意度、公信力、科学化”，实现路径是顺应民意、维护民权、保障民安、服务民生，最终目标是“执法更规范、管理更科学，社会更安全、群众更满意”，构建具有时代特征、特区特色、公安特点的现代警务机制。

法治公安建设提升执法公信力

2014年5月，珠海市公安局根据上级机关工作部署，超前谋划，决定将法治公安建设作为新形势下深化改革创新、推进民本警务战略的有力抓手，以“执法公信力”支撑起“社会安全感”和“群众满意度”，从执法规范化建设、打造阳光警务、构建“大监督”格局、案审机制改革等多方面入手，推动珠海公安工作在法治轨道上实现科学发展。

——“大监督”格局初步形成。公平公正离不开监督。为提高监督效率，珠海市公安局将法制部门与督察部门合并，理顺法制、督察、政工、纪检监察、案审、审计、信访部门的监督职责，促进各部门监督资源的共享、监督手段的综合运用，全方位推动内部执法监督权的科学配置和高效运行，在全国公安机关率先构建了“大监督”格局，实现了对执法办案和行政管理工作事前、事中、事后全方位监督。

——阳光警务扎实推进。推出了案件办理信息公开平台，率先在全省实现了刑事和行政案件办理信息网上公开，进而倒逼公安机关和广大民警依法及时履行职责。

——案审改革步入正轨。公平公正最终体现在案审工作上。珠海将案审工作改革作为全局业务工作的破局之举，明确了“刑侦延续、法制提前”的办案模式定位，并确立质量把关、审讯攻坚、深挖扩线三大主业和执法监督、打防调研两大亮点的基本职能定位，有效促进了公安机关刑事执法水平的提高。

深化改革破解警务发展难题

珠海是全国最早的经济特区之一，身处改革开放的最前沿，具有特殊的地缘优势，历来是改革开放的试验田和先行地，造就了勇于改革、敢闯敢试的创新灵魂。近年来，珠海公安得改革开放之先，围绕民本警务的深化实施，不断深化警务改革，以改革的精神谋划创新，用改革的办法破解警务发展难题。

——推动警务转型，创新特区警务工作机制。针对当前机制设置不合理、警力配置不科学和基层民警岗位固化、工作僵化、能力弱化等问题，珠海市公安局大力推进机构重组和职能归并，通过实行指挥中心、情报信息中心一体化运作，合并法制及督察职能，成立反恐支队和专职负责食药品安全及行政执法配合的大队等举措，构建起“大情报”“大监督”“大政工”“大考核”工作格局，以机构改革推动管理创新，激发队伍活力。

——推进夯基工程，优化基层警务运行机制。珠海全力推动警力下沉，目前已实现派出所警力占总警力40%、占分局总警力60%的目标。同时，珠海全力推进社区民警专职化建设，明确规定社区民警不承担职责规定以外的工作，确保社区民警专心做好社区基础工作等。

——强化技术强警，完善科技支撑实战机制。珠海市公安局全面启动“432”技术强警工程（即在刑侦、网侦、图侦等4个警种，用3年时间，投入2亿元资金推进技术强警）。他们主持研发的SIS超级情报系统在全国公安系统推广，加盟城市已达197个；自主研发DIS系统，实现了对数据质量问题的“事前主动发现预防”和“事后跟踪监督整改”的全程自动化，目前已在全省推广试用。

——激发基层创新，夯实科学发展根基。珠海市公安局主动将公安工作放在整个“大社会”的背景中来思考和谋划，积极争取党委政府和相关职能部门支持，在全国率先推进人民调解员进驻派出所，公安部、司法部联合在珠海召开现场会，向全国推进珠海经验；在全国率先开通了公安新浪博客、人民微博、网上服务QQ群、微信等网上警民互动交流平台，方便群众办事交流。率先创新推行出入境业务“一证办”，让数据多跑腿，让群众少走路，在全国、全省推广。同时，户政、车管业务也正在开发、推出“一证办”业务，最大限度地方便群众。

张强告诉记者，下一步，珠海公安将紧紧围绕公安部“四项建设”部署要求，充分发挥珠海毗邻港澳、珠江口西岸核心城市定位以及横琴大开发等核心优势，主动适应国家治理体系构建和“大数据”时代要求，依托珠海特色推动改革创新，依托社会资源推动改革创新，依托信息技术推动改革创新，努力在珠港澳、珠中江区域警务合作、警务工作社会化、技术强警等领域论证、调研、出台一批改革创新项目，创造出更多新鲜的经验，走出具有珠海特色的公安工作科学发展的新路子，力争利用三到五年时间争当全国公安排头兵。

以党建推动公安队伍建设

2012 年以来，珠海公安确定了以“党的建设推动公安队伍建设，拉动公安业务建设，实现公安工作全面科学发展”的队伍建设思路，通过理念塑警、文化育警、规范治警、绩效评警、素质强警、爱心惠警，打造一支朝气蓬勃、锐意进取、充满活力的警队。

珠海市公安局构建“大政工”工作格局，队伍建设的决策由政工、纪检、法制等部门同研究、同部署，明确了各级领导干部抓政治工作的主体责任，并建立完善政治工作年度评议制度。该局还研究出台了《关于加强和改进公安教育训练工作的意见》，完善“大训练”工作体系，全面推行警衔晋升与警种专业训练并轨运作、分专业组训的模式，建立了以基层科室所队为主体的随时、随地、随人、随事岗位练兵制度，并组建了 100 名专兼职教官队伍。

珠海市公安局推行“零容忍”监督管理，率先制定出台“三个严禁”“三个不准”“三个拒绝”规定，分类细化了民警的禁止行为，同时通过多种方式营造和谐警营氛围。他们采取机构归并、职能划转、警力置换等措施，强力推动警力下沉和“百名女警下社区”，并通过高配中心派出所所长职级，规定提拔干部必须有基层任职经历、提高基层民警“一网考”奖金等政策倾斜举措，引导民警到基层干事创业。实施“牛奶工程”“放心水工程”，改进功模休养制度，把荣立三等功的民警纳入功模休养范围，在点点滴滴中体现人文关怀。采取多种形式大力宣传基层民警先进事迹，先后推出了“全国公安系统二级英雄模范”徐飞、“广东省五一劳动奖章”获得者黄旺标、55 名“珠海老黄牛”式民警等一大批先进典型。特别是“珠海老黄牛”式民警评选活动，充分体现了市局党委崇尚和倡导实干的政策导向，引发了民警的强烈共鸣。

2014年以来，珠海市公安局在上级机关的统一部署下，以深入组织开展党的群众路线教育实践活动为契机，进一步加强公安机关党建工作，在圆满完成各项规定动作的同时，坚持问题导向、倒逼施策，对群众反映集中的问题立行立改，相继在出入境、户籍、车管等窗口服务中创新推出便民举措，最大限度地删减公安行政审批环节，压缩办理时间，提高办事效率，畅通了服务群众的“最后一公里”，直接惠及广大人民群众，受到了社会各界的广泛好评和上级机关的充分肯定，有效推动了公安队伍建设，拉动了公安业务建设，取得了明显成效。

（本文刊载于《人民公安报》2014年10月13日）

珠海特色警务改革增加百姓获得感

人民公安报记者　王清波　通讯员　尹利勇　胡　春

珠海市公安局连续三年荣获广东省公安综合考核一等奖，使珠海始终保持为珠三角地区发案最少、最安全的城市之一，社会安全感持续提升；在2013年、2014年的市直机关事业单位年终考评中，珠海市公安局均荣获全市第2名，群众满意度持续提升……

珠海市副市长、公安局局长张强介绍，取得上述成绩，得益于近年来全市公安继承发扬敢闯能创的优良传统，明确了“铸忠诚警魂、造为民警队”新时期珠海公安核心价值理念和实施“民本警务”的战略部署，紧紧围绕“安全感、满意度公信力、科学化”四个关键词谋篇布局，扎实推进“夯基工程”“口碑工程”和公安部部署的“四项建设”，努力探索珠海特色的警务改革新路子。

突出法治建设　规范权力运行

珠海公安围绕依法治国的总体要求，制定出台《珠海市公安局关于推进法治公安建设的意见》，将传统意义的法制工作提升至“法治公安”建设高度。

珠海把案审改革作为全市公安工作改革的破局之举，明确了“刑侦延续、法制提前”的办案模式，初步形成了集质量把关、讯问攻坚、深挖扩线、执法监督、打防调研等职能于一体的珠海刑事案件审查模式。同时，为实现对执法办案和行政管理工作事前、事中、事后全方位监督，珠海还构建了“大监督”体系，全面整合法制、督察、案审、审计、信访部门的监督职责，推动公安内部执法监督权的科学配置和高效运行。

这样的改革创新之举珠海公安还有很多——

在全国率先制定出台《珠海经济特区行政执法与刑事司法衔接工作条例》；在市局、分局治安部门增设专门机构，推动警察权向环境保护、食品安全管理、城市管理等社会管理领域的合法适度延伸；首创人民调解与行政调解无缝对接的“珠海模式”；率先创立了律师无障碍会见机制；创新推出了案件办理信息公开平台，率先在全省实现了刑事和行政案件办理信息网上公开，在国内外引起较大反响。

突出民意导向　创新社会治理

为准确反映社会治安状况，有针对性地进行治安防控，2014 年，珠海市将“平安指数”项目列为全市平安创建重点项目之一。珠海市公安局成立“平安指数”研究测评团队，学习借鉴境内外先进经验，完成了“平安指数”的指标体系的构建，并于 2014 年 11 月 1 日开始发布。

“平安指数”包含了违法犯罪警情指数、消防安全指数、交通安全指数 3 项指标，通过科学测算，对全市 24 个镇街进行综合赋分，并根据每天“平安指数”测算结果，按照“蓝、黄、橙、红”四级四色预警。每天对社会公布的“平安指数”不仅包括综合四色预警，还包括各镇街的万人违法犯罪警情数、万人火警数、万人交通事故警情数以及对较差地区的平安提示等信息。

“平安指数”建设只是珠海公安突出民意导向、创新社会治理的一个例子。

2013 年，珠海在全国首创出入境“一证办”便民措施。一般情况下，珠海户籍居民只需携带身份证到出入境办证大厅，即可办理除定居类证件以外的各类出入境证件，极大地方便办事群众，此举在全国范围内尚属首创。

2014 年，珠海再次首创推出自助办证一体机，治安、交警等窗口部门也相继推出了户籍业务“容缺办理”、车管业务“即来即办”等多项惠民举措，较好地解决了服务群众“最后一公里”问题。

突出勤务实战　强化科技创新

为增加社会面见警率，有效震慑犯罪，珠海将推进“大巡控”工作列为市局“1 号工程”，建立健全市局局长、分局局长、巡警支队支队长、巡警大队大队长、派出所所长“五长”带班巡逻执勤、社区民警常态化巡逻等巡控工作机制，在全省率先启动公安与武警联勤以及动中备勤巡逻。

同时，珠海依托科技创新，提高警务实战能力。他们创新研发了“4S 系列”情报信息系统（即 SIS“珠海刑警超级情报系统”、VIS“可视化采集分析系统”、MIS“情报服务超市系统”和 DIS“数据巡检系统”），大力推进指挥中心、情报信息中心一体化运作。其中，截至 2015 年，SIS 系统加盟城市或单位达到了 294 个，覆盖全国 29 个省、自治区、直辖市。他们还全面启动“432”技术强警工程，即在刑侦、网侦、图侦等 4 个警种，用 3 年时间，投入 2 亿元资金推进技术强警。

科技创新带来了警务实战效能的提高。依托可视化、智能化安保指挥平台，珠海出色完成了澳门回归 15 周年庆典、第十届中国航展等一系列大型安保任务。

突出内涵拉动　建设过硬队伍

为持续激发警队的内生动力，珠海明确“以党的建设推动公安队伍建设，拉动公安业务建设，实现公安工作全面科学发展”的工作思路。

珠海通过职能划转、警力置换等措施，强力推动警力下沉，推进跨分局、跨警种轮岗交流，实现了派出所警力占总警力 40%、占分局警力 60%的目标。为了更好地发挥考核的导向、评价、激励作用，珠海还首创关键绩效、督查绩效、鼓励绩效“三维考核法”，建立市局、分局

（支队、处）、派出所三级考核体系，极大地提高了民警的工作积极性。

2013年，广东省公安厅先后在珠海召开全省队伍思想政治工作会议和队伍建设工作会议，对珠海公安业务及队伍建设工作予以了充分肯定。

创新出成绩　提升安全感

在珠海公安积极推动改革创新的路上，涌现出像“全国公安系统二级英雄模范”徐飞、“全国公安机关爱民模范集体”金海滩派出所等一大批先进典型，他们真心为民服务的举动，得到了百姓的认可。

珠海各项公安工作在创新中也取得长足进步，先后获评全国公安机关排查化解矛盾纠纷先进集体等33项国家级荣誉，以及依法治省先进单位、全省公安工作与队伍建设考核一等奖等70多项省级荣誉。珠海公安交出了一份合格的改革成绩单——

社会安全感持续提升。2014年，珠海全市破案数比2011年提升了54.5%，连续三年荣获全省公安综合考核一等奖，珠海始终保持为珠三角地区发案最少、最安全的城市之一。

群众满意度持续提升。在2013年、2014年的珠海市机关事业单位年终考评中，珠海市公安局均荣获全市第2名。

执法公信力持续提升。珠海于2014年8月率先推进为期3年的“法治公安”建设，“大监督”格局初步形成，阳光警务扎实推进，案审改革步入正轨，珠海市公安局高新分局被公安部评为全国执法示范单位，成为广东省4个获此荣誉的分（县）局之一。

（本文刊载于《人民公安报》2015年4月14日）

珠海：每项“微改革”“微创新”都有民本情怀

人民公安报记者　王清波　通讯员　张　雄　王宇声

为推进公安改革和“四项建设”，2015年以来，广东省公安厅部署开展首届“平安广东杯”粤警创新大赛，鼓励基层公安机关和广大民警结合工作实际，开展“微改革”和“微创新”。目前，大赛已完成初赛，60 个具有创新性、实用性和可推广性的项目进入复赛。

在“平安广东杯”粤警创新大赛中，珠海市公安机关征集到基层首创的“微改革”“微创新”项目 108 件，从中选出 5 个项目参赛，并全部进入复赛。近年来，珠海市公安局一直推行民本警务战略，将“以民为本”的理念贯穿于警务工作的各个方面。此次进入粤警创新大赛复赛的项目，即是最好的体现。

“一证办”加“一体机”，办证时间缩短八成

珠海市公安局出入境民警在工作实践中不断总结、科学创新，他们推出的微创新项目“一证办”和“一体机”，极大地提高了群众办事效率。

2014 年，珠海出入境办证的人数达 114 万人，传统的办证模式已不适应解决新情况的需求。珠海市公安局出入境管理支队受理大队大队长谢咏说，以前常有群众反映，在一个窗口，办证人员既要提供身份证，又要提供户口簿，还要填表格，而且证件还要复印，费时费力。“都是公安管理的证件，为什么还要提供两个?”为此，受理大队民警经反复研究，推出了“一证办”，即申请人初次申请办理出入境证件时，只需交验身份证，不用再交验户口簿，表格也由人口信息系统自动打印。谢咏介绍，这个“微创新”是从银行、电信等部门得到的启发，这些部门的窗口单位办理业务，一般只需提供身份证并确认签名，身份等基本信息则由系统自动生成。

出入境受理大队民警还推出了“自助办证一体机”，办理护照、往来港澳通行证、大陆居民往来台湾通行证等相关业务，包括照相、申请表填写、指纹采集、人像比对等均可通过一台机器完成。再次签注的，“一体机”则实现了立等可取。“一证办”加“一体机”，使群众办证时间缩短 80%以上。这两个措施合称珠海出入境便民服务职能化系统，是粤警创新大赛的复赛项目之一。

发布“平安指数”，违法犯罪减少

珠海市公安局此次参赛的每个项目都具有“微改革微创新+民本警

务”的特性。这不但体现在群众最直接看得到的办证窗口业务上，更体现在公安机关打防管控违法犯罪的主业上。

据了解，广东省委省政府列出的全省率先全面建成小康社会10项短板指标中，“社会安全指数指标”是关键短板指标之一。但“综合治理”不能只是一项制度，工作责任要落到实处。珠海市公安局警令部考核及专项办主任谭学录介绍，他带领几名民警攻关“平安指数”重点课题，2014年11月通过《珠海特区报》和《珠江晚报》正式对外发布，形式类似于天气预报。一个小小的指数，解决了“综合治理”制度难考核的问题，是十足的“微改革”。

谭学录举例，如果一线民警排查出有的小区因没装门禁系统而多发盗窃案件，以前协调相关部门安装较难，现在则可通过“平安指数”发布红色预警。相关职能部门必须限期整改，否则主要负责人将被一票否决。2015年以来，珠海市违法犯罪警情下降超过10%，群众的安全感和满意度大幅提高。

将推广一批项目，使创新成果惠及民生

珠海市公安局进入粤警创新大赛复赛的项目还包括：案件办理信息公开平台、大型活动安保合成作战指挥平台、“三维”绩效管理机制。

案件办理信息公开平台，被害人及违法犯罪嫌疑人家属可在互联网或手机上查询案件办理情况，办案民警在内部办案系统录入信息自动在公开平台生成。

大型活动安保合成作战指挥平台，以警用地理信息系统为载体，整合指挥调度、人员查验、停车场管理等8个子系统的平台，实现指挥调度可视化、身份查验电子化、信息获取实时化、交通指挥智能化和统计分析自动化。

“三维”绩效管理机制，以“关键绩效”百分制、“督查绩效”扣分制、“鼓励绩效”加分制的“三维”绩效考核，找到全面系统考核的最简便易行的钥匙，这个系统与民意测评体系结合，形成了警务活动与民意高度契合的警务决策、警务考核双机制。

珠海市公安局将“微改革”“微创新”项目集结成册，并以“四项

建设”基础信息化、警务实战化、执法规范化、队伍正规化等4个方面进行归类，准备今后逐步在全市公安机关推广，借粤警创新大赛之契机，使改革创新成果更大地惠及民生。

（本文刊载于《人民公安报》2015年7月26日）

珠海成为全省唯一公安综改全国试点

南方日报记者　罗文范　沈文金

2015年年底前建立执法责任清单制度、旅馆和印章业等行政许可实行后置审批、“村居警官”工程2015年全面实施、行政审批事项2016年实现全程网上流转、无犯罪记录社会查询制度2016年年底前建立……珠海公安各项改革工作将从2015年开始全面深化。

日前，珠海出台了《珠海全面深化公安改革争创全国先进公安机关的实施意见》和《珠海市全面深化公安改革争创全国先进公安机关三年行动计划（2015—2017年）》，以时间轴为纽带、以责任链为核心，全力推动7大领域32项试点项目的改革，受到公安部改革办的肯定。

据了解，珠海是全国同时被确定为公安改革综合试点与公安部改革办联系点的3个城市（分别是珠海、西安、包头）之一，也是广东唯一的试点城市。

按照计划，珠海将全面落实三年行动计划、全程督查考评、突出全体参与，力争到2017年建立珠海特色、对接港澳、全国一流的法治化、社会化、智能化、国际化、科学化现代警务模式和执法权力运行机制，进一步提升社会安全感、群众满意度、执法公信力和管理科学化水平，将珠海公安打造成为全国先进公安机关，将珠海建设成为全国最安全的城市之一。

权力运行
案件办理信息可在网上查询

执法权力的规范化是此次公安改革的重点内容之一，珠海从执法办案制度、执法司法衔接机制、完善执法责任体系、完善人权保障制度等多个层面着手，努力在执法办案各个环节都实现公平公正。

针对各警种部门刑事执法办案标准不统一、多头对口检察院、缺乏统一有效的监督管理等问题，早在 2013 年，珠海公安就按照“侦查继续、监督提前”的基本定位，整合质量把关、审讯攻坚、深挖扩线、执法监督、打防调研等职能，成立案审部门，先行探路刑事案件“统一审核、统一出口”的珠海公安案审工作机制，提高办案质量，规范权力运行。

按照计划，2015 年年底前，珠海将借助信息化手段，继续完善大监督格局，建立执法责任清单制度，完善执法过错纠正和责任追究制度，建立执法过错、党纪政纪和刑事责任追究的责任体系。

珠海还将继续完善讯问犯罪嫌疑人录音录像制度，制定实施《珠海公安监所被监管人员合法权益保障办法》《珠海市公安局法律顾问工作规定》等执法制度，在市人大的大力支持下推动地方立法，进一步完善珠海特色的法治公安建设。

行政服务

旅馆业等行政许可实行后置审批

以前办理港澳签注续签，即使提前在网上申请，最快也要等 7 个工作日。如今通过出入境自助办证一体机，市民签注只需 5 分钟，成为珠海公安提升行政服务效率的最佳写照。

在此次改革中，珠海聚焦群众最关心、最期待的问题，从行政审批、户籍制度、人口服务管理和边防出入境、消防监督、交通管理等 7 个方面着手推出一揽子惠民措施，让群众得以享受更多改革红利。

行政审批进一步提速。珠海调整特种行业审批流程，对旅馆、典当、印章业行政许可实行后置审批，其他行业改为备案制，营造国际化、市场化、法治化营商环境。

人口服务管理不断优化。珠海将推进人口基础信息库建设，紧跟全国全省的统一部署，建立户口迁移网上流转核验制度、居民身份证异地受理制度、户口和身份证信息联网查询对比制度，方便群众办事。

边防出入境管理制度不断创新。珠海将争取试点与港澳边检机关

“合作查验、一次放行”边检通关模式，提高通关效率。与此同时，推动外国人 144 小时免签旅游信息管理系统应用。

队伍建设

拟推进警察分类管理改革试点

从全国的层面来看，基层一线人民警察任务重、职级低、待遇差的问题仍有待解决。珠海从优化机构编制管理、推进人民警察分类管理改革先行先试、创新警察教育训练模式、完善人民警察职业保障制度、规范警务辅助人员管理等 5 项措施着手，完善队伍正规化建设新制度。

珠海市公安局改革创先办副主任谭代雄表示，当前，珠海公安机关的工作任务繁重，传统的公安民警“上班+值班”模式已不复存在，公安机关“5+2”、“白+黑”、24 小时全天候运作已成为工作常态。“但与工作量大、风险高的职业特征相比，基层民警的晋升空间却相对有限，职业保障制度也有待完善，在一定程度上影响了他们的积极性，甚至造成部分民警流失。”

根据计划，珠海将在上级部门的大力支持下，全力推动珠海市人民警察分类管理改革试点工作，按照职位类别和职务序列实行分类管理，合理确定警官、警员、警务技术职务层次，同步实行职务与职级并行制度，努力拓宽人民警察职业发展空间。

实行该项改革后，特别是基层一线执法勤务类的警察，即使不能晋升领导职务，根据一定条件和现实表现，在待遇上也会有相应的增加，有助于解决长期困扰公安机关的压职压级问题，为进一步推动警务机制改革创造有利条件，推动公安队伍正规化建设再上新台阶。

同时，珠海也将研究出台人民警察职业保障制度实施方案，并在两年内制定实施吸引和留住公安机关高精尖人才的特殊政策，建立人民警察人身意外伤害保险等职业风险保障制度。

另外，珠海还将探索建立政府全额保障、公安管理使用的警务辅助人员管理模式，力争到 2016 年年底制定出台珠海市警务辅助人员分类管理办法。

改革更加注重系统推进。方案涉及健全维护国家安全新机制、开创社会治安治理新格局、健全公安执法权力运行新体系、优化公安行政管理与服务新模式、强化智能公安新支撑、完善队伍正规化建设新制度、拓展警务改革新平台七大任务，基本涵盖了公安工作和公安队伍建设的主要层面和领域。

改革更加注重综合配套。珠海从全面深化改革、建设“生态文明新特区、科学发展示范市”的全局出发，首次以党政统筹的方式对公安改革进行整体设计，更加注重与相关部门、相关领域的改革统筹配套、协同推进。

改革更加注重问题导向。珠海对制约公安工作发展进步的深层次、老大难问题进行了破题，不仅是对管理体制、运行机制、警务保障的改进和完善，也是对各级公安机关和公安民警责任、权利、义务的规范和调整，确保改革沿着既定的路线图和时间表推进。

【点评】

公安部改革办副主任、中国人民公安大学党委书记樊京玉：

珠海将为全国公安改革探索可复制经验

珠海作为全国公安改革综合试点城市，其改革举措不仅着眼区域自身深化改革、加快发展的需求，也承担着为全国公安改革探索、示范的重任。公安部改革办副主任、中国人民公安大学党委书记樊京玉表示，珠海公安历来重视改革，此次深化改革具有系统性、前瞻性、针对性的特点，其目标、方向、重点与当前公安改革精神高度一致，同时又具有鲜明的珠海特色，将为全国公安改革的深化探索出可复制、可示范的先进经验。

党政统筹推动改革为全国首例

在樊京玉看来，珠海被公安部确定为公安改革 4 个综合试点地级市之一，既是对珠海公安前期改革探索的肯定，也赋予了珠海公安继续探路破局、全面深化改革、创造新鲜经验的重任。

此次深化公安改革，珠海将其置于建设“生态文明新特区，科学发展示范市”的大局中谋划和推进，以市委、市政府的名义出台公安改革创先意见和行动计划，成立市主要领导亲自挂帅的公安改革创先领导小组，召开高规格的全市公安改革创先工作会议，“这样的重视程度和推进力度，在全国尚属首例。”樊京玉说。

他指出，《关于全面深化公安改革若干重大问题的框架意见》及相关改革方案将公安改革的指向聚焦在着力完善现代警务运行机制、着力推进公安行政管理改革、着力建设法治公安三个重点，“珠海出台的公安改革创先实施意见和行动计划，其目标、方向、重点与中央确定的公安改革意见方案高度一致，同时又具有鲜明的珠海特色，其中一些项目在全国范围来看更具有前瞻性”。

珠海举措具有系统性、针对性

珠海公安改革的方案，以困扰和影响公安工作发展进步的难题为导向，结合自身实际出台的应对举措，具有系统性、针对性。

“从改革的内容看，珠海公安改革的主要任务有健全维护国家安全新机制、开创社会治安治理新格局、健全公安执法权力运行新体系、优化公安行政管理与服务新模式、强化智能公安新支撑、完善队伍正规化建设新制度、拓展警务改革新平台等七大领域，涵盖了公安工作和公安队伍建设的主要层面和领域。既有公安管理体制的改革，又有警务运行机制的完善；既回应了人民群众的期待，又回答了基层关注的问题；既务实解决当前突出问题，又注重推动公安事业长远发展。”樊京玉说。

他表示，珠海公安在全国率先提出将社会安全感、群众满意度、执法公信力、管理科学化作为全面深化公安改革的关键词，这也高度契合了公安部的改革部署，“我们相信，珠海的公安改革创先，在珠海市委、市政府的全面统筹和强力推动下，必将全面取得预期成果，也将为全国公安改革创造更多可复制、可推广的先进经验”。

省公安厅党委委员、政治部主任、改革办主任盘展欣：

珠海要为全省公安机关树立标杆

珠海有着改革创先的优良传统和良好基础。2015 年，被公安部确定为全国公安改革综合试点和公安部改革办联系点，省公安厅也赋予珠海多项公安改革试点任务。在全面深化公安改革大局中，珠海公安机关应当勇立改革潮头，积极主动探索，力行先行先试，力争多出改革成果，在全面深化公安改革中继续发挥试验田和排头兵作用，为全省乃至全国公安机关树立标杆。

要以系列改革创先文件精神的出台为契机，进一步明确责任分工，细化各项工作措施，全面推动各项改革任务落实，充分发挥公安改革创先试验田的引领作用，努力为全国、全省公安机关提供更多可复制、可借鉴的经验做法。同时，要将各项公安改革任务与当前各项反恐维稳、打击服务等各项公安工作有机结合起来，确保公安改革成果转化为看得见、摸得着的成效，为珠海经济社会发展作出新的更大贡献。

五个“突出”推动改革行稳致远

珠海公安历来有较好的改革传统和基础，近年来围绕民本警务进行了较为系统的理论与实践探索，取得了令人瞩目的阶段性改革成效，在法治公安建设、警务科技创新、公安党建和文化育警等方面走在全国公安前列。

立足于此前打下的坚实基础，珠海此次改革具有突出党政统筹、突出基层治理、突出法治引领、突出区域特色、突出服务民生等特点。这些特点使改革形成上下联动、同频共振之势，更加行稳致远。

一是突出党政统筹。珠海成立了由市委书记、市长挂帅的珠海公安改革创先领导协调小组，组建了珠海公安局“改革创先”领导小组及实体化运作的办公室，全面谋划部署公安改革创先工作。另外，还以市委、市政府的名义印发了《中共珠海市委　珠海市人民政府关于全面深化公安改革争创全国先进公安机关的实施意见》和《珠海市全面深化公安改革争创全国先进公安机关三年行动计划（2015—2017 年）》两份公安改革文件，为全国首例。

二是突出基层治理。此次改革更加注重推进警务和基层治理、社区治理相融合，通过平安指数、村居警官、志愿警察等创新举措，以务实的态度解决基层问题、化解纠纷。

三是突出法治引领。珠海曾率先推进法治公安的建设目标，此次改革也更加重视运用法治思维和法治方式，发挥法治的引领和推动作用，加强对相关立法工作的协调，确保在法治轨道上推进改革。比如，起草《珠海经济特区公共安全技术防范管理条例》，修订《珠海经济特区道路交通安全管理条例》将“对道路交通违法行为人予以警告或者五百元以下罚款，可以适用简易程序”写入法规条文，确保改革有法可依。

四是突出区域特色。探索横琴自贸试验区特色警务体制机制，为全市公安机关警务机制创新提供试点经验。在下放 10 项市一级行政执法管理权限给横琴分局的基础上，珠海将探索港澳居民在横琴聚居区的新型服务管理机制、外国人管理服务新机制和横琴特色社会治理新模式，营造国际化、现代化的法治环境。另外，结合珠海毗邻港澳的特点，推进国际警务合作扁平化试点。

五是突出服务民生。对旅馆、典当、印章业行政许可实行后置审批，户籍制度取消婚龄、年龄限制，推动出入境证照自助办证向派出所延伸，这些举措均着眼于服务民生，让改革成果更多地惠及百姓。

【看点】

“村居警官”工程全面实施

2015 年年底前，深化“平安指数”发布应用，推动平安建设机制创新。“村居警官”工程全面启动实施，推动社区警务与基层治理紧密融合。

建立无犯罪记录社会查询制度

2015 年年底前，建立完善公、检、法、司、安全部门犯罪信息共享制度，建立办理重大、疑难案件公检会商制度。2016 年年底前，建立无犯罪记录社会查询制度、犯罪信息通报机制，开通市级银行查询权限，建立快速止付涉案银行账户途径。

行政审批事项实现全程网上流转

2016 年年底前，建成综合性网络服务平台和新媒体移动终端，推进公安行政审批事项进驻市网上办事大厅，实现行政审批事项全程网上流转。

珠海公安将建大数据中心

建设珠海公安大数据中心。筹划建设珠海公安大数据中心，建立数据标准规范体系、信息资源共享目录、信息安全问责机制，全面提升公安科技核心竞争力。2015 年年底前，基本完成公安机关大数据中心基础设施建设和公安内部信息资源整合。

DNA 专业实验室建成使用

2015 年年底前，DNA 专业实验室建成使用；2016 年年底前，理化、痕检、法警、影像、文检和电子物证专业等全国公安机关重点实验室建成使用。

横琴公安将获部分市一级公安行政执法管理权限

采取委托授权或服务前移等方式，赋予横琴公安分局部分市级公安执法和行政管理权限，创新横琴警务体制机制，建立与横琴自贸试验区内设机构相对应、与港澳警方相衔接的警务管理机制，服务自贸试验区建设。

开展国际警务合作扁平化试点

2015 年年底，全面启动公安部与地方公安机关办理跨境案件扁平化对接机制试点工作。推动建立国际刑警珠海联络处，深化国际、区际警务合作，建立密切协作、高效顺畅的境外追逃追赃等相关工作机制。

（本文刊载于《南方日报》2015 年 9 月 21 日）

珠海全面深化公安改革的四维探索

人民公安报记者　霍志坚　田海军　通讯员　何琰坡　王宇声

2015 年 5 月 28 日，广东珠海被公安部确定为四个公安改革综合试点城市之一；6 月 15 日，珠海市委、市政府召开专家论证会，多所著名高校学者和港澳警界高层齐聚珠海，为珠海公安改革把脉开方；9 月 17 日，珠海市公安改革创先会议召开。

改革，是特区之魂。珠海公安的成绩单上，曾挥笔写下了“监所律师会见无障碍”“审讯全程录音录像”等闻名全国、全省的改革创新之举。但这次珠海公安肩负的使命却与以往不同，除了探索创新警务之外，更重要的是提供可借鉴、可复制的经验。这意味着珠海公安必须以“跳出珠海看珠海”的眼光，探索带有规律性、普遍性的新模式。

按照公安部“深化改革、继续努力、先行先试、推动各项公安工作科学发展，珠海公安力争走在全国地市级公安机关前列”的要求，珠海市公安局围绕“安全感、满意度、公信力、科学化”勇于改革，大胆创新，逐渐走出了一套适合当地实际也适合推广的新路子。

党政统筹，实现社会治安综合治理

公安改革启动伊始，珠海就迅速成立了由市党政主要领导挂帅的公安改革创先领导小组，由分管副市长担任办公室主任，全市各区和 54 个有关部门成立了公安改革创先领导机构和办公室，形成了党政统筹、公安主抓、相关部门参与的改革新格局，一系列的改革举措由此推开。

2015 年 10 月，翠微村安装了路灯、31 个视频监控探头，组建了专门的巡逻队。村党支部书记罗球根松了一口气。此前，居民反映的有关夜间抢夺的情况令他焦头烂额。南溪社区的居民也发现，每到入夜开始有民警和巡防队员骑着警灯闪烁的自行车出更。在这个有着众多工厂的社区，下夜班回家的员工们更安全了……

市民感受到的这些变化，与一个叫作“平安指数”的应用机制有关。这个由珠海市平安办、公安局牵头，根据每个辖区的交通事故、火灾、违法犯罪警情数计算出来的平安指数每天在《珠海特区报》《珠江晚报》上发布。一个小小的指数撬动了平安建设的大杠杆，其效果并不仅仅是市民能及时掌握周边治安、消防、交通状况，更重要的是基层治安的打防管控从此彻底摆脱了公安机关单打独斗的局面，进入以党政为主体的综合治理时代。

围绕平安指数，各派出所和街道办现在每周都召开例会，分析研判情况，由派出所根据治安分析提出需求，街道办纳入综合考虑，发动力量配合解决。平安指数应用机制建立后，像翠微村、南溪社区这样快速建立监控探头、警用自行车、巡逻队的现象在全市遍地开花。

“村居警官”是受益于党政统筹的另一个硕果。2015 年，珠海选派 431 名社区民警进驻 317 个村居担任“村居警官”，各村居的一些矛盾纠纷得以迅速化解，相关事件预防和处理方面的能力也得以迅速提升。

2015 年 11 月，拱北昌盛社区居委会接到一封来自社区某餐厅经营者的信。信中称，他因租约问题与业主闹矛盾。“村居警官”刘光进敏锐意识到，餐厅工作人员多，一旦租约问题无法解决，势必产生劳资等多种纠纷，甚至引发更大的事件。他迅速介入调查，发现餐厅经营者租赁店铺经营已经 3 年，刚刚开始赢利，一旦撤出，前期几十万元的装修费就会打水漂。业主则坚持收回门店自己经营。因为迟迟不能收回店铺，业主纠集人员准备强制驱赶，餐厅经营者则组织员工抵抗。一场斗殴一触即发。刘光进立刻着手调解，说服双方各让一步，业主免除部分租金，经营者另觅新址。

珠海市公安局改革办副主任谭代雄坦言，党政统筹是珠海公安改革的一个重要维度。没有党政统筹，单靠公安机关，平安指数不可能在全市各街道层面建立起相应的应用机制，民警兼任村党支部副书记或主任助理这样的新机制也不可能快速全面创建，社会治安综合治理也不可能真正推动起来。

民本导向，增强群众体验感

2014 年 1 月，珠海市公安局出入境管理支队推出的“自助办证一体机”在办证大厅正式亮相。主要设计者之一、市公安局出入境管理支队民警殷银紧张地站在“一体机”旁，仔细观察着市民的使用情况，并不时询问使用者。

两年多来，“自助办证一体机”已经过 10 多次更新换代，许多细节被完善。因为经常有人忘了拿回卡或回执，吐出回执的出口和放卡的区域都被加装了感应灯。最初“自助办证一体机”上的照相机机位是固定的，身材特别高或特别矮的人就必须不断调整距离来拍大头照。照相机随后被改装成角度可调的模式，所有人站在机器前即可拍照。

2012年，珠海市公安局党委提出了民本警务战略的构想，要求各级警务工作要围绕老百姓需求来展开。

如何在改革创先中更好地践行民本警务，实现新跨越？

在珠海市公安局交警支队车管所的服务大厅，每天都会有巡查员在工作。他们的一项重要任务是搜集一线服务情况。很多创新举措就是从巡查员搜集的情况里获得线索和灵感的。比如，很多群众来办车管业务忘了提供证件复印件，临时复印找不到地方，办证大厅里就专门放置了复印机；很多群众来办车管业务忘了带体检证明，车管所就琢磨着与医院联网，驾驶员体检后，数据会自动传到车管所，群众办业务就不用再带体检证明。

出入境管理支队还有一个完全开放的信息搜集机制，所有的窗口服务民警都必须在平时服务的过程中搜集民众的意见，然后把这些意见搜集整理上报。根据意见的不同情况，支队给予相应的解决机制。该支队首创的“一证办”举措，就是窗口民警反映市民办理业务过程中需要携带的资料太多，许多人因资料缺失无法一次办理业务的意见后经支队研究推出的。

珠海市公安局有关负责人说，所谓民本警务，简单地说，就是警方必须要知道老百姓到底想什么，知道他们想什么才能提出相应的解决办法。这就要求每个服务单位都必须有个相应的沟通渠道和处理机制。

这样的渠道、机制并不只是车管所、出入境管理支队这样的服务单位存在，办案单位同样存在。珠海首创的案件信息公开查询平台就是案件监督部门在梳理分析投诉时发现，65%以上的投诉是因为对案件办理程序不了解而产生，随后经改革办以及相关办案单位研究推出的。

除了有一个意见信息充分沟通的渠道和处理机制外，珠海公安在改革中还特别注重发挥民本警务的另一个角度：体验感。珠海市公安局交警支队车管所所长毛义社介绍，作为公安服务单位，所谓体验感就是民警要充分考虑群众的一些细节体验：排队时间有没有缩短？办理次数有没有减少？携带的资料有没有缩减？操作交通违法罚款自助缴款机，按下一个按键是否舒服？

出于这样的考虑，珠海公安在为改革创先行动注入民本导向时，都采用了不断完善、预留空间的办法。例如，“自助办证一体机”在研发之初就在内部芯片上预留了10个模块的空位，为了让市民操作简便，光外壳就更新了5次以上。车管所近3年来至少推出了10多项细节措施，包括年审不用携带保险单、换证不用携带体检报告、办车管业务可以网上预约等。

在每一个珠海公安民警看来，民本导向是珠海公安改革的重要维度之一。信息沟通渠道及处理机制、体验感是民本警务的两大要素。信息搜集得越多，了解的情况越细、越精细化，推出的新服务就越能符合群众需要，群众体验感就越强，改革的成果就能更多地惠及群众。

法治公安，促进公平公正执法

新的社会发展阶段，对非警务情况的处理引起过多次讨论。有人认为，需要警察快速处理，否则大量非警务情况经过酝酿、发酵后极易引发更大矛盾，警务服务应该靠前延伸；有人认为，随着社会的进步，警察权应该受到限制，对非警务情况公安机关不应介入。珠海公安重视运用法治思维和法治方式，对非警务情况的处置以及警务服务的延伸问题进行了深入的探索，确保在法治轨道上推进改革。

珠海市公安局鼓励警察积极走出去，让基层民警去村居当党支部副书记，这种走出去是为了加强前端控制：矛盾还没有发生时，作为党支部副书记或信访部门工作人员的民警就能第一时间介入，调动村居资源，避免发生刑事案件。靠前延伸、前端控制带来的变革是，警务资源能和其他的行政和社会资源有效融合，相互取长补短，能够使民警不再局限于单纯的打防管控，而更注重社会基层综合治理，从源头上解决问题，更有利于整个社会的强基固本。

但珠海的警察并不只有“走出去”，还有“收进来”。这个进程很大程度上来自珠海公安强烈的法治意识。

公开透明、加强监督是珠海公安法治化的重要思路。他们按照“侦查继续、监督提前”的定位成立了案审部门，侦查、案审与法制部门的相互配合与相互监督的新关系让大批一线办案民警深有感触。一位派出所民警告诉记者，抓获嫌疑人，按规定要通知家属，以前案件审查只是看你通知了没有，现在还要看你是否在通知家属后又告知了嫌疑人，有没有保障他的知情权。

珠海市公安局案审监管支队副支队长李劲松介绍，市第二看守所有一名在押人员面临刑满释放，但因为家人当天无法赶到珠海，他出所后身上又没有钱，于是提出想多待一天。但是，刑满释放当天已经是合法公民，多关一天没有法律依据。最后，民警将其释放后按规定送往救助站。

由珠海公安首创的案件信息公开查询平台堪称珠海公安法治化的里程碑。警方一经立案，嫌疑人家属及受害人、受害人家属就可以通过受理单位给予的口令，随时在该平台上查询案件进展。珠海公安通过这种刚性公开方式倒逼办案部门严格公平公正执法。

在内部的约束规范中，珠海市公安局还制定了《珠海市公安监管场所被监管人员合法权益保障办法》《内部工作人员过问、干预、插手案件登记管理和责任追究暂行办法》等规定。在诸多矛盾中，珠海公安逐步理清了警察权伸缩中的辩证统一关系，一方面鼓励警察“走出去”，另一方面又给予其运行中越来越严格的约束。这样的新运行机制既有利于社会综合治理的培育，又能确保民警执法规范化、法制化。

自主创新，营造人才培养的沃土

2015 年，珠海市公安局在“平安广东杯”粤警创新大赛中获得金杯。细细翻阅珠海公安改革的项目清单，我们不难发现，无论是“三维”绩效考核、案件信息公开查询平台，还是“自助办证一体机”、大数据系统，这些创新，离开技术的支撑都是不可能做到的。

对各地公安而言，技术创新并非新鲜事，但珠海公安有着完全不同的思路。出入境管理支队民警殷银在研发“自助办证一体机”的关键时刻，发低烧仍坚持工作，直到技术难关攻克后才被抬进手术室。而这些技术工作，她原本完全可以交给专业的技术公司去做，但公司开出的价格是 50 万元。

无独有偶，徐飞研发信息系统的关键时刻，天天加班到第二天凌晨。而这一切，他同样可以交给专业的技术公司，但珠海公安要为此投入 100 万元。

徐飞和殷银的做法并非个案，自主研发是珠海公安早在 20 世纪 90 年代就遵循的技术发展之路。而选择这条道路并不仅仅为了节约经费，珠海公安有更深的考量。谈及公安技术开发，徐飞和殷银都有一个共同体会：在公安搞技术研发必须懂公安。只有坚持民警搞技术研发，才能走出最具特色的创新之路。

针对跨境电信诈骗案频发的实际，珠海公安再次祭出技术大旗，通过攻关，成功实现了以大数据为平台，对电信诈骗犯罪嫌疑人实现资金和电话两条线同时追踪到人，然后精准打击的目标。依靠先进的刑侦技术，珠海警方多次在公安部督办的大型跨境电信诈骗犯罪的打击行动中崭露头角。

珠海公安的技术创新能独树一帜，走出特色，很大程度上得益于有一批像徐飞、殷银这样的技术民警。这批民警的成长又与市公安局以党建为统领的人才培养计划有关。

珠海市公安局政治处副主任徐晓飞介绍，在珠海，技术民警和从事一线警务工作的民警一样，都是主力军，在晋升提拔、评先评优上没有区别。这也是珠海公安能涌现出一批以技术研发成就获得一等功、二级英模称号的警务工作者的原因。

珠海公安以党建为统领，号召有条件的党员民警率先垂范，向技术进军，同时又在机制层面确立了确保技术民警发展的空间，为技术发展营造人才土壤。目前，珠海市公安局许多单位都配备了专业工程师，负责统筹本单位的技术研发力量，有技术专长的民警被全部纳入人才库。

珠海市公安局相关负责人介绍，珠海公安发展这么多年，技术创新不断，但从没有搞过大的资金投入，或大宗设备采购，全国首创或全省首创的这些技术产品花费都不多。其中很大程度上是因为民警自己开动脑筋，节约了大量的技术研发和后续维护费用。

【短评】

党政统筹、民本导向、法治公安、自主创新是广东珠海在全面深化公安改革实践中创造出的经验，值得借鉴。

珠海公安在改革中的四维探索，充分回应了新时期人民群众对公安工作和队伍建设的新期待，也适应了经济社会发展新常态的新要求。

坚持党政统筹，使公安改革获得了更广阔的空间，使警务资源、民力资源和行政资源同频共振、协同推进，融合成一个个的平安细胞，打牢了珠海的平安基础；坚持民本导向，贴近群众需要，切实解决他们反映突出的问题，让群众在公安服务中有互动感、体验感，同时安全感、满意度也有新的提升；坚持法治化，一方面能提高民警执法素养，减少群众对执法的疑虑，增强公安执法公信力，构建和谐警民关系，另一方面也能减少办案因执法不严谨而“回炉”，使执法权力更健康运行；拥有良好的技术团队让警务服务摆脱人力资源的限制，回应了新时期人民群众对公安服务需求日趋多样化的新期盼。

事以做成，业靠人兴。当前，全面深化公安改革大潮涌动，我们期待着各地先行先试，用敢闯实干的实践为公安改革创造更多可复制、可推广的先进经验。

（本文刊载于《人民公安报》2016年5月3日）

附录二

珠海公安实施民本警务战略大事记

2012 年

1 月 17 日，珠海市公安局召开局长办公（扩大）会议，副市长、市公安局局长张强代表市公安局党委，明确提出了“铸忠诚警魂、造为民警队”的新时期珠海公安核心价值理念，并以“安全感、满意度、公信力、科学化”四个关键词作为发展的主题主线，明确了推动珠海公安科学发展的理念思路、路径选择和基本要求。

4 月 19 日，广东省公安厅在珠海市召开全省公安机关“抓一化促八率”经验交流会。张强同志代表珠海市公安局作交流发言。

5 月 5 日，珠海市公安局召开全市公安工作会议，要求全市公安机关坚决贯彻市委、市政府和上级公安机关的工作部署，坚定奉行“铸忠诚警魂、造为民警队”的从警理念，切实履行好为珠海经济社会发展保驾护航的神圣使命。

5 月 21 日，广东省公安厅在广州市召开珠海市公安机关“抓一化促八率”工作经验汇报电视电话会议，向全省公安机关推广珠海相关工作经验。

5 月 22 日至 23 日，由澳门警察总局和珠海市公安局联合主办、澳门警察总局承办的第二届“澳门 · 珠海警务论坛”在澳门举行。与会人员围绕“《粤澳合作框架协议》下警务协作的新发展”主题进行了深入研讨。

5月24日至29日，张强同志带队赴北京、郑州、长沙等地就警察队伍职业化改革和机构改革工作进行调研考察。

7月20日，珠海市公安局召开队伍建设工作会议。张强同志系统阐述了“铸忠诚警魂、造为民警队”的新时期珠海公安核心价值理念，同时，在队伍管理方面，对全体民警提出“三个严禁”和“三个不准”要求。“三个严禁”，即严禁在工作时间饮酒、在公共场所酗酒滋事、携带枪支饮酒、酒后驾驶机动车；严禁参与任何形式的赌博活动；非因工作需要，严禁出入营业性娱乐场所。“三个不准”，即不准利用执法办案机会接受可能影响公正执法的宴请；不准收受管理或服务对象所送任何财物；不准利用职务之便，为本人或他人谋取私利。

8月28日至31日，张强同志带队赴江苏省苏州、常州市公安局考察学习公安基层基础工作，特别是在动态化信息化条件下实施科技强警和社区警务战略的经验做法。

11月，珠海市委办公室印发了《关于珠海市公安机关民警专业化改革工作方案》，成立了由市委常委、政法委书记挂帅，相关职能部门负责同志为成员的民警专业化改革领导小组，部署推动民警专业化改革。

11月25日至29日，珠海市公安局在香港公共行政学院成功举办了第一期领导干部香港培训班。

年内，全市社会治安持续稳定，珠海市公安局在全市24个机关事业单位年终考评中取得第4名的好成绩，较上年大幅跃升14名，获评“先进单位”。各项公安工作在创新中取得长足进步，相继涌现出“全国公安系统二级英雄”徐飞、“全国公安机关爱民模范”牛岩军等一批先进典型，数量之多、层次之高均为历史之最。

2013年

1月4日至10日，珠海市公安局警察协会代表团对台湾警界进行考察访问。

1月14日，珠海市民警专业化改革领导小组办公室在珠海市公安局11楼会议室召开筹备会议，要求在充分调研的基础上提出具体方案，积极推进相关工作，尽早提交专业化改革领导小组研究审议。

1 月 22 日，珠海市公安局党委召开以“学习贯彻十八大精神，坚持以人为本，执政为民”为主题的领导班子民主生活会。张强同志首次阐述了实施民本警务战略的构想。

1 月 31 日，珠海市公安局召开局长办公（扩大）会议，张强同志对珠海公安实施民本警务战略“谋篇布局年”的工作作出部署。明确了“一二三四”的总体思路，即实施“一个战略”（民本警务战略）、推进“两项工程”（“夯基工程”和“口碑工程”）、服务“三大建设”（平安珠海建设、法治珠海建设、幸福珠海建设）、实现“四个目标”（社会安全感持续提升、群众满意度持续提升、管理科学化持续提升、执法公信力持续提升）。

2 月 26 日至 3 月 3 日，珠海市公安机关民警专业化改革领导小组赴武汉、太原市公安局考察学习民警专业化改革的经验做法。

5 月 8 日，珠海市公安局出入境“一证办”系统正式上线使用，在全国率先推出了以“一证办”和“自助办证一体机”为核心的出入境便民服务智能化系统。

6 月 7 日，由南方报业传媒集团主办的“珠海梦·改革梦——珠海市改革创新致敬盛典暨南方都市报珠海十周年庆典”在市度假村举行，珠海市公安局政务微博“@珠海公安”荣膺“最具诚意改革奖”。

7 月 29 日至 8 月 12 日，珠海市公安局成功举办了第一期新加坡“现代警务理念与机制”培训班。

8 月，珠海市公安局案审监管支队及香洲、斗门、金湾、高栏港、高新等分局案审大队相继成立，在科学评估试点工作的基础上，全面推行案审机制改革。

10 月 16 日及 30 日，珠海市公安局分别与公安部物证鉴定中心和公安部第一研究所举行战略合作框架协议签约仪式，深入推进技术强警工程。

10 月 29 日，珠海市公安局重点调研课题“珠海市公安局现代警力资源管理机制建设战略研究”，通过了公安部组织的专家评审验收，荣获公安部颁发的《科学技术成果登记证书》。

11 月，珠海市公安局重点调研课题“试谈民本警务的实质与落实”，得到公安部《公安研究》的重点推介。

12 月 9 日至 10 日，广东省公安队伍建设工作会议在珠海召开。张强同志代表珠海市公安局作交流发言。省委副书记、政法委书记马兴瑞，李春生等领导同志出席，对珠海公安业务及队伍建设予以了充分肯定。

12 月 25 日，珠海市公安局召开境外培训学习成果汇报会，总结交流境外学习培训成果，积极学习借鉴境外先进警务理念和机制，推动珠海公安改革创新发展。

年内，按照“精简、高效”原则，深入推进“夯基工程”建设，前后两批次推动共计 605 名警力下沉基层一线工作，实现了派出所警力占总警力 40%、占分局总警力 60%的目标。对现有机构和职能进行规范和调整，推进 7 个机构改革和职能整合，增设 1 个机构、单列 1 个机构，初步构建完善了全局“大情报、大监督、大政工、大考核”工作格局。全市 110 违法犯罪警情连续第三年下降，打击工作效能全面提升，珠海市公安局年度机关事业单位考评位列全市第二。

2014 年

1 月 1 日，珠海市公安局案件办理信息公开平台正式上线运行，率先在全省实现了刑事和行政案件办理信息网上公开，此举引起了社会各界热烈反响，新加坡及中国内地多家主流媒体给予了正面报道。

1 月 25 日，珠海市公安机关人民警察分类管理改革工作纳入《中共珠海市委、珠海市人民政府关于全面深化改革的实施意见》。

2 月 3 日，国务委员、公安部部长郭声琨在珠海市公安局《关于全面深化横琴公安体制机制改革创新有关情况的报告》上批示“可以先行先试”。以贯彻落实郭声琨同志批示精神为动力，珠海公安各项深化改革创新工作全面发力。

2 月 19 日，珠海市公安局召开全市公安工作会议，张强同志对珠海公安实施民本警务战略“全面提升年”工作作出部署，要求全市公安机关紧紧围绕“一条主线”（即改革创新）、“两个着力点”（即平安建设和队伍建设），坚持以问题为导向、以改革为动力，全面深化民本警务战略，深入推进“夯基工程”和“口碑工程”，积极探索构建具有时代特征、珠海特色、公安特点的现代警务机制。

3 月，珠海市政府向公安部提交《珠海人民政府关于恳请将珠海市公安局确定为全国公安机关全面深化改革试点单位的函》。

3 月 6 日至 7 日，公安部党委委员、政治部主任、公安部全面深化改革领导小组副组长兼改革办主任夏崇源到珠海调研公安机关人民警察分类管理改革和横琴公安体制机制改革工作。

3 月 18 日，珠海市公安局党委决定成立市公安局全面深化改革领导小组及办公室，统筹推进各项公安改革工作。

4 月 10 日，珠海市公安局与澳门司法警察局在珠海举行《刑事科学技术工作框架协议》签约仪式，标志着珠澳警方在刑事科学技术领域的深入合作正式启动。

5 月 16 日，珠海市政府向公安部提交《珠海人民政府关于恳请将珠海市公安局确定为全国公安机关人民警察分类管理试点单位的函》。

6 月 4 日，公安部改革办复函批准珠海市作为全国公安机关全面深化改革和人民警察分类管理改革先行先试单位。

6 月 17 日至 18 日，由澳门警察总局、珠海市公安局联合主办，珠海市公安局承办的第三届“澳门·珠海警务论坛”在珠海举办。与会人员围绕论坛主题“创新与发展——澳门与珠海警务合作的新契机”进行了深入研讨。

8 月 7 日，珠海市公安局与广东省社会科学院签署合作开展民本警务战略课题研究的协议，就珠海公安落实和推进民本警务战略、全面深化公安改革过程中的理论课题进行深入调研和重点攻关。

8 月 16 日至 9 月 5 日，珠海市公安局考察组与广东省公安厅指挥、反恐部门人员赴澳大利亚参加了“突发事件应急处置及反恐实战培训班”。

10 月 15 日，珠海市委全面深化改革领导小组第八次会议决定，完善珠海市公安机关人民警察分类管理改革方案，以珠海市社会体制改革专项小组名义上报省社会体制改革专项小组审定。

10月22日，张强同志带队到国家公务员局就珠海市公安机关人民警察分类管理改革工作作专题汇报。

10月28日，公安部在北京人民大会堂召开全国公安机关爱民模范先进事迹报告会，珠海市公安局金海滩派出所被评为“全国公安机关爱民模范集体”。

11月，珠海市公安局高新分局被公安部确定为全省唯一一个“全国公安基层文化建设示范点”。

11月1日，珠海市“平安指数”正式通过《珠海特区报》《珠江晚报》对外发布，珠海成为全国首个每日发布镇街平安状况量化指数的城市。

11月6日，珠海市社会体制改革领导小组向广东省社会体制改革领导小组提交《关于恳请将珠海市确定为广东省公安机关人民警察分类管理改革试点城市的请示》。

11月27日，张强同志带队到广东省委政法委，就珠海市公安人民警察分类管理改革工作作专题汇报。

12月11日，广东省社会体制改革专项小组第四次会议审议确定珠海市为全省公安机关人民警察分类管理改革工作试点城市。

12月17日，孟建柱、郭声琨同志亲临珠海市公安局视察指导，要求珠海公安“深化改革，继续努力，先行先试，推动各项公安工作科学发展，力争走在全国地级市公安机关前列”。

12月18日，郭声琨同志视察高新分局唐家派出所，对该所警营文化建设予以了充分肯定。

年内，珠海市公安局首次以地市级指挥平台承担国家级安保指挥任务，圆满完成了澳门回归十五周年庆典安保这一“国家任务”，郭声琨同志专门批示肯定，广东省公安厅颁发了嘉奖令；推动建立了党政统筹的社会创安长效机制，“六大专项”打击整治行动成效排名全省第三；创新推进以反恐为核心的大型安保工作模式，确保了第十届航展的绝对安全；率先推进为期三年的法治公安建设，人民警察分类管理、横琴警务体制机制改革分别纳入全省、全市改革行动计划统筹推进。

2015年

1月7日，张强同志带队赴京拜访国家公务员局和公安部，汇报珠海市公安改革工作进展情况，了解中央层面关于公安深化改革的框架思路，表明珠海市委、市政府支持珠海市公安局全面深化公安改革、争创全国先进公安机关的决心，得到国家公务员局和公安部相关领导同志的充分认可。

1月26日，张强同志主持召开珠海市公安局党委（扩大）会议，对珠海公安实施民本警务战略“深化建设年”的工作作出部署。要求全市公安机关深化实施民本警务战略，紧扣法治和改革两个时代主题，全力打造具有时代特征、珠海特色、公安特点的现代警务机制，围绕“安全感、满意度、公信力、科学化”四个关键词，探索构建法制引领、民意导向、科技支撑、勤务实战及内涵拉动的“五型”警务模式。

2月4日至6日，夏崇源同志和国家公务员局副局长吴云华一行莅临珠海市公安局，就全面深化公安改革和人民警察分类管理改革工作开展专题调研。

3月，珠海市公安局根据市委、市政府的决策部署，全力推进“村居警官”工程，推动社区警务与村居社会治理的协同融合。珠海市公安局高新分局被公安部命名为“全国公安机关执法示范单位”。

3月11日，珠海市公安局党委决定，在市公安局全面深化公安改革领导小组及办公室相关架构基础上，成立珠海市公安局全面深化改革暨争创全国先进公安机关领导小组。

3月27日，珠海市公安局召开粤警创新大赛工作推进会，要求全市公安机关将粤警创新大赛与全市公安改革创先工作结合起来，为警务创新提供源头活水，全面推进公安部“四项建设”。

4月14日至15日，公安部在珠海市召开全国公安机关改革办主任座谈会，珠海市公安局作为唯一的地市级公安机关代表，在会上作了经验交流。

5月25日和5月28日，珠海市先后被确定为公安部改革办联系点和全国公安改革综合试点城市。

6 月 15 日，珠海市公安局举办珠海公安改革创先专家论证会，会议邀请了清华大学、中共中央党校、中国人民公安大学、北京师范大学珠海分校区、广东省社会科学院以及香港、澳门警队的相关专家学者，共同为珠海公安改革创先把脉开方。

6 月 24 日，珠海市公安局重点调研课题“民本警务：警察权本质属性的回归”，荣获 2014 年度全省公安机关重点调研和理论研究立项课题二等奖。

7 月 6 日，珠海市公安局作为全国非省会地级市公安机关和广东公安机关的唯一代表，在全国公安机关党务干部培训班专题介绍公安党建工作经验。中央国家机关工委《紫光阁》杂志专题刊载了市局《构建从严治党新常态》的调研文章。

8 月 19 日，珠海市委常委会扩大会议专题审议通过并于 8 月 31 日正式印发了《中共珠海市委　珠海市人民政府关于深化公安改革争创全国先进公安机关的实施意见》和《珠海市深化公安改革争创全国先进公安机关工作三年行动计划（2015—2017 年）》，珠海市成为全国首个以市委、市政府名义正式出台相关改革实施意见和行动计划的城市。

9 月，珠海市车管服务大厅在中央国家机关工委《紫光阁》杂志社、中国行政体制改革研究会、人民网、中国政府网共同主办的“行政服务大厅典型案例展示”活动中荣获全国“百优”称号。

9 月 17 日，珠海市委、市政府召开珠海市公安改革创先专题会议，全面部署推进各项公安改革创先工作。会后，市局向社会公开推出“10+1”改革惠民举措。

10 月 16 日，珠海市公安局与清华大学法学院、中国人民公安大学合作协议签订仪式在北京举行，就加强人才培训、开展科研合作、提供智库服务、建立调研基地等达成共识，切实为珠海公安改革创先提供了理论支撑。

10 月 29 日，首届“平安广东杯”粤警创新大赛在广东省广州市隆重举办。珠海市公安局以 2 金 1 银 2 铜的全省最佳成绩夺得大赛金杯。参赛项目“出入境便民服务智能化系统”和“平安指数发布及应用”获得金牌，“案件办理信息公开平台”项目获得银牌，“大型活动安保合成作战指挥平台”和“‘三维’绩效管理机制”获得铜牌。

11月，珠海市公安局公安执法培训团赴德国开展警务考察。

12月9日至10日，广东省公安厅党委召开全省公安政治工作会议，珠海市公安局近年来开展政治工作的经验做法得到各级领导的充分肯定，并在会议上作经验交流。

12月31日，郭声琨同志在珠海公安改革创先专报材料上专门批示：“2015年珠海市公安局改革推进快、效果好，提高了公安工作能力和水平，有力服务了全市经济社会发展，这得益于市委高度重视和坚强领导，得益于市局大胆探索、勇于创新，许多做法具有示范性，可学可借鉴。”

年内，全市社会政治大局持续稳定，“2·28”反恐专案被公安部评为全国首起“全链条”打击精品案例，得到孟建柱同志的充分肯定；平安创建成效显著，“3+2”专项行动名列全省优秀，其中打击“涉诈骗”专项排名全省第一，在中国社科院发布的《公共服务蓝皮书》中，珠海市公共安全满意度排名全国第六，珠海市被誉为广东省最有安全感的城市。

跋

“以民为本”是当代国家治国理政的重要理念。中共中央总书记习近平在党的十八大后的首次公开讲话中就鲜明提出“人民对美好生活的向往，就是我们的奋斗目标”，反映了以习近平同志为总书记的新一届中央领导集体“以民为本、务实为民”的执政理念。在中央党校第一期县委书记研修班开班动员会上，习近平总书记更是明确要求，要“对党忠诚、以民为本、敢当重任、一身正气”。这不仅是各级党委政府的重要指针和行动指南，也是各级公安机关领导干部和广大公安民警的行为准则和价值取向，是全面深化公安改革、建构现代警察权力运行机制的目标追求。在此背景下，系统地研究和探讨警务工作及其警察权力运行的民本化问题符合时代发展的命题，具有十分重要的理论意义与实践意义。

我曾在中国人民公安大学做过近十年的教学与研究工作，一直非常关注警务工作和警察权的配置及其运行问题。得益于曾经做过警察的经历，多年来，我一直与全国各地公安机关保持着联系。从 2003 年起，我与广东省珠海市公安局就结下了不解之缘，特别是 2015 年 10 月 16 日，我所在的工作单位清华大学法学院与广东省珠海市公安局就推进法治公安建设签署了战略合作框架协议，我由此对珠海公安工作更为关注，也有幸与珠海民本警务战略和法治公安建设的主要倡导者及领头人张强同志就相关警学理论与实践话题多次进行深入交流，并借此机会全面考察了珠海公安的改革创新情况。正如张强同志在其博士论文《法治视野下的警察权》中所阐述的，警察权本身具有双刃性，既可以是维护秩序、保障人权的工具，也可能异化为凌驾于社会之上、服务于专制和暴政的工具；既可能在民主与法治的结构中良性运行，也可能超越民主和法治的结构而胡作非为。在国家权力体系中，警察权是一种备受关注的特殊的公权力。由于警察权的特殊性，警察从来都是影视作品的主题、社会舆论的焦点、老百姓茶余饭后的话题。警察权的特殊性表现在两个方面：一方面，警察权与公民权的关系最为密切。不管喜不喜欢警察，从摇篮到坟墓，公民都需要与警察打交道，这句话形象地描绘了警察权与公民权的关系。在现代社会，公民不可能找到一个没有警察的国家，也不敢选择一个没有警察的地方生活。同时，作为维护社会正常运行的公权力，警察权在某种程度上还是行政权甚至是司法权的最后保障，历来为政府推行公共政策所仰仗。因此，现代社会离不开警察，也离不开警察权。更何况，基于有效应对国内外恐怖主义、敌对分裂势力渗透破坏活动以及个人极端暴力犯罪等各种安全威胁的需要，警察权存在着向维护公共安全和现实与虚拟社会等领域适度延伸与扩张的现实必要性。另一方面，现代社会在一定程度上又对警察权一直保持着警惕。从理论上说，现代社会公民需要警察并愿意将一部分权利让渡给警察来行使，是因为警察和警察权能保障公民权利和维护社会秩序。但是，由于警察权容易被滥用，滥用的后果往往是违背初衷，损害公民权，并引起公民的不安和恐惧。因此，现代社会对警察权的运行一直保持着高度的关注，甚至说是警惕也不过分。其中的主要认识是，警察权的大小和公民权的大小成反比，即警察权越大，公民权被剥夺的可能性越大；警察权的大小与国家法治程度也是一种反比例的关系，在警察权过大的国家，法治程度往往是比较低的。故此，需要对警察权力运行主体及其行权过程进行有效规制和监督，这实际上是警察权的收缩与控制问题。通俗来讲，现代社会需要的是好警察，而好警察的涌现不仅需要用法治规范，控制警察权，而且需要把警察权关进制度的笼子，使警察权回归其人民性和公共性，并且不被滥用。从上述认识出发，我赞成张强同志对现代社会警察权力运行的基本观点，即警察权力运行的民本化与法治化是未来警务改革发展的基本方向。其中，警察权力运行的民本化凸显了警察权力的保障性和服务性功能，很好地回答了警察权力的本质属性以及警察权的动态配置问题；警察权力运行的法治化则反映了社会对公权力的规制性与约束性要求，使警察权始终在法律的框架内依法有序运行。

张强同志自上任以来，出于探索完善珠海特区现代警务机制的抱负，将多年来对警察权理性运行的思考付诸实践，不遗余力地推动以民本警务和法治公安建设为核心的一系列警务改革，不仅为珠海公安理论研究和实践探索起到了很好的推动作用，也为全国公安改革与发展提供了成功样本和有益借鉴，珠海市也因此被公安部确定为四个公安改革综合试点城市之一。我认为，民本警务是珠海公安在警务探索与实践过程中提出来的一项警务改革发展战略，契合了当前警察权力运行的民本化与法治化趋向。第一，它是警务运行机制的革新。珠海公安顺应时代发展潮流，认真贯彻落实科学发展观、努力践行“人民公安为人民”的根本宗旨，坚持以马克思主义群众观、人民主体论和善治理论为指导，积极推动民本警务改革创新，逐步形成了具有时代特征、珠海特色、公安特点的“三特”现代警务机制。第二，它是警务改革发展的路径选择。作为我国警务改革发展到一定历史阶段的产物，民本警务是新时期公安机关实施社会管理创新、构建和谐警民关系，推动国家治理能力和治理体系现代化的重要举措，体现了我国警务理念、警务风格和警务模式的民本化、现代化、法治化和社会化趋向。第三，它符合国家治理体系与治理能力现代化建设的时代要求。党的十八届三中全会提出：“全面深化改革的总目标是完善和发展中国特色社会主义制度，推进国家治理体系和治理能力现代化。”而国家治理的理想状态，就是依法治理。民本警务是对警察权力运行和维护公共秩序的系统化设计与制度安排，它既是打造法治引领公安工作新模式的重要载体，又是法治公安建设的有效途径，其间的理念、思考、实践对深化法治公安建设，进一步提升公安工作法治化水平，具有很好的促进作用。

珠海市公安局的同志送来《民本警务的理论与实践——珠海现代警务新思维与公安改革新探索》一书（样书），并嘱我作跋。我先睹为快，多有启发。该书以民本警务的战略思想发展了社会治理理论，用珠海警务改革实践的丰硕成果检验了社会治理理论的价值，全方位展现了珠海公安改革创新取得的新进步、实现的新突破、结出的新硕果，是现代法治新生态下警察权力科学运行的点睛之作。通读全书，我认为，一方面，该书的理论创新性较强。该书从世界警务发展演进的轨迹、警察权力运行模式的变革、国家治理体系和治理能力现代化等不同维度加以研究探讨，是对警务工作普遍性、系统性与规律性问题的总结、归纳和思考，通过一系列的新思想、新观点、新论断，进一步回答了什么是民本警务、怎样实施民本警务的问题，同时系统阐述了民本警务建构下警察权力的合理运行，就是要在坚持政治统治属性的基础上，重新回归人民性与公共性的运行轨道，体现了民本警务的理论创新、制度创新和实践创新。另一方面，珠海的实践取得了较好的效果，各项改革“红利”持续释放，社会安全感和群众满意度不断提高。不难想见，本书的出版发行，将有利于珠海各级公安机关主动适应经济发展新常态，积极应对新时期公安工作面临的新情况新问题新挑战，加快建构珠海现代警务机制；将有利于更好地推动民本警务顶层设计与基层首创的有机结合，促进民本警务的落地生根、开花结果，进一步增强人民群众的获得感，值得各地公安机关借鉴。

是为跋。

清华大学法学院教授、博士生导师
清华大学法学院公法研究中心主任

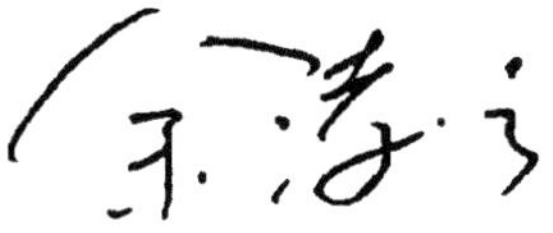

2017 年 3 月

未来与展望

（代后记）

新的时代充满新的期待，新的期待呼唤新的作为。毫无疑问，“改革创新”是当今时代的最强音，“执政为民”是治国理政的主旋律。作为珠海公安的一班之长，我和市公安局党委班子成员及广大公安民警凭着历史的自觉和强烈的使命担当，秉持敢闯能创的特区精神，满怀人民公安为人民的职业信念，在全国公安改革不进则退、慢进也是退的大背景下，勇于探路破题、创新求变，逐步走出了一条警务理念适度超前、警务机制科学合理、警务运行顺畅高效的民本警务改革发展的新路子，全市公安工作和队伍建设在改革创新中取得了长足进步。实践证明，民本警务是以注重民意、维护民安、保障民权、惠及民生为价值取向的警察权力运行模式，它契合了国家在更高起点、更高水平上建设法治中国、平安中国、幸福中国的发展主题，顺应了世界警务改革的发展潮流，符合现代公共权力运行的基本规律，是服务型政府建设和警察职能转型的需要，是警务工作贯彻落实党的十八大所确立的科学发展观、践行党的群众路线和深化法治公安与平安建设的必然选择。

——践行民本警务源自信念的坚守。1985 年 9 月，怀着除暴安良的朴素正义观，我考入中国人民公安大学，毕业后先后在母校和公安部工作。1998 年 8 月，我来到珠海经济特区，成为珠海公安的一员，有机会对基层公安机关警察权的运行状况进行近距离观察，对珠海警务发展进行前瞻性思考和探索。2000 年年初，我忝列吉林大学博士生，在张文显、郑成良等导师的支持和帮助下，大胆选择“法治视野下的警察权”作为博士论文的选题，开始了由对警察权渊源、属性、演进及其配置等具体问题的研究转入警察权法哲学层面的探讨，由论证实践的必要性、可行性转入分析法理的正当性、合理性。五年多的博士课程学习和论文撰写，使我对警察权的运行有了较为理性的认识。2011 年下半年，我有幸担任珠海市副市长、市公安局局长，为将多年来对警察权理性运行的思考付诸实践，推动特区警务改革创新提供了绝佳平台。适逢党的十八大提出建设法治中国的奋斗目标和实践路径，进一步深化了我对警察权运行规律的认识，使我认识到人民群众对安全和公正的期待是公安工作永恒的主题和目标任务，在建设法治中国，推进国家治理体系和治理能力现代化的新形势下，警察权的人民性与公共性是其本质属性的合理回归，并由此形成了实施民本警务战略的初步构想。为发挥公安理论的基础性与导向性作用，我召集局内一班理论型、专家型的智库人才，通过坚持自主调研与联合攻关相结合的方式，联合广东省社会科学院开展合作调研，并得到清华大学法学院的战略支持，从警察权的角度对民本警务的相关理论性问题进行了前瞻性与系统性研究，形成了初步理论成果。在科学总结历届市公安局党委班子成功经验和做法的基础上，经过近一年的调查研究和反复论证，我们本届局党委于 2013 年年初，正式作出了实施民本警务的战略决策，推动了民本警务的生根发芽、开花结果。全市各级公安机关以实施民本警务战略为抓手，紧扣“社会安全感、群众满意度、执法公信力、管理科学化”的主题主线，努力探索具有时代特征、珠海特色、公安特点的“三特”现代警务机制，公安工作和队伍建设实现了创新发展。身为珠海公安的一员，我倍感欣慰和自豪。

——践行民本警务得益于组织的厚爱。多年的警务实践使我深刻认识到，任何改革要想获得成功，必须是上面领着走、下面推着干。我和珠海公安同仁始终感怀孟建柱、郭声琨、李春生等上级领导同志的无比厚爱，这让我们能时刻保持改革的激情，增强改革的韧劲，自觉将践行民本警务融入到公安部、广东省公安厅和全市改革发展大局中来谋划推进。特别是李春生同志任广东省副省长、省公安厅厅长以来，始终保持对珠海公安的高度关注，多次就珠海公安工作作出指示和批示，脚步更是遍及包括海岛派出所在内的珠海各公安基层所队。在春生同志的领导下，公安厅党委正确把握广东公安工作的基本规律，聚集人民群众最为关注的安全感问题，以“六大专项”开局，一年打两年防，为珠海实施民本警务战略提供了广阔的实践舞台。至今难以忘怀的是，2014 年的初冬之时，孟建柱、郭声琨、李春生等上级领导同志亲临珠海视察，深感温暖、备受鼓舞之余，始终谨记“深化改革，继续努力，先行先试，推动各项公安工作科学发展，力争走在全国地级市公安机关前列”的重托，并将其作为珠海深化实施民本警务的强大动力。时至今日，民本警务已成为珠海广大民警“立警为公、执法为民”的行为自觉，“重民意、护民权、保民安、惠民生”不再是一句口号，而是实实在在的为民实践。而今，公安部将全国公安改革综合试点放到珠海，则为我们践行民本警务创造了更高的平台。2015 年 12 月 31 日，郭声琨同志在珠海公安改革创先专题报告上批示：“2015 年珠海市公安改革推进快、效果好，提高了公安工作能力和水平，有力服务了全市经济社会发展，这得益于市委高度重视和坚强领导，得益于市局大胆探索、勇于创新，许多做法具有示范性，可学可借鉴。”春生同志充分肯定了珠海公安改革创新成效，同时鼓励我们要“总结经验、发扬成绩，力争各项工作走在全国前列，为全市经济社会发展创造更加优质的环境”。组织的厚爱，领导的期望，为我们继续砥砺前行、再创佳绩，理清了思路，明确了方向，进一步增强了深化实施民本警务的理论自信、道路自信和实践自信。

——践行民本警务离不开人民群众的支持。坚持以民为本，是我们实施民本警务的核心所在，也是深化公安改革与回应人民期待的最大公约数。从警察权的角度，就是要将为民行权作为民本警务的价值追求，积极回应人民的强烈期待、尊重人民的意愿诉求，始终坚持民本化、法治化、社会化和现代化的改革发展方向，始终把实现好、维护好、发展好人民群众的根本利益作为警察行权的最高目标追求，始终把是否促进经济社会发展、是否给人民群众带来实实在在的获得感作为改革创新成效的重要标准。当前及今后一个时期，是贯彻落实“十三五”规划、全面建成小康社会的重要时期，也是我们深入推进民本警务战略、全面深化公安改革、争创全国先进公安机关的关键阶段。在珠海市委、市政府和上级公安机关的坚强领导下，我们要主动适应国家政治、经济、社会安全形势和横琴自贸试验区、粤港澳国际湾区建设的需要，以争创全国先进公安机关为目标，坚定以党建为统领、民意为导向、改革为驱动、法治为引领、科技为支撑的警务改革与创新路径，聚焦“社会安全感、群众满意度、执法公信力、管理科学化和治理现代化”等核心要素，进一步完善具有时代特征、珠海特色、公安特点的“三特”现代警务机制，为珠海继续保持全省乃至全国最安全城市奠定坚实基础。

要坚持党建统领不动摇，努力以党的建设统领公安工作的全面科学发展；要坚持民意导向不动摇，进一步健全民意引导警务机制及警务工作社会评价机制，努力提升人民群众满意度；要坚持改革驱动不动摇，主动承担起全国公安改革综合试点的历史使命，深入推进民本警务战略研究，努力挖掘民本警务的本体性价值、工具性价值和普适性价值，不断完善民本警务理论体系，进一步深化和推进各项警务改革，推动各项综合改革试点项目尽快落地见效，为全国公安机关提供更多可借鉴、可复制的改革创新经验；要坚持法治引领不动摇，树立执法为民理念，全面深化执法规范化建设，构建完备的执法制度体系、规范的执法办案体系、系统的执法管理体系、实战的执法培训体系和有力的执法保障体系，建设与中国特色社会主义法治体系相适应的现代警务和执法权力运行机制，维护社会公平正义；要坚持科技支撑不动摇，充分利用“大数据”“云计算”等各类现代科学技术手段，强化公安基础信息化建设，全面提升打防管控水平，实现公安治理能力与治理体系现代化的总体改革目标。

《民本警务的理论与实践——珠海现代警务新思维与公安改革新探索》一书，既是对推行民本警务战略理性思考的一个记录，又是对近年来珠海公安改革实践的一次总结，涵盖了从理念到实践、从体制到机制、从业务到队伍的很多方面。其中有些认识还需深入探索，有些实践未必发展成熟，但毕竟有了实实在在的东西。同时，实施民本警务战略是基于珠海实际作出的改革抉择，并与珠海公安的实践发展一脉相承，是珠海公安不断创新的结果，也是集体智慧的结晶。当然，各地情况各不相同，对于公安改革的模式，没有最好，只有更适合。在改革创新的时代潮流中，珠海实施民本警务战略的理论与实践只是沧海一粟。民本警务涵盖公安工作的方方面面，它既是警察权力运行的终极目标与最高境界，也是警察权力本质属性的理性回归。在理论研究的层面，民本警务内涵丰富、外延很广，这里仅仅以警察权的维度对其进行初步探讨。如果能有幸引发同行的共鸣，是珠海公安最大的心愿。最后，感谢珠海市公安局的同人们，感谢清华大学余凌云教授，他们的出色工作和无私帮助，才使得本书得以面世。

张　强

2017 年 3 月